シリーズ　きこえとことばの発達と支援

特別支援教育における

# 言語・コミュニケーション・読み書きに困難がある子どもの理解と支援

編著　大伴潔・大井学

学苑社

# まえがき

　子どもの生活は、家庭から始まり、幼稚園・保育園、学校へと人とのかかわりの範囲を広げ、やがては社会へと活動の場が展開します。そのなかで生きていくには、家族や友達、教師、買い物先の店員など、自分を取り巻く人々との意思疎通が欠かせません。身ぶりや話しことばを介した思いのやりとりは、人とのかかわりを充実させます。また、表現の意欲や「順番」や遊びのルールのような暗黙の決まりは、仲間との関係を円滑にします。就学すると、ことばを介してさらに新しい知識を蓄えていくとともに、教科書や黒板に書かれた内容を理解するという、文字による情報の伝達が重視されるようになってきます。このように、社会の一員として自立する過程で、ことばやコミュニケーション、読み書きのスキルはあらゆる場面で関与しています。

　特別支援教育においては、一人ひとり異なるニーズのある幼児や児童・生徒にきめ細かな支援を提供することによって、個々が本来もっている力を最大限に発揮してもらうことを私たちは目指します。『シリーズきこえとことばの発達と支援』では、幼児期から学齢期の子どもを視野に入れ、ことばにかかわる発達支援のあり方を、さまざまな観点から提言するものです。本書は、「言語・コミュニケーション・読み書き」に焦点を当て、子どもの育ちを支える人々が共通の基盤として知っておいていただきたい事柄を体系化しています。Ⅰ章では、乳児期からの対人的かかわり・認知・発音の仕組みといった、ことばの発達の基礎となる側面を概観します。また、言語発達の遅れとはどのようなものであるかを理解し、評価のあり方から支援の具体例までを解説します。Ⅱ章では自閉症スペクトラムなどの個性的なコミュニケーションのスタイルをもつ子どもについて、さらにⅢ章では読み書きに難しさのある子どもを想定して、それぞれにおける評価から支援への展開を体系化します。

　子ども一人ひとりに個性があるように、支援をする私たち自身も、得意とする支援領域はそれぞれ異なりますし、まったく同じ目で子どもを見ているわけではないでしょう。さまざまな専門領域を背景とする人たちがチームとして集まり、子どもを多面的に支えていく。本書はそのようなイメージで多くの執筆者にご協力をいただきました。支援チームのメンバーが、子どもの言語やコミュニケーション、読み書きの支援をする際に有用と考えられる情報を整理したものであるとお考えください。これから支援を展開される読者にとっては入門書になりますが、最新の情報も網羅していますので、すでにこの領域で活躍されている読者にとっては、理解や実践を深める専門書としても扱ってい

ただけるでしょう。本書が、特別支援学校、特別支援学級、通級指導教室、さらには通常の学級や幼稚園・保育所、子どもの発達を支える諸機関にかかわる人々のお役にたてば幸いです。最後に、本書の編集にあたっては、学苑社の杉本哲也氏と木村咲子氏に多大なお力をいただきました。厚く御礼申し上げます。

2011年7月　編者代表　大伴　潔

# 目　次

まえがき

## I　言語・コミュニケーションの発達とその障害

### A　ことばの発達を支えるもの　8
1　対人的コミュニケーション／8
2　ことばの発達を支えるもの——乳児期の知覚・認知発達／13
3　最初のことばが出る前／19
4　発音するスキル／24

### B　言語・コミュニケーション発達の流れ　28
1　語彙の獲得から語連鎖へ／28
2　文法の確立／32
3　談　話／36
4　学齢期の言語／39

### C　話しことばの遅れ　44
1　障害のタイプ／44
2　語彙が育ちにくい子ども／46
3　語をつなげて話すことが難しい子ども／50

### D　話しことばの評価　57
1　なぜ評価が必要なのか／57
2　言語・コミュニケーション評価の観点／57
3　「言語・コミュニケーション行動」の評価の実際／58
4　自発話の分析／60
5　「発達状況」の評価の実際／60
6　「言語・コミュニケーション環境」の評価の実際／63
7　適切な長期目標・短期目標の設定／64

E　話しことばへの支援　66
1　支援の実際／66
2　音声表出が難しい子どもへの支援（AAC）／71
3　語彙を育てる支援／76
4　文の理解と表現を育てる支援／83
5　談話のスキルを育てる支援／89
6　家庭での配慮／96

コラム1　アメリカの学校における支援の実際（IEPの活用など）　100

## II　自閉症スペクトラムの子どもの言語・コミュニケーション

A　自閉症スペクトラムの子どもの言語とコミュニケーション　104
1　自閉症スペクトラムの概説／104
2　知的障害のある自閉症スペクトラムの子どもの言語とコミュニケーション／108
3　知的障害のない自閉症スペクトラムの子どもの言語とコミュニケーション／113

B　自閉症スペクトラムの子どものコミュニケーションの評価　120

C　自閉症スペクトラムの子どもへのコミュニケーション支援　131
1　支援の実際／131
2　要求の表現を育てる支援——「要求させる」支援になっていませんか？／135
3　小グループのなかでのかかわりを育てる支援／142
4　行事への参加に向けた支援／149
5　家庭での配慮／153

コラム2　支援の専門性——日米比較から　156

## III 読み書きの発達とその障害

### A 読み書きの発達　160
1　仮名文字の習得／160
2　漢字の習得／164
3　アルファベットの習得／168

### B 読み書きの困難　171
1　仮名文字を読むこと・書くことの困難／171
2　漢字を読むこと・書くことの困難／174
3　文章による書記表現が難しい子ども／178

### C 読み書きの評価　185

### D 読み書きへの支援　200
1　支援の実際／200
2　仮名の書字の支援／203
3　漢字の読み書きの支援／213
4　家庭での配慮／218

索　引　221

装丁　有泉武己

# I

# 言語・コミュニケーションの発達とその障害

# A ことばの発達を支えるもの

## 1　対人的コミュニケーション

　1歳の誕生日を迎えるころ、子どもははじめて、意味のあることばを話すようになります。したがって、生まれてから最初の1年間は、「前言語期」と呼ばれ、ことばを発するための準備期間とみなされます。
　それではこの時期、乳児は周囲の人たちと、どのようにしてコミュニケーションを行なっているのでしょうか。以下では、乳児が生まれつきもつさまざまな認識能力に着目しながら、乳児の情動・社会性の発達やコミュニケーション行動の発達について、概観します。

### (1)　身体全体を使ったコミュニケーション

　乳児と養育者とのやりとりを見ていて、そこにことばのやりとりはないのに、なんとなくコミュニケーションができているように感じたことはないでしょうか。それは、乳児が、養育者からの話しかけに対して、手足を動かしたり、声を出したり、視線を向けたり、または表情を変えたりというように、身体全体を使って反応をしているからです。
　こうしたことは、生まれたばかりの乳児においても見られ、養育者の語りかけに対して、手を動かすなどして反応していることが知られています。また、養育者も、乳児の声や仕草を敏感に読み取り、タイミングよく応答してあげます。こうした現象は、エントレインメント（引き込み現象）と呼ばれており、その後の、親子の相互コミュニケーションを築いていくための大切な基礎となるものと考えられています。

### (2)　新生児期の模倣行動

　生後まもない乳児に向かって、舌を出したり、口を開けたりして見せると、乳児もこれと同じ顔の表情をすることがあります。こうした行動は、「新生児模倣」と呼ばれ、乳児の有能さを示す現象の1つとして、よく知られています。そして、この時期の模倣行動は、乳児によって意図的に行なわれているわけではなく、むしろ生得的に備わっている共鳴動作、すなわち打てば響くように、半ば自動的に生じている現象としてとらえられています。

最近の知覚発達研究では、生まれたばかりの乳児は、自らの未成熟な生命を守るため、自分を取り巻く世界の意味や価値を、直接的に知覚する機構を備えているのではないかと考えています。つまり、乳児は、記号（象徴）を介さないレベルで世界を能動的に探索しているのではないかということです。

こうした模倣行動を生まれつき備えていることは、乳児のコミュニケーションの発達にとって有利です。乳児がまねをしてくれれば、周囲の人は、乳児に対して、より「かわいらしい」という気持ちがわき出てきます。そして、乳児に対して、より多くの声かけやことばかけ、また、微笑を返してあげることとなります。このように、乳児に生得的に備わっている模倣現象は、乳児と周囲の人たちとのコミュニケーションをより活発にすることに役立っています。

### (3) 微笑による情動的コミュニケーション

生後間もない新生児を観察していると、眠っているときに、ときどき、にこりと微笑むのを見ることができます。新生児に見られるこうした微笑は、「新生児微笑」、または、「生理的（自発的）微笑」とも呼ばれます。これは、特に浅い眠りである、レム睡眠の状態のときによく見られ、音刺激や視覚刺激、触刺激によっても誘発されます。

このように、新生児期の微笑は、特に人に向けて発せられたものではなく、生理的な意味合いの強いものです。もちろん、社会的なメッセージを含むものではありません。けれども、微笑を見た大人の側は、これを乳児からの意味のあるメッセージとして受け止め、微笑をした乳児に対して、積極的に応えることとなります。

こうしたやりとりを行なううちに、生後3ヵ月ごろになると、乳児の微笑みは、より社会的な意味合いをもつものとなります。乳児の微笑みは特に人に向けられて発せられるようになり、相手が微笑めば自分も微笑み返すというように、相互的なものになります。こうした情動的なやりとりもまた、後の言語コミュニケーションにつながるものです。

### (4) 情動の表出と理解の発達

乳児に向かって、養育者が喜びを表す表情や発声をしたり、怒りを表す表情をしたりすると、生後2ヵ月の乳児でも同じような情動的反応を示します。おそらく、養育者の顔の表情や声の高さ、質、イントネーションなどをもとに、相手の情動状態を読み取り、反応しているのでしょう。また、養育者がやさしい表情で乳児をあやしているときに、突然、無表情になって、声を出さないでジッと乳児の顔を見つめると、乳児は体をよ

A　ことばの発達を支えるもの

じったり声を出したりして、相手が再び活発に働きかけてくれるのを求めるような反応を示します。

　このように、乳児は生後2ヵ月から3ヵ月ごろになると、さまざまな情報源をもとに、養育者の情動状態を読み取り、反応をするようになります。そして、こうしたやりとりを通して、養育者と子の間に、気持ちを伝え合うコミュニケーションが成り立つようになります。そして、これらのコミュニケーションの発達を助けているのが、先にあげた模倣や微笑といった、乳児に生得的に備わっている行動傾向です。また、次に紹介する、乳児におけるさまざまな認識能力も、重要な役割を果たしています。

### (5)　人に対する感受性

　乳児は、自分を取り巻くさまざまな視覚刺激のなかでも、特に人の顔に対して注意を向ける傾向があります。また、聴覚刺激に関しても、周囲から聞こえるさまざまな音のなかから、特に人の声に対して選択的な好みを示すことが知られています。

　さらに、乳児は生後間もなく、養育者をその見かけや声、匂い、抱かれた感じなどによって他者と識別できるようになります。言うまでもなく、こうした乳児におけるさまざまな認知能力は、養育者との間の心理的絆の成立やコミュニケーションに役立っています。

　もちろん、乳児から発せられるさまざまなコミュニケーション行動（微笑や模倣、また、情動表出や身ぶり、発声など）に対して、身近にいる養育者が応答してくれることが重要です。応答的な環境があるからこそ、乳児は、より一層、人と積極的にかかわっていこうと動機づけられるのです。

### (6)　共同注意

　私たちが「ことば」という記号を用いて、外界の事物や事象について情報を伝達しあったり、互いの意図や感情を伝えあったりするためには、ことばのやりとりをする相手と、注意・関心を共有することが必要です。そして、そのためには、他者がどのような心理的状態にあるのか（何を見ているのか、何をしようとしているのか、何を欲しているのか、何を感じているのかなど）を理解することが必要となります。こうしたことを他者理解と言いますが、以下では、乳児期における、他者理解の表れの1つである共同注意について見ていきましょう。

　「**共同注意**」（ジョイント・アテンション：joint attention）とは、外界にある、事物や事象について他者と注意や興味、関心を共有することです。他者の視線を追随して同じ対

象を見ることや、他者の指さした事物を見ることなどによって、この共同注意は成立します。

　板倉（1998）によれば、乳児は生後 9 ヵ月以前の段階では、乳児は、「もの」だけ、または「人」だけにしか注意を向けることができません。すなわち、人に注意を向けているときにはものに気がつかず、ものに注意を向けているときは人に気がつかないということです。このとき、「乳児と他者」「乳児と事物」の関係は、「二項関係」にあると言えます。

　乳児は生後 9 ヵ月以降になると、人とものとの両方に注意を向けることができるようになり、「乳児・他者・事物」の関係は「二項関係」から「三項関係」へと変わります。すなわち、人が見ている視線の方向に自分も視線を向け、他者と、注意や関心、興味を共有することができるようになります。これが、「共同注意」と呼ばれる現象です。また、乳児は、他者の注意の方向が自分に向かうことも理解するようになります。これが「自己知覚」であり、自己という概念の成立につながります。

### (7) 社会的参照

　先に示した「共同注意」が可能になると、乳児は、外界の事物や事象と、身近な他者の意図や情動状態を関連づけて理解できるようになります。このことに伴い、「社会的参照」と呼ばれる行動を見せるようになります。これは、養育者の情動状態を読み取ることによって、新奇の状況や不確定な状況（たとえば、接近すべきか回避すべきか迷うような事象など）を判断し、自分の行動を変化させることを言います。

　たとえば、乳児と養育者が一緒にいるときに、向こうから見知らぬ人が近づいてきたとしましょう。養育者がさっと表情を強ばらせて緊張すると、乳児も緊張して身構えるでしょう。けれども、養育者が笑顔でその人を迎えると、子どももリラックスして迎えることができます。

　このように、乳児は、どのように対処したらよいのか分からず迷うような状況に遭遇したときに、養育者などの身近な他者の情動状態や行動を参照し、それが対象となる状況に対して肯定的であれば接近し、否定的であれば回避する、といったことができるようになります。このような現象は、「社会的参照」（social referencing）と呼ばれ、1 歳前後の時期に見られるようになります。

### (8) 愛着関係——親密で情緒的な親子の絆

　人が特定の対象に対して抱く、親密で情緒的な絆のことを、「愛着」（アタッチメン

A　ことばの発達を支えるもの

ト：attachment）と呼びます。

　養育者との間に愛着関係が形成されると、乳児は不安になったり危険を感じたりしたときに、積極的に養育者に接近するようになります。また、「分離不安」といって、親と離れることに抵抗を示すようになります。さらに生後7ヵ月ごろになると、乳児は見知らぬ人を怖がったりいやがったりするようになります。この人見知りと呼ばれる現象は、乳児と特定の人との間に愛着関係が築かれているからこそ生じるものです。

### (9)　愛着関係と子どもの探索行動

　生後1年のうちに、乳児は急速に運動能力を発達させ、ハイハイをしたり、歩いたりすることができるようになります。当然のことながら、こうした自発的移動の開始とともに、乳児はさまざまな新奇な事物や人物、事象に出会うこととなります。このような場面において、乳児は、期待や喜びだけでなく、恐れや不安を感じることも多いでしょう。

　そうしたとき、乳児は愛着対象である親のもとに戻り、抱っこをせがんだり、しがみついたりするなど、接触を求めます。しかし、そこに留まるわけではありません。いったん親のもとで恐れや不安が低減されると、再び、新奇な事物や人物、事象を探索しに出かけていくのです。そして、再び不安や恐れを感じると、また親のもとに戻るといった具合です。このように、子どもは、愛着対象である親を「安全基地」として、新奇の事物や人物、状況に対する恐れや不安を克服していきます。

### (10)　愛着関係とことばの発達

　乳児と養育者との間に安定した愛着関係が築かれていることは、乳児の情動・社会性の発達や、言語発達に影響を及ぼします。

　たとえば、不安定な愛着関係のなかで育った子どもは、他者に対して基本的な信頼感情をもつことができません。そのため他者と上手く接することができず、人間関係をうまく構築していくことができないとされています。

　また、安定した愛着関係があるなかで養育されることは、言語の発達にも影響を与えることが、社会的隔離児の研究から指摘されています（内田, 1999）。内田は、親や祖父母から監禁されて、社会的に隔離されて育った子どもが、救出後どのような発達を遂げるのかを、いくつかの事例をもとに調べました。そして、救出後の回復に影響を及ぼす要因として、隔離中の対人コミュニケーションの有無や、愛着の成立の有無をあげています。

すなわち、同じ社会的隔離児の子どものなかでも、母親やきょうだいとともに隔離され、そこで愛着関係が成立していた子どもにおいては、その後の、発達全般の回復も、言語の回復も良好であったということです。

以上のことからも分かるように、発達初期における、乳児と特定の他者（多くの場合は養育者）との安定した愛着関係というのは、その後の乳児の社会性の発達や言語発達を支える基盤として機能しているのです。

## 2　ことばの発達を支えるもの——乳児期の知覚・認知発達

乳児が、ことばを話せるようになるためには、周囲のさまざまな音のなかから人の声に注意を傾け、そこから一つひとつのことば（単語）を聞き取り、そのことばが指し示すものについて理解する必要があります。では、乳児はどのようなプロセスを経て、こうしたことができるようになるのでしょうか。

以下では、胎児期から乳児期における、知覚・認知能力の発達について、特に言語習得との関係で概観します。

### (1) 聴覚の発達

生まれたばかりの乳児は、まだよく目が見えませんが、それに比べ、耳はよく聞こえています。乳児の聴覚の機能は、胎内にいるころから発達しており、母親が妊娠後期に入るころにはすでに、外界の音や母体内の音を聞いています。ですから、この時期、外界で鋭く大きな音を立てると、お腹のなかの乳児は驚いて身体を活発に動かします。

また、乳児における音に対する好み（聴覚的選好）に関しては、乳児はどんな音よりも人の話し声を好みます。また、男性の低い音域の声よりも、女性の高い音域の声の方に、より反応する傾向があります。

さらに大人から子どもへの語りかけとしては、ゆっくりとした抑揚のある話し方を好むことも知られています。このような話し方は、母親語（マザリーズ）や育児語と呼ばれ、世界中、さまざまな言語圏において、母親が子どもに話しかけるときに、こうした特徴的な話し方をすることが報告されています。

母親でなくても、乳児とよく接する人であれば、おのずとそうした話し方をしているはずです。おそらく私たちは、どのように話しかければ、乳児がよく反応してくれるのかを、無意識のうちに学んでいるのでしょう。

A　ことばの発達を支えるもの

### (2) 音声知覚の発達

　生後まもない新生児でも、母親の声とそうでない女性の声とを聞き分けたり、母国語と外国語とを聞き分けたりすることができます。たとえば、フランス語を母国語として話す母親から生まれた乳児は、生後4日ですでに、フランス語とロシア語を聞き分けることができます。

　こうしたことができるのは、乳児が胎内で母親の話す声を聞く経験をしてきたためなのだろうと考えられています。ただし、胎児の耳は羊水で満たされていますし、子宮の壁を通して伝わってきた音を聞くわけなので、母親の声の質的な特徴というよりはむしろ、母親の話し方のリズムパターンや、イントネーションを胎内で学習しているのではないかと考えられています。こうした学習経験をもとに、乳児は生後、母親の話し声を、他の女性の話し声と聞き分けているのではないかということです。生まれたばかりの乳児が母国語と外国語を聞き分けられるのも、やはり母親の話し声から、その言語特有のリズムパターンを学習しているからなのでしょう。言うまでもなく、こうした能力を備えて生まれてくることは、乳児が言語を習得していくためには、たいへん有利に働くこととなります。

　また、音韻知覚に関しては、生後まもない乳児でも/ba/と/pa/の音の違いを聞き分けることができます。ただ、興味深いことに、乳児期前半はまだ、母国語の音韻体系に合致した音韻知覚を行なっていません（林, 1999）。

　よく知られているように、日本語を母国語として使用する成人は、/l/と/r/の音の弁別が苦手ですが、乳児では必ずしもそうではないのです。/l/と/r/の弁別能力について、米国人乳児と日本人乳児とで比較した研究によれば、6ヵ月から8ヵ月齢では両グループの間に差はないのに、10ヵ月から11ヵ月齢になると、日本人乳児の方が米国人乳児よりも/l/と/r/の弁別が難しくなるということです。

　一見、乳児期後半になると、外国語音声の聞き分け能力が消失するようにとらえられがちですが、そうではありません。むしろ、乳児が母国語である日本語をより効率よく習得するために、/l/と/r/の違いといった、弁別の必要性の低いものについては積極的にその違いを無視するようなメカニズムを働かせているのではないかと考えられています（林, 1999）。弁別能力や知覚能力をより敏感にしていくだけが発達の方向性ではなく、必要なものとそうでないものとを区別し、取捨選択していくということもまた、発達の1つの道筋なのです。

## (3) ことばの認知の発達

　また、生後半年を過ぎたころから、乳児は日常のなかでよく耳にすることばを、そうでないことばと聞き分けることができるようになります。たとえば、この時期の乳児は、普段よく聞いている育児語（例：ネンネ、ブーブ、クック）のようなリズム構造をもつ語を、そうでない語よりも、好んで聞くようになります（林, 1999）。また、乳児は日常よく耳にする、育児語のリズム構造に対して、より注意を向けるようになります。さらに、このころには、生活のなかで、高頻度で使われることばに対して、そうでないことばよりもより選択的に注意を向けるということです。

　以上、見てきたように、生後1年に満たない前言語期の乳児は、ことばはまだ話せないものの、自分が生活のなかで聞いている人々の会話に対して、じっと注意を傾け、ことば習得の準備を進めているのだと言えます。

## (4) 語彙の獲得

　上記では、特に生後1年間の乳児期に注目しながら、乳児が言語習得に向けてさまざまな準備をしていることを確認してきました。そして、乳児はただ漫然と環境から入ってくる音を聞いているわけではなく、人の声に注意を傾けたり、母親の声や母国語に注意を傾けたりというように、能動的に環境とかかわっていることが分かりました。また、生後半年を過ぎると、よく聞くことばのリズム構造や単語そのものを学んでいることが分かりました。

　さて、こうした時期を経て、子どもは1歳前後ではじめての有意味語、すなわち初語を発するようになります。そして1歳半以降、語彙が急激に増える時期を迎え、驚くほどのスピードで語彙の数を増やしていきます。具体的には、1歳半以降、6歳ごろまでの間に、子どもは1日のうちに（多い場合で）約10語といった勢いでことばを習得していきます。

　しかし、それではこの時期、一つひとつのことばを大人が丁寧に子どもに教えているかというとそうではありません。日常生活のなかで、子どもは自然とことばを身につけているようなのです。では、なぜこうしたことが可能なのでしょうか。

　そこで、以下では、子どもがどのようにして、ことば（単語）の意味を学習することができるのかを考えていきます。ここで、大人が子どもに対して投げかけた、あることば（単語）をもとに、子どもが新しいことばを習得するという状況を考えてみましょう。

　子どもは、まずは、大人の発したことばが、自分を取り巻く世界のどの事物のことを指すのかを、大人の視線や指さしなどを読み取ることによって同定する必要があります。

## A　ことばの発達を支えるもの

さらには、そのことばが、対象となる事物の「何」を指しているのかを突き止める必要があります。

たとえば、その事物の属する分類カテゴリー名（「犬」など）を言ったのか、それとも材質について言ったのか、あるいは、その事物の色について言ったのか、といった無数の可能性を考え、そのなかから正しい答えを見つけなければなりません。こうした語彙学習における難しさを考えるにあたり、よく用いられるのが「ギャバガーイ問題」です（針生, 2008；内田, 1999）。

### (5)　「ギャバガーイ問題」──語彙学習の難しさ

たとえば、草むらから飛び出してきた白い兎を指さして、誰かが「ギャバガーイ」と言ったとしましょう。そのとき、子どもは「ギャバガーイ」ということばが何を意味しているのか、すぐに分かるでしょうか。「ギャバガーイ」というのは、兎という動物全般を指す、分類カテゴリー名として使われたのかもしれませんし、特定の兎についての固有名詞として使われたのかもしれません。さらに、その兎のふわふわした様子や白い様子を指して使われたのかもしれません。

このように考えると、われわれは、単に子どもに対してある事物を指し示し、ことばを与えただけでは、子どもは正しくそのことばの「意味するところ」を学習することはできないはずです。ところが実際のところ、子どもは大人が事物を指し示して単語を使うのを1度見聞きするだけで、すぐにその意味を理解することができます。これを、即時マッピングと言います。では、なぜ子どもたちは、このようなことができるのでしょうか。

### (6)　ことばの意味を知るために、子どもが使用する制約、ルールや原理

こうした問題を説明するために提唱されたのが、子どもたちがことばの意味を習得する際に、ある程度の「制約」が働いているのではないか、という考え方です。すなわち、上述したような、ある語彙に対する無数の意味の可能性を制限するためのルールや原理のようなものが働いているのではないかということです。

以下では、子どもの語彙習得における3つの制約、「事物全体制約」「カテゴリー制約」「相互排他性制約」について見ていきましょう（針生, 2008；内田, 1999）。

第1に「事物全体制約」とは、ある事物が示され、ことばが与えられたら、子どもは、そのことばは、その事物の「全体」を指すものだと考える傾向があるということです。これによって子どもは、与えられたことばが事物の「部分」を指すものであるという可

能性や、事物の「属性」に関するものであるという可能性を排除することができます。

たとえば、ある人が兎を指して「ウサギ」と言った場合に、このことばは、たまたまその人が指さした先にあった兎の「耳」のことを指しているのではなく、あるいは、兎の「ふわふわした様子」を指したのではなく、兎全体について示したのだとみなすということです。

第2に、「カテゴリー制約」とは、事物に関して与えられたことばは、その事物のみに適用される「固有名詞」ではなく、その事物の属する「カテゴリー」の名前であると、子どもは考える傾向があるということです。これによって、子どもは、たまたま目の前にいる、白い毛をした、赤い目の兎だけを「ウサギ」と呼ぶのではなく、類似した特徴をもつ動物すべてが「ウサギ」と呼ばれるのだと考えることになります。

第3に、「相互排他性制約」とは、子どもは、事物のカテゴリー名は1つであると考えているということです。たとえば、ここに「リンゴ」と、子どもが名前を知らないフルーツがあるとしましょう。その際に、大人から「○○（子どもにとって新奇の単語）を取って」と言われると、そのことばは、「リンゴ」ではなく、名前を知らないフルーツの名前を指すことばだと考える傾向があるということです。

以上、ことばを習得する際に働いていると考えられている3つの制約について説明してきました。しかし、これら3つの制約を想定するだけでは、子どものことばの意味の習得のメカニズムを説明することは難しく、この他にもさまざまなルールや原理が存在していることが示唆されています。

### (7) ことばの意味の獲得と社会相互作用

子どもたちがことばの意味を習得する際、そこに何らかの原理やルールが働いていると考える制約理論に対し、ことばが使われる場面での社会的相互作用を重視する立場があります（トマセロ, 2008）。

この立場によれば、大人があることば（子どもにとってはじめて聞くことば）を発したとき、その大人がどんな状況で、どんな様子や意図をもってその語を使ったのかを子どもはよく観察しており、それらを手がかりとして、子どもは語の指し示す意味を知るということです。その際、子どもが読み取るのは、語を使用した大人の視線の方向に限らず、そのときの一連の出来事や会話の流れ、また、大人の表情や意図といったものが含まれます。たとえば、子どもは事物の部分名称を習得する際に、大人の動作や身ぶりを手がかりとして語の意味を特定しているようです（小林, 2008）。

このように、ことばの意味を習得する際、子どもは単に、ルールや原理を当てはめる

A　ことばの発達を支えるもの

だけでこれを行なっているわけではなく、ことばが発せられた際の状況や、社会的やりとりのなかで得た情報を積極的に利用しながら、語の指し示す意味を読み取っているようです。

### (8) 子どもの遊びとことば

　乳児は1歳前後で、初語（はじめての有意味語）を発するようになり、その後、1歳から2歳にかけて急速にことばの数を増やしていきますが、この時期、子どもの遊びにおいても重要な変化が見られます。

　子どもは、いま目の前にあるその場の世界だけでなく、自分自身が体験したことについて、頭のなかにイメージを思い描くことができるようになります。それと同時に、「見たて遊び」や「延滞模倣」をするようになります（内田, 1999）。

　「見たて遊び」というのは、積み木を「ブーブー」と言いながら動かし、車に見たてる、あるいは、積み木を耳にあてて、電話の受話器に見たてる、といったことです。一方、「延滞模倣」というのは、モデルとなる人が目の前にいない状態での模倣のことを指し、母親の手の仕草を思い出しながら髪をとくまねをする、などのことを言います（内田, 1999）。こうした行動は、頭のなかに、過去に自分が経験したことをイメージとして思い浮かべることができるからこそ、できることです。そして、こうしたことができるようになったことをもって、私たちは、象徴機能が成立したとみなします。

　先の例では、「積み木」を「車」に見たてていますが、この場合の「積み木」は、他のものでもかまいません。なぜなら、「積み木」と「車」とは、もともと無関係であり、積み木は、車についてのイメージや知識を表すための記号（シンボル）にすぎないからです。したがって、積み木でなくとも、ブロックなどの別のもので代用することができます。そして、このとき、シンボル（「ブーブー」という音声言語や積み木）と、指示対象（実際の自動車）とを結んでいるのは、思考（車についてのイメージ）であると言えるでしょう（内田, 1999）。

　私たちがことばを使うときにも、上記と同じことが起こっています。たとえば、りんごという種類の果物を意味するのに、私たちは「リンゴ」という語を使いますが、それはappleでも、またはまったく違う音の並びでもかまいません。しかし私たちの間で、このような性質をもつ果物をリンゴと呼ぶことにしようという約束事、すなわち共通認識があるために、「リンゴ」という語を用いて、りんごについて語り合うことができるのです。

　以上、ことば（シンボル）と指示対象、そして思考（イメージ）との関係について述

べてきましたが、これらのことを踏まえると、子どもの遊びのなかに「見たて」や、「延滞模倣」が見られるようになることは、象徴機能が発達してきたということであり、子どもがことばを獲得していく上での重要な1歩を踏み出したことを意味すると言えるでしょう。

### 3　最初のことばが出る前

　子どもは初語を発するずっと以前から、音声言語獲得の基盤となる発声活動を行なっています。そこで以下では、音声言語獲得のスタート地点である生後1年間の音声発達、およびこれらの発達を支える諸要因について概観します。また、この時期の乳児の身ぶりの発達にも注目し、これが、後の言語習得とどのようにつながるのかについても見ていきます。

#### (1)　生後1年間の音声発達

　乳児ははじめからわれわれ大人が話すような言語音を出せるわけではありません。

　乳児の発声器官の仕組みを見ると、大人に比べて咽頭部（音を共鳴させる空間）が狭く、そのわりには舌が大きく舌を動かせる範囲が少ないという特徴があります。そのため、大人の発するような言語的音声を出すことはできません。ですから、生後1ヵ月の間に乳児が出す音声は、ほとんどが反射的な発声や泣き、叫びです。

　生後2ヵ月から3ヵ月ごろになると、機嫌のよいときに、喉の奥をクーと鳴らす音声を発するようになります。また、アッアッアッアッといった笑い声も出るようになります。この時期は、クーイング期と呼ばれます。そして、生後4ヵ月から6ヵ月ごろには、咽頭部が拡大し、音を共鳴させることができるようになります。また、舌の可動範囲も広がり、これによって、言語音により近い音声を発することができるようになります。この時期は、「声遊びの時期」とも呼ばれ、金切り声やうなり声、唇を震わせて鳴らす声など、さまざまな音声が現れます。

　そして、生後6ヵ月から10ヵ月ごろになると、乳児は、舌、唇、顎の筋肉を協調して動かすことによって、より大人に近い音声を発することができるようになり、「規準喃語」（canonical babbling）の出現を迎えます。これは子音と母音の組み合わせを含む音節から成る音声であり、「バ・バ・バ……」「マ・マ・マ……」などのように、音節が反復されることが多いものです。

　そして月齢11ヵ月から12ヵ月ごろになると、「バ・ブ」のように、異なる音節が組み合わされるようになります。また、イントネーションも多様になって、あたかも話して

I

言語・コミュニケーションの発達とその障害

A　ことばの発達を支えるもの

いるかのような発声（ジャーゴン）が現れてきます。そして1歳を過ぎるころ、はじめての有意味語、すなわち初語が現れはじめます。

### (2)　規準喃語の出現——音声言語獲得への第1歩

　生後1年間の乳児の音声発達の過程において最も重要な変化は、月齢6ヵ月から10ヵ月ごろに見られる規準喃語の出現です。この喃語がそれまで発せられていた音声と大きく異なるのは、先にも述べたように、第1に、音声言語の基本的単位である子音プラス母音構造を含む音節から成る点、第2に、複数の音節がリズミカルに繰り返される点です。

　私たちの使用する音声言語が、どの言語圏においても例外なく、子音プラス母音構造を含む音節の組み合わせから構成されていることを踏まえれば、上記のような特徴をもつ規準喃語は、音声言語の基本的特徴を有すると言えます。

　規準喃語が、音声言語獲得に向けての重要な指標となることは、規準喃語と一般的な言語発達との間に連続性が見られることからも言えます。たとえば、音韻的側面に関しては、初期の1語文の多くが、規準喃語に含まれる子音レパートリーから構成されています。個人レベルでも、喃語発達とその後の言語発達の間には連続性があり、規準喃語の出現が遅れる乳児は、その後の言語発達においても遅れが生じることが報告されています。

　ところで、規準喃語出現（6ヵ月から10ヵ月齢）以前の音声発達が、主に発語器官の生物学的成熟に強く規定されているのに対して、この喃語を生成するためには、自らの発声によって生じた聴覚フィードバックおよび自己受容感覚に基づき、発語器官をコントロールするという学習経験が必要となります。そしてこれらの学習経験を支えるのが、聴覚機能の発達、および発語器官の複雑な運動コントロールを可能にするための運動機能の発達です。

　したがって、聴覚機能の正常な発達が見込めない聴覚障害児においては規準喃語の産出が難しく、たとえ出現しても安定した頻度では産出されません。また、ダウン症児においてもこの喃語の発達が遅いことが知られており、おそらく、ダウン症児において運動発達全般が遅れることがその1つの要因だろうと考えられています。

### (3)　手話言語における初期言語発達

　前述のように、聴覚障害児にとっては、規準喃語の産出が困難です。したがって、乳児の音声発達において、聴覚障害児と健聴児との差は、生後6ヵ月から10ヵ月ごろから

見られるようになってくると言えます。しかしそれでは、健聴児が音声というモダリティにおいて喃語を発しはじめている時期、聴覚障害児が無為にこの時期を過ごしているのかというと、そうではないようです。

手話言語環境に育つ、先天ろうの乳児を対象とした研究によれば（武居・鳥越, 2000）、初語が現れる数ヵ月前に、「手話による喃語」（manual babbling）が頻繁に観察されるということです。

手指喃語とは、①手話言語を構成する音韻（手型・運動・位置）から成り、②手話言語に見られるような分節を構成し、③意味や指示対象をもたないものと定義されています。たとえば、両手の平を内側に向けて、前に少し突き出し、左右に小刻みに揺らすといったものや、握りこぶしにした手を、肘を軸にしてリズミカルに回旋させるといったもののことを指します。

こうした手指喃語は、月齢7ヵ月ごろに現れ、10ヵ月前後にピーク期を迎えた後に減少していき、その後、1歳前後で手話による初語が現れてくるということです。すなわち、手話言語における喃語や初語は、音声言語のそれらと同じ発達スケジュールで現れてくるということです。さらに、初期の手話単語を構成する手型や運動はすべて、それ以前に産出されていた手指喃語においても使用されていたものであることが分かり、喃語と初語との間に連続性があることが確認されました。

以上のように、音声言語の獲得において規準喃語がその基盤となるのと同様、手話言語においても、手指喃語が言語獲得への準備段階として機能していることが考えられます。

⑷ 発達初期の身ぶり──ことばの発達を支えるもの

これまでのところでは、主に前言語期における音声発達の様子を概観してきました。しかし、この時期の乳児のコミュニケーション手段は、音声だけではありません。乳児は、視線や表情、身ぶりなど、さまざまな表現手段を用いて周囲の人々とコミュニケーションを行なっています。

以下では、乳児の身ぶりのなかでも、特に言語習得との密接なつながりが示唆されている、「指さし」（pointing）の発達について概観します。

⑸ 指さしの出現とその発達を支えるもの

乳児は生後9ヵ月から10ヵ月ごろになると、指さしを行なうようになります。すなわち、腕を伸ばした状態で人差し指だけを立て、外界にある特定のものを指し示すことに

A　ことばの発達を支えるもの

よって、「あそこに〜があるね」「あれを見て」「〜をちょうだい」のように、自分の意図や要求について伝えることができます。そして、外界の事物や事象について他者と注意や興味・関心を共有できるようになります。

　しかし、この指さしというのは、乳児期における発達過程のなかで、突如出現するというものではありません。この行動が生じるためには、その準備段階としてのさまざまな発達的基礎が必要となります（喜多, 2008）。

　子どもは生後3ヵ月ごろに、指さしの起源と見られる「指たて」（index-finger extension）を行なうようになります。これは、腕を縮めたままの状態で人差し指だけを立てる行動のことを言います。

　この段階では、特に大人に向かって何かを指し示すという行為ではありません。しかしながら、この指たてには、声帯の振動を伴う言語的音声（乳児の音声のなかでも、後の言語音につながる、より質的に高いレベルの音声）がよく伴うことが報告されています（正高, 1993）。その点で、将来の指さし（発声とともに産出されることが多い）と同じ性質をもつ行為だとみなすことができます。この指たては9ヵ月から13ヵ月ごろに減少し、それとともに、腕を伸ばし、視線も伴った、指さし行動が急速に増えてきます（正高, 1993）。

　また、コミュニケーション手段として指さしが機能するための発達的基礎としては、他者と注意が共有できることが重要です。すなわち、大人の視線の向いている方向に自分の視線を向け、対象事物に対して注意を向けるということです。こうした行動の萌芽は生後6ヵ月ごろから見られることが報告されています（Butterworth & Jarret, 1991）

## (6) 指さしの機能の発達的変化

　乳児の指さしは、発現しはじめたばかりのころは、必ずしも周囲の人に対して自分の意図や要求を伝達しようと意図したものではありません。「あ、あそこに〜がある」「あれはなんだろう？」といった驚きや気づきに伴い、乳児が思わず、指さしを行なうということがよくあります。

　こうした乳児の指さし行動に、おのずと周囲の大人たちの注意が引き込まれ、乳児の指し示した方向に視線を向けて対象となる事物や事象に気づき、「ワンワンがいるね」「お花がさいているね」などのように言及します。実際、乳児が指さししない場合よりも指さしする場合の方が、周りにいる大人は、より頻繁にことばかけをするということが保育施設での観察研究から報告されています（Kishimoto et al., 2007）。そして、こうしたプロセスによって、乳児と大人との間で、指さしを介して、興味・関心が共有され

ることになります。

　1歳から2歳にかけて、乳児の指さしは、より他者とのコミュニケーションを目的とした行動へと発達していきます。「～があるよ」「～を見て」といった「叙述」機能をもつものの他に、「これは何？」といった「質問」機能をもつものなどが出現してきます。そして、乳児は相手が自分の指さしたものに気がついてくれたかどうか、すなわち自分が興味・関心を向けている事物や事象に視線を向けたかどうかを確認するようになります。こうした行為の基礎になるのが、上述したような他者の視線の方向に気づくことや、これによって、他者と注意や関心を共有するといったことです。このように、乳児と他者との間に成立する注意や関心の共有を「共同注意」と呼びます（10ページ参照）。

### (7) 指さしと言語発達の関係

　前節では、指さしの出現を支える発達的基盤と、指さしがコミュニケーションにおいて果たす機能ついて示してきました。以下では、指さしの頻度の発達的変化、およびその後の言語発達とのつながりについて触れておきましょう。

　月齢9ヵ月ごろから出現しはじめた指さしは、1歳代前半に最も頻繁に産出されるようになります。このころは、ちょうど1語文発話期でもあるわけですが、この時期、指さしと発声は頻繁に同期して生じることが報告されています（Franco & Butterworth, 1996など）。

　たとえば、乳児は「あ～」という発声と同時に、外界の事物や事象を指さすことが、頻繁にあります。また、「ワンワン」と言いながら犬を指さし、身近にいる大人の顔を参照することで、「ワンワンがいるね」「ワンワン怖いね」「ワンワンを見て」「ワンワンの方に行きたい」のように、自分自身の意図や感情、欲求を伝えることができます。

　しかし、このように最初は指さしによって、外界の事物や事象、また、それに関する自分自身の内的状態を表現していた乳児も、言語発達が進み、さまざまな語彙を獲得していくことによって、これらのことを、今度はことばによって伝えることができるようになります。したがって、言語発達が進むにつれて、指さしの頻度は減少していきます。こうしたことが、だいたい1歳後半から2歳にかけて起こります。

　上述した指さしの発達過程からも推測されるように、指さしの出現頻度は、その後の言語発達と関連があります。ベイツらが9ヵ月から13ヵ月の子どもを対象に行なった縦断的研究によれば、指さしを多く産出する子どもほど、その数ヵ月後に、より多くの単語を理解し、産出しているということです（Bates et al., 1979）。

　以上を踏まえると、言語発達初期に見られる指さし行動は、子どもの言語発達の指標

A　ことばの発達を支えるもの

の1つとしてとらえられるものであり、その後の1語文・2語文習得への重要な基礎となる行動であることが分かります。

## 4　発音するスキル

### (1)　音節をつなげることができるか

　子どもが習得すべき音には大きく分けて、母音と子音があります。日本語には「アイウエオ」の5つの母音がありますが、私たちの発話は、一連の母音が子音で区切られる「音節」がつながったものです。ことばを覚える前の乳児でも、徐々にことばに近い音の形に進展していきます。前節で見たように、［da］のような子音と母音から成る単純な音節から、［da da da］といった同じ音節をつなげて発音することができるようになり（反復喃語）、ことばと認められなくても、［da go bu］のように、異なる音節を続けて一息に言えるようになります（多様的喃語）。つまり、単純な音節構造から、より複雑な音節構造へと進みますが、こういった音節の連続に困難がある子どもでは、当然話しことばが不明瞭になります。

　ことばの発達に遅れがあり、まだ「アー」や「マー」などの単音節しか発音できない5歳の子どもについて考えてみましょう。喃語の発達過程を参照すると、音節の連続がまだ難しい子どもには、2つの同じ音節をつなげることが1つの目標になるでしょう。幸いなことに、日本語には「ブーブ」のような擬音語が豊富にあります。幼児では音節の繰り返しから始まり、次に異なる2つの音節の連続へと進むのが基本です。したがって、2つの音節をつなげるのが難しい段階の5歳児に、たとえば「おはようございます」を明瞭に言ってもらうことを求めるのは現実的ではありません。同じ音節の繰り返しから徐々に異なる音節をつなげていくといった、ボトムアップ（下から上への積み重ね）の指導で少しでも明瞭度を高めていくか、不明瞭であっても抑揚から「上手にあいさつできたね」とメッセージの内容を受けとめてあげる、あるいは補助・代替コミュニケーションまたは拡大・代替コミュニケーション（AAC: Augmentative-Alternative Communication）を用いるという選択肢が私たちにはあるでしょう。

　ダウン症の子どもで、「じどうしゃ」を「シャ」のように語尾の音節だけで表現する子どもがいます。この背景には、音節の連続が難しいことだけでなく、正しい音節の連続を記憶することが困難で、語尾音節だけを覚えているという要因が考えられます。音節を正しくつなげるには、構音運動のスキルと、正しい音形のイメージ（音韻表象）の双方が満たされている必要があります。

## (2) 構音できる音のレパートリーは十分にあるか

音節をつなげるだけでなく、個々の音を正確に発音することも明瞭度に貢献します。発音することを「構音」と言いますが、ここでは子音の構音について説明します。まず、「た」のはじめにある子音［t］と、「か」の［k］との間にはどのような違いがあるのでしょうか。それは、［t］は舌先が持ち上がるのに対し、［k］は奥舌が持ち上がります。それでは、いずれも舌先で発音する［t］と［s］の違いは何でしょうか。［t］では舌先で呼気の流れを一瞬止めて、続いて破裂するような音（破裂音）を作ります。一方、［s］では、舌先で作った狭い隙間から呼気を流し、空気がこすれるような音（摩擦音）を作ります。このように、子音は「どこで」呼気の流れが妨げられるか（**調音の位置**）と、「どのように」呼気の流れが妨げられるか（**調音の方法**）の2つの側面で特徴づけられ、音の置き換えによる構音の誤りのほとんどは、この2側面で分析できます。たとえば、「さかな」が「さたな」になったとすれば、奥舌で構音されるべき［k］が舌先の［t］に置き換えられたためです（調音の位置の変化）。一方、「さかな」が「たかな」に聞こえたとすれば、語頭の摩擦音である［s］が、破裂音の［t］に変化したためです（調音の方法の変化）。

**図Ⅰ-1**は、構音器官の断面図です。Aで示す舌先で発音する子音は多く、破裂音の［t］［d］、摩擦音の［s］［z］、鼻音の［n］、舌を弾くように発音する［ɾ］（ラ行音の子音）などは舌先を用います。幼児のなかには［s］の音が難しく、「さかな」が「しゃか

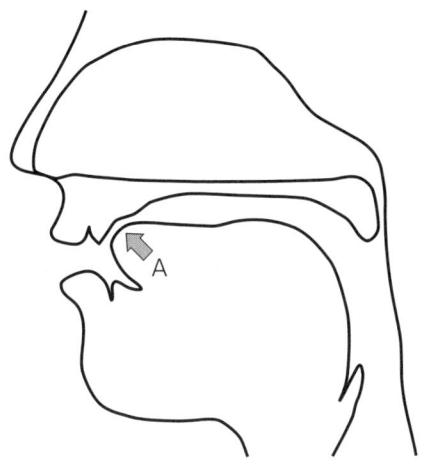

［s］を発音するときの舌の構え。Aは舌先。

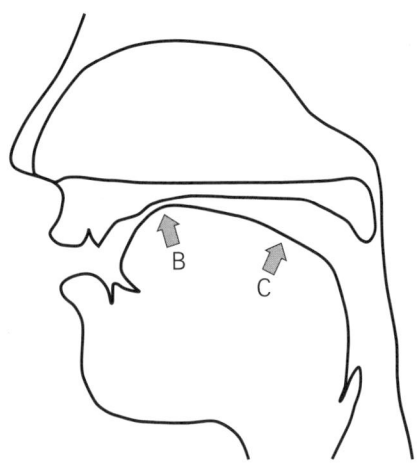

［ɕ］（「しゃ」の子音）を発音するときの舌の構え。Cは［k］を発音する際に挙上する奥舌。

**図Ⅰ-1　構音器官の図**

A　ことばの発達を支えるもの

な」や「ちゃかな」となってしまう子どもも少なくありません。これは、舌先のコントロールが不十分で、図のAではなく、Bの部分を使って発音するために起こります。先に述べた「さかな」が「さたな」になる例では、奥舌のCの部分を挙上させる［k］の発音が難しく、Aの舌先に置き換えられる誤りです。このように、構音の誤り方は、唇や舌のどの部分のどのような動きが妨げられているのかを分析することにより、支援の方向性が見えてきます。分析や支援のあり方の検討については、言語聴覚士との連携が有効でしょう。

### (3) 正しい構音を支える条件

ことばが期待通りに発音されるためには、以下の4つの条件が満たされなければなりません。

#### 1) 異なる音は異なると弁別・識別されているか

正しく発音するには、音が聴覚的に正しく知覚されていることが必要になります。「さかな」を「たかな」と発音する場合、［sa］は［ta］と異なる音であることを認識（弁別）することができるか、自分の発音は［ta］となっているが正しくは［sa］であるということを自覚することができるかを評価しておかなければなりません。これらが難しければ、構音の指導は成果があまり期待できません。

#### 2) 口腔の構造には問題がないか

生まれつき口蓋に裂け目のある口蓋裂のような構造上の問題があれば、構音の習得に影響を与える可能性があります。

#### 3) 神経学的発達に問題はないか

舌や唇の筋肉に運動の指令を出す神経系統に問題があれば、構音器官の動きに困難が生じます。特定の器官が動きにくいまひや、複数の構音器官同士の動きのタイミングが合わないという協調運動の問題は、脳性まひの場合にしばしば見られます。

#### 4) 語の正しい音韻的知識をもっているか

「じどうしゃ」を「シャ」のように語尾の音節だけで表現する子どもでは、この語が「ジ・ドー・シャ」という3つの音節から成り立っていることを学習していないという可能性もあります。語を正確に発音するには、目標となる正しい音形を知っている必要があります。特に知的障害のある子どもの構音の誤りには、このような目標音形自体の不正確がある可能性について留意する必要があります。

⑷ 発達期に見られる構音障害の主な種類

幼児期から学齢期に見られる構音障害には主に、以下の3つのタイプがあります。

1) 機能性構音障害

発音にかかわる器官に構造上の問題がなく、神経学的な原因もないにもかかわらず、音の置換や省略、ひずみが見られるタイプで、「さかな」を「たかな」と言うように、比較的一貫した誤りが生じます。

2) 器質性構音障害

発音にかかわる器官の構造に問題があるタイプで、口蓋裂が代表例です。

3) 運動障害性構音障害

神経学的な問題が原因となる構音障害であり、脳性まひによる構音の困難がこれに該当します。

それぞれに対応した支援の方法がありますが、それは本書の範疇外になりますので、他書をご参照ください。言語聴覚士と連携しながら対応するといいでしょう。

## 文 献

針生悦子（2008）どのようにしてシンボルが使えるようになるのか．内田伸子編 よくわかる乳幼児心理学．ミネルヴァ書房，78-79．

林安紀子（1999）声の知覚の発達．桐谷滋編 ことばの獲得．ミネルヴァ書房，37-70．

板倉昭二（1998）自己の起源―比較認知心理学的視点から―．日本児童研究所編 児童心理学の進歩 vol.37，金子書房，177-199．

小林春美（2008）語彙の獲得．小林春美・佐々木正人編 新・子どもたちの言語獲得．大修館書店，89-117．

斎藤純男（2006）日本語音声学入門（改訂版）．三省堂．

トマセロ，M．辻幸夫他訳（2008）ことばをつくる―言語習得の認知言語学的アプローチ―．慶應義塾大学出版会．

内田伸子（1999）発達心理学．岩波書店．

# B 言語・コミュニケーション発達の流れ

## 1　語彙の獲得から語連鎖へ

### (1)　ことばの獲得を支える日常生活の「足場」

　本節では、典型発達*を示している幼児がどのように語彙を獲得するのかを概観し、そこから言語発達支援への示唆を得たいと思います。有意味語が獲得される以前の段階でも、「バイバイ」の意味で手を振ったり、「いないいないばー」遊びで「バー」と発声したりすることがよくあります。このような身ぶりや発声が生起するのは、日常生活で繰り返し起こる、パターン化した人とのやりとり場面が多いものです。お父さんが朝出かける際に、お母さんと「バイバイ」と声をかける習慣がある家庭では、子どもの頭のなかで、朝の特定の場面に手を振る行為が結びついていくでしょう。ことばを学ぶ機会となるこのような状況をブルーナーは「足場」と呼びました。日常生活には、このような足場が豊富にあります。「いただきます」「ごちそうさま」や、園や学校の朝の会での呼名への返事も、繰り返されるパターン化した場面から学びます。逆に言えば、日常頻繁に起こるやりとり場面で一定のことばかけを私たちが心がけることによって、子どもにことばの意味や使い方を学ぶ機会を提供しているということにもなります。

### (2)　初期の語彙と語彙獲得に関連する要因

　個人差はありますが、1歳代前半ごろに有意味語（初語）が獲得されます。初期の語彙は、典型的には「ママ」「マンマ」「ブーブ」「ワンワン」「アッタ」「ナイ・ナイナイ」「イヤ」などが早く獲得されます。親は意図的にこれらの語を教えようとしていないにもかかわらず、多くの子どもでこれらが共通して早くに獲得される背景には、以下の要因が考えられます。

#### 1）子どもにとっての重要語

　子どもには大人の手助けが必要な場合が多々あります。助けが必要なときの「ママ」や、空腹時の「マンマ」という発語には「要求」という重要な機能があります。大人の

---

* 遅れや偏りのない発達を「定型発達」と呼ぶことがありますが、本書では「典型発達」（typical davelopment）とします。

介入を拒否する「イヤ」も相手をコントロールする機能があり、このような実用性の高い語は習得されやすいでしょう。これらは「語用論的必要性」を背景とする語であると言い換えることができます。

2）興味・関心のある対象

　「ブーブ」や「ワンワン」ということばが早期に獲得されるのは、子どもの興味を反映しています。「いないいないばー」遊びのように、現れる・消えるという出来事に子どもは関心をもちます。ものを見つけたことを示す「アッタ」や、その反対の「ナイ」、あるいは片づけに伴う「ナイナイ」は遊びや日常生活にしばしば起こるだけでなく、子どもの認知の指向性も反映していると言えるでしょう。

3）高頻度語

　上記のことばは単に重要であったり、興味・関心の対象であるだけでなく、日常高頻度で耳にする語でもあります。

4）同じ音の繰り返し

　「ママ」「マンマ」「ブーブ」「ワンワン」といった語は、音の形だけに注目すると、0歳代後半から終わりごろにかけて出現する「ダ・ダ・ダ」といった「反復喃語」に似ています。同じ音節を繰り返すこれらの語は、喃語を経験した子どもにとっては習得しやすい語であると言えます。

5）意味の自明さ

　ブーと走る「ブーブ」、ワンとほえる「ワンワン」というのは子どもにとって意味の分かりやすい語です。「投げる」「ころがす」のような動詞を習得するよりも前に「ポーンする」「コロコロする」といった擬音語による表現が習得されるのは、発音のしやすさに加えて、意味の分かりやすさが背景にあるのでしょう。

　これらのうち、1）**子どもにとっての重要語**、2）**興味・関心のある対象**、3）**高頻度語**については、語彙を増やしてもらいたい子どもへの支援でも十分に配慮しなければならない点です。つまり、子どもに語を学ぶ機会を提供するには、日常生活のなかで語用論的な必要性のあることばや子どもの注意をひきつける事物についての語りかけを高頻度で聞かせることが重要でしょう。

(3) 共同注意と語彙の獲得

　視線はコミュニケーション手段の1つです。生後半年ごろには乳児は対面する母親が右を見れば右、左を見れば左の方向と、相手の顔の向きや視線の方向に自分の視線を合わせて、母親が見ているものを見つけることができるようになります。興味深いことに、

## B　言語・コミュニケーション発達の流れ

相手の視線や指さしの方向に自分の注意を向けることができる子どもほど、半年や1年後に理解・表出できる語彙が豊かであることが報告されています（Morales et al., 1998; Delgado et al., 2002）。

　また、大人のかかわり方が子どもの言語習得を左右することが分かっています。大人は「これを見て。○○だよ」と、子どもに教えたいものに注意を向けさせて教示しがちです。しかし、14ヵ月から23ヵ月の典型発達児を対象にした研究では、子どもが自分の興味関心からものを探索しているときに「それは○○だね」とことばかけをする方が、大人が見せているものに子どもの注意を向けさせてその名前を聞かせるよりも、効率的に語を学習することが明らかになりました（Tomasello & Farrar, 1986）。つまり、大人がやりとりの主導権を握ろうとするよりも、子どもに主導権をゆだねた方がことばの学習に効果的であるという示唆を与えています。子どもはテレビやビデオを見るように、自分と離れた世界からことばを学習するのではなく、人との生きたやりとりのなかで、自分の興味関心を原動力としながらことばを学んでいます。ことばに遅れのある子どもへの支援では、子どもの興味をひくものを用意し、その受け渡しをかかわりの契機としたり、子どもの注意の方向に沿って大人がことばかけをするように心がけたいものです。

### (4) 品詞ごとに見た語彙の獲得

　典型発達では、1歳代後半以降に、語彙が急速に増えていきます。ものの名称や「バイバイ」「イヤ」「もっと」といった対人関係で使用される語だけでなく、動詞や形容詞なども増加し、表現できる意味内容も広がりを見せます。どのような語彙が早く習得され、どのような語彙が遅いのかは、語の意味の抽象度や、語を耳にする頻度、子どもにとっての重要性などが関連しています。いくつかの代表的な品詞を例に見てみましょう。

#### 1）動詞の語尾

　日本語の動詞の語尾には活用形があり、助詞も連続します。3名の男児を14ヵ月から36ヵ月まで毎週家庭で観察し、録音した自発話を分析したところ、動詞の語尾のレパートリーにはこれらの子どもの間で共通した順序性が見られました（Miyata et al., 2006）。下の流れは3人に共通する語尾レパートリーの広がりを示します。

```
たべる
たべた                  たべちゃ
たべて（命令） → たべて（接続） → たべたら → たべないで → たべろ
                たべよう              たべ       たべなきゃ
```

自発話のなかに動詞がではじめた2歳ごろに使われていた語尾は「～る」「～た」「～て（命令）」でした。次に、「歩いて、走って」という接続の「～て」や意思を表す「～よう」が続きます。これらを別の観点から整理すると、次のようなことが言えます。重要な伝達意図の1つに「要求」があり、乳児期にも欲しいものに手を伸ばすという要求行動が見られます。しかし、動詞が使えるようになると「取って」「見て」と「～て」で要求を伝え、さらに語尾のレパートリーが増えると、「食べたら」と誘いかける表現で伝えるようになります。もう1つの伝達意図には「自己主張」があります。初期の「食べる！」という形に続いて、「食べよう」と自分の意図を表明することができるようになります。このように見ていくと、動詞の語尾レパートリーは単に文法的な発達を示しているだけでなく、コミュニケーションの道具としての機能の広がりがうかがえます。

## 2）形容詞

　4歳代後半から6歳代前半の幼児を対象としたデータ（国立国語研究所, 1980）によると、表出課題における正答率を見た場合、おおむね以下のような順序性が示されています。

大きい―小さい　→　多い―少ない／暑い―寒い　→　長い―短い／太い―細い／高い―低い　→　広い―狭い／深い―浅い　→　厚い―薄い

　「大きい―小さい」は経験する頻度も高いと思われますし、汎用性もある語です。これに対し、「長い―短い」は長さのある物体に限定され、「高い―低い」は上下に限定的な意味であるなど、その属性を理解する認知的基盤が求められます。なお、同じ系列のなかでも「長い」→「短い」、「高い」→「安い」といった順番があることも示されています。このような難易度に関する情報は、指導において目標語を設定する際に有用でしょう。

## 3）疑問詞

　疑問詞は情報の収集・交換に欠かせません。さらに、会話は疑問文からはじまることも多いことから分かるように、コミュニケーションのきっかけ作りとしても重要な役割を果たします。2歳前半ごろに「なに」が獲得され、その後、疑問詞の種類はおおむね下のように増加していきます。「どうして」や「いつ」の正確な使用は、それぞれ因果関係や時間の理解が前提となるため、子どもの認知の基盤が十分に育つことが必要であることが、この順序性の背景にあると考えられます。

B　言語・コミュニケーション発達の流れ

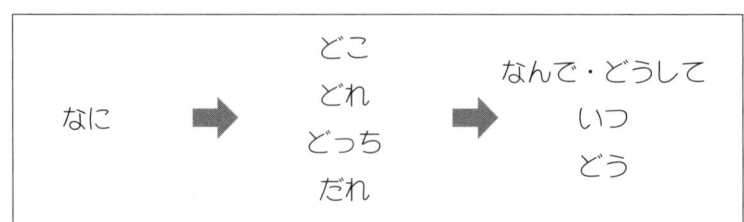

　上の流れは表出面の発達ですが、疑問詞を含む質問文の理解と応答は3歳から5歳にかけて徐々に正確さを増していきます。「だれ」は人、「どこ」は場所、「いつ」は時間を尋ねることを学んだとしても、すぐにこれらの質問に正確に答えられるわけではありません。状況を正しく思い出したり、場所や時間を表す語彙を獲得したりしながら、質問への応答がより的確になっていきます。

4）位置を表す語彙

　位置関係を示す語彙は、「冷蔵庫のなかにあるよ」「机の上に置いてちょうだい」など日常的な会話にもしばしば用いられます。「上」「下」「横」は3歳前半ごろから表出されはじめ、3歳後半に「上」「下」、4歳代に「横」も含めた使い分けが上達していきます。国立国語研究所のデータによると、4歳代後半から6歳代前半にかけて、「前―うしろ」「右―左」を習得します。位置を表す語彙の理解は学校生活や学習場面でも重要な役割を果たしますが、これらの語の習得は視空間認知能力とも関連すると推測されます。

## 2　文法の確立

### (1)　語連鎖の産出

　発話は1語文から2語文などの語連鎖へと進展していきますが、ものの名前（名詞）の知識だけでは自然な語連鎖にはなりません。実際、名詞以外のさまざまな語彙がある程度まで蓄積される1歳代後半に、半数近くの子どもで2語文が出現しはじめます。生後20ヵ月の平均的な子どもの語彙数は男児で60語、女児で90語程度ですから（綿巻・小椋, 2004）、語彙の豊富さが支えとなって2語文に移行すると考えられます。初期の2語文は「これ＋〇〇」（例：「これ　ブーブ」）など型にはまった語の組み合わせであったり、あるいは「行為主＋行為」（例：「トラック　いった」）、「対象＋行為」（例：「ボール　やる」）など2つの語の意味的関係性を表します。動詞、形容詞、代名詞（指示詞）（例：「こっち」など）なども獲得して徐々に語連鎖表現が多様化していきます。

　知的発達に遅れのある学齢児にしばしば「〇〇ください」のようなパターン化した2

語文を指導することがあります。このような定型句の学習は、必ずしも語彙が豊富でなくても可能でしょう。これは決まったパターンであるという点で、真の意味での文法とは言えません。しかし、柔軟な文法ではなくても語の連鎖が産出できるようになることは、コミュニケーションにおける機能性という点で、大きな飛躍です。

### (2) 身ぶりと語連鎖との関連

　発語と身ぶりの組み合わせは、聞き手にとっての分かりやすさだけでなく、1語文を話す子どもが2語文に移行する基礎となっていることも明らかになっています。指さしをしながらものの名前を言ったり、お菓子を持ち上げて見せながら「食べる」と言ったりするように、補助的な身ぶりをつけながら1語文を話す子どもがいます。このような子どもの多くは、その数ヵ月後に同じような構造をもつ2語文を使うようになることが報告されています（Ozcaliskan & Golkin-Meadow, 2005）。つまり、身ぶりもことばの発達に貢献しているということです。身ぶりを含めた表現を促すことは、言語発達を促すことにもつながる可能性もあります。

### (3) 典型発達における個人差

　通常、言語発達の初期段階では、ものの名前を中心に獲得し、1語文から2語文へと徐々に長くなると想定されます。この発達の流れは多くの子どもに当てはまりますが、実際には発達スタイルに個人差があることも明らかになっています。具体的には、発話は不明瞭だけれども抑揚に富み、はじめから2語文や3語文程度の表現をしているように聞こえる子どもたちがいます。多くの研究を概観したBatesら（1988）は、**表I-1**のような2つの発達スタイルにまとめています。タイプ1は私たちが一般的にイメージしやすい発達スタイルです。タイプ2では、「イヤ」「もっと」といった対人的なことばが早い時期から比較的多く見られます*。後者のスタイルは第2子以降に多い傾向があるという結果からは、兄や姉のいる子どもでははじめから社会性が求められ、兄・姉のことばの影響を受けているという推測もできます。出生順位の影響については異なる結果を示す研究もあり、一般化はできませんが、子ども一人ひとりがもっている認知スタイルを含め、さまざまな要因が言語発達を規定しているということを個人差研究は示唆しています。

---

\* 発達的個人差についてはショアー（2009）もご参照ください。

B 言語・コミュニケーション発達の流れ

表 I-1 　2つの言語発達のスタイル

| タイプ1（命名型） | タイプ2（表出型） |
|---|---|
| 意味的・統語的特徴 | |
| ・初期段階で名詞の比率が高い。<br>・初期段階では単語で話す。<br>・語彙が急激に増加する。 | ・初期段階で名詞の比率が低い。<br>・初期段階からパターン化した複語文を使用する（例：「これあった」）。<br>・語彙がゆっくりと増加する。 |
| 語用論的・音韻的特徴 | |
| ・物への志向性を反映する。<br>・明瞭度が高い。 | ・人への志向性を反映する。<br>・明瞭度は低いが抑揚が豊かである。 |
| その他 | |
| ・第一子であることが多い。 | ・第二子以降であることが多い。 |

### (4) 文の理解と表現

　典型発達児では、「白いネコ」「座っている男の子」などの多様な2語文（2文節文）の理解が2歳代から可能になってきます。しかし、2語文が言える知的発達に遅れのある子どもが、2語文を実際に正しく理解しているかは別です。複数の絵を同時に見せて、「『食べている犬』はどれ？」と尋ねると、食べずに座っている犬を選ぶことがあります。文の一部のみに注意が向いてしまっているのです。

　その反対に、まだ1語文や2語文でしか表現できない子どもでも、「おばあちゃんに夕刊もってきてあげて」のような比較的複雑なことばかけに正しく応じることができる場合もあります。これは、同居しているおばあさんが決まった時間に新聞を読むという習慣や、このことばかけに伴う身ぶりがヒントになっていると考えられます。身ぶりや状況を支えとして語りかけをすることは、子どもの文理解を助けます。理解力がついてきたら、徐々にこのような「足場」を外していくといいでしょう。

### (5) 格助詞などを含む文の表現

　英語では語順が重要ですが、「犬はネコを追いかけている」でも「ネコを犬が追いかけている」でも構わない日本語では、格助詞が大きな役割を果たします。初期の語連鎖では、格助詞（「が」「を」「に」など）や係助詞（「は」「も」など）が省略された形で単語が連続するため、子どもが「犬、追いかけてる」と言った場合、それは「犬を追いかけている」という意味かもしれませんし、「犬が追いかけている」ということかもしれません。厳密な伝達には、格助詞の使い分けの習得を待たなければなりません。

自発話のなかでは「が」「は」はおおむね2歳から3歳にかけて出現します。格助詞などの文法的表現がどの程度使えるかを調べるために、文を復唱してもらうことがあります。一般的な傾向としては、「お魚は泳ぎます」のような名詞＋格助詞（係助詞）＋動詞の復唱は2歳後半から徐々にできるようになりますが、一貫して可能なのは3歳後半以降です。なお、助詞と呼ばれるもののなかでも「あったね」のような終助詞は、一般的に格助詞よりも早く出現します。

### (6) 格助詞などを含む文の理解

「が」や「を」を文のなかで言えるようになったとしても、必ずしもそれらの意味を正確に理解しているとは限りません。格助詞を手がかりとした「名詞＋が（を）＋動詞」の文の理解は、3歳後半以降に格助詞を手がかりに応答できるようになっていきます。ただし、主語と目的語の2つの名詞が含まれる文を理解する過程はもう少し複雑になります。「お母さんがリンゴを食べる」では、「リンゴ」が「お母さん」を食べることは起こりえないという意味を手がかりに、はじめは語順のみに注目して理解します。また、「ネコをリスは追いかけました」のように通常の順序と逆の文では、冒頭のネコを主語とみなして、「ネコが追いかけた」と理解するでしょう。語順にかかわらず、助詞を手がかりにして文を正確に理解できるようになるのは、おおむね5歳以降と考えられます。言語理解力は過大評価しがちであるので、分かりやすい文を提示することは重要です。

### (7) 復唱課題から見た文法スキル

上でも述べたように、このような文法スキルを評価する方法として、文の復唱課題が用いられることがあります。非言語的な認知的能力に比べて言語的能力に困難が大きい特異的言語発達障害（SLI）（44ページ参照）の子どもは、文の復唱が難しいことが報告されています（Eadie, Fey, Douglas, & Parsons, 2002）。復唱課題には、次のような複雑さの異なる複数の文を使います。

| | |
|---|---|
| 単文 | 「男の子がボールを投げました」 |
| 接続助詞を含む複文 | 「お母さんがリンゴを買ってきて、皮をむきました」 |
| | 「女の子はクレヨンをもらったので、花の絵を描きました」 |
| 連体修飾節を含む複文 | 「リボンをつけた犬はネコを追いかけました」 |
| | 「男の子はお母さんが買ってきたアイスクリームを食べました」 |

B　言語・コミュニケーション発達の流れ

　このような文を8つ用意し、3歳から6歳の幼児と、ことばの遅れを主訴として「ことばの教室」に通級する6歳から11歳の児童に復唱課題を行なったところ、**図I-2**のグラフのような結果となりました（大伴, 2006）。

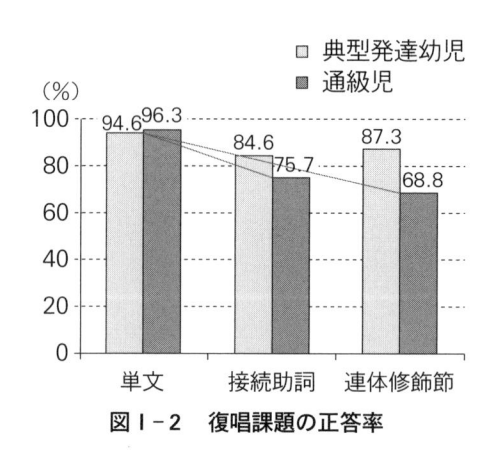

**図I-2　復唱課題の正答率**

（典型発達幼児／通級児）
- 単文：94.6／96.3
- 接続助詞：84.6／75.7
- 連体修飾節：87.3／68.8

　単文の復唱では差がなくても、文の複雑さが増し、「〜ので〜」といった接続助詞や、「お兄さんが投げたボールは〜」のような連体修飾節を含む複文になると、通級児童は典型発達を示す幼児よりも誤りが多くなることが分かります。文法的な複雑さに対応しにくいと考えられます。

　また、このような文を復唱するには、聞いた情報をしばらく記憶にとどめておく「聴覚的短期記憶」が必要です。また、比較的目立たない格助詞、助動詞などの細部までもらさず聞き取る注意力も求められます。「リンゴを指さす前にバナナを指さしてください」といった指示の理解についても、文法的スキル、注意、聴覚的短期記憶が相互に絡みあっており、5歳代以降も文理解の正確さは徐々に増していきます。言語発達に遅れのある子どもに文理解の誤りがあった場合、文法的スキルだけでなく、注意力や聴覚的な短期記憶についても考慮する必要があるでしょう。

## 3　談　話

　多くの語彙を獲得し、3語文以上の文を言える文法スキルを身につけたとしても、すぐに文章の形で話すようになるのではありません。3歳では1つの出来事だけについて話したり、「〜した。そこで〜した」のように、関連のある複数の出来事について述べたりすることが多いようです。1つの文のなかでも、接続助詞「て」を使うことができれば、「食べて、帰って」のように連続する形が比較的早くから可能になっていきます。

3歳代から4歳代で最も頻繁に使われるこの接続助詞「て」（あるいは「遊んで」のような「で」）は、次第に、「食べたら」「遊んでいると」などの接続助詞や、「だから」「そして」といった順接の接続詞、「でも」などの逆接の接続詞を学ぶことにより、表現が多様になっていきます。並行して、連続して表現できる出来事の数が増えていきます。

### (1) 説明するためのことば

　2歳代後半から「お箸で何をするの？」という問いに対して、ものの用途の説明ができる子どもが多くなってきます。このように、3歳代以降にことばによる説明や論理的表現のスキルが伸びていきます。「急に雨が降ってきたらどうする？」といった架空の場面での対応を推論したり、個人差もありますが、4歳代以降にはジャンケンのルールを言語化して相手に伝えたりする力もついていきます。ただし、ジャンケンの後出しがいけないことを漠然と分かっていても、なぜいけないかを相手が理解できるように説明するのは難しいことであり、学齢期に入って可能となる子どももいます。

### (2) 語り（ナラティブ）の発達

　続助詞や接続詞の習得とも並行して、4歳代以降に複数の文をつなげて1つのまとまった話の流れを表現する語り（narrative）のスキルも徐々に上達していきます。語りは出来事の流れを理解し、適切な語彙を選んで文として組立て、複数の文を順序立ててつなげるなど、いくつかの能力を総動員して可能になる表現です。そのため、語りは言語能力の評価法としても注目されつつあります。語り課題における成績は、学校での学習、特に文章理解の適応度を予測する指標となりうることも報告されています（Feagans & Applebaum, 1986）。

　語りには、自分の個人的な経験や思いについて語るタイプ（personal narrative）と、架空のストーリーを語るタイプ（fictional narrative）があります。表現力の評価にあたっては、個人の経験に左右されにくく、ことばのない絵図版や絵本、ビデオを見てお話を作ってもらったり、お話を聞いた後で内容を繰り返してもらったりするといった、一貫した手続きを取りやすいことから、架空ストーリータイプの語りを拠りどころとすることが多いようです。発話を書き起こして、文の長さや文法的な複雑さ、発話に含まれる情報量やなどを分析します。文構造の分析をした例としては、自由遊び場面での自発話と連続絵を説明する発話を5歳の超低出生体重児と同年齢の正期産児との間で比較したところ、超低出生体重児の方が、発話に含まれる語数が少ないことが報告されています（大伴・若葉・奈良, 1998）。

### (3) 文章表現の変化

　書字で表現することに慣れてくる小学校2年生から3年生にかけて、文章表現にどのような変化がでてくるのでしょうか。下の文章は、**図I-3**の連続絵を見て書いてもらったものであり、a. は2年生が書いた、比較的シンプルな内容のものです。b. は3年生の文章のなかでも豊かな内容をもつ例です。なお、2、3年生のなかでも個人差が大きく、a、b いずれもそれぞれの学年の典型例というわけではありません。

a. ある日、女の子があるいていました。風がふいて女の子のぼうしがとばされました。とりさんがとってたけど、おっことしてしまいました。（2年生男児）

b. 女の子がおきにいりのぼうしをかぶって森を歩いていました。風がそのぼうしをさらっていってしまいました。女の子はおいかけました。けれどもどんどん高くなっていくばかりです。そのとき鳥がぼうしをくわえて女の子の上にとんできました。そしてぼうしを落として、女の子のところにぼうしは帰ってきました。（3年生女児）

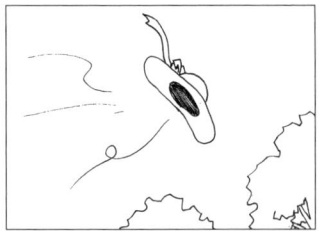

**図I-3　文章表現に用いた図版**

　上の例は1人ずつのものですが、2、3年生それぞれ30名ほどの作文を集め、語彙や構造、内容から学年間で比較すると、**表I-2**のようにまとめることができます。

表I-2　2年生と3年生の作文の特徴

| 2年生 | 3年生 |
|---|---|
| 「ある日……」 | 「ある日……」（＋どんな場所、どんな女の子などの説明） |
| 「……しました」 | 「……たら（ので・と）」 |
| 「すると」（順接） | 「すると・でも」（逆接） |
| 「おしまい」 | 「その……」 |

個人差は大きいのですが、2年生は、「ある日……」ではじまり、「……しました。すると……」という流れで話が展開し、最後は「おしまい」で終わる子どもが4割程度でした。このことから、お話のスタイルが確立し、出来事を順列の接続詞などでつなげていくスタイルが確立する段階と考えられます。これに対し、3年生は、「ある日……」ではじまるスタイルは変わらないものの、登場人物や場面の描写がより詳しくなります。接続助詞も「たら・ので・と」と文章のなかでも幅が広がり、順接の接続詞だけでなく「でも」といった逆接の接続詞も使えるようになります。観点・連続性表現が多様化し、「その……」という表現ですでに言及したことを参照させることが増えていきます。スタイルの確立からストーリーの実質への展開と言えるでしょう。

## 4　学齢期の言語

　小学校入学までにはほとんどの子どもが、日本語に含まれる音韻を正確に発音し、聞き分けることができるようになり、3,000から10,000もの語彙を獲得し、さらに基本的な文法能力も身につけていきます。そうした意味では、就学までに子どもたちは日本語話者として十分な言語能力を身につけていると言えるでしょう。学齢期には、こうした言語能力を基盤として、洗練されたコミュニケーションの能力を身につけていきます。さらに、新たな言語能力として読み書きの能力を身につけることも学齢期の言語の大きな特徴です。

### (1)　学齢期のコミュニケーション

　幼児期を通じて子どもたちは、直示表現（「これ・それ・あれ」など）、あげる・もらうなどの授受動詞、丁寧表現など、聞き手との関係に応じて使い分ける必要があるさまざまな語彙を獲得します。また、会話をスムーズに展開するためのスキルも身につけていきます。そのなかには、互いに関連のあることを話す、同時に話すのではなく順番に話す、相手との関係に応じて話題や話し方を調整するなどのことが含まれます。小学校入学以降も、会話の能力は徐々に洗練の度合いを高めていきます。ただし、低学年の子どもの会話には、多くの関連性に乏しい発話が含まれ、相手の発話の意味に対してよりも、非言語的な情報や発話に伴う動作や表情、声の調子などのような情報（パラ言語的な情報と言います）に対応した反応をしている場合も多くあります。また、関連のある会話を行なう場合でも、十分なものではなく、相手の発話の曖昧さを補うための質問も、低学年の子どもたちは大ざっぱな聞き方にしかならないことが多く見られます。

　また、学齢期になれば家庭での会話、友達との会話、教室での授業場面のように、場

B　言語・コミュニケーション発達の流れ

面によって話題やことばづかいを切り替えることができるようになります。特に、高学年になれば、友達との間での会話では特有の語彙を用い、特有の表現をすることでその集団が「仲間」として機能していることを互いに確認しあうようにもなっていきます。したがって、会話の技能は、単に話し手と聞き手の間でのスムーズな言語的やりとりを調整する役割を果たしているだけでなく、それが用いられる社会集団に対する話し手の所属意識を反映し、互いがそこに所属していることを確認しあうための道具ともなるのです。ただし、こうしたコミュニケーションとアイデンティティの問題は、思春期以降に達成される課題と考えるべきでしょう。

(2)　読みの習熟

　多くの子どもたちが平仮名の読みを習得して小学校に入学してきます。けれども、実際に読みを覚えた時期には大きなばらつきがあります。幼稚園・保育園の年中児くらいの時期に平仮名が読めるようになっている子どももいれば、小学校に入学する直前になって文字を覚える子どももいます。さらに、人数は多くないですが、小学校に入ってからはじめて読み書きを覚える子どももいます。小学校1年生の段階は、幅の広い習熟度の子どもたちが混在しているのです。

　また1年生では、読みを覚えた時期によって読むスピードに大きな違いが見られます。すべての子どもが平仮名の読み書きができるようになっている1年生の3学期でも、読むスピードは、文字の読みを覚えた時期によって大きく異なります。小学校入学前に読みを覚えた子どもの方が、入学後に読みを覚えた子どもたちよりも読むスピードは明らかに速いのです。このことから、文字が読めるようになってもスムーズに読めるようになるまでには時間がかかることが分かります。

　しかも1年生の段階では、読むスピードが速い子どもは読解の成績もよいことが知られています。ゆっくりとしか読めない子どもは、それだけ読むことそのものに努力する必要があるため、文章を理解するのに制約を受けるのだと考えられます。けれども、読むスピードの違いは3年生くらいになるとほとんどなくなります。もちろん、3年生でも読むのが速い子どももいれば遅い子どももいますが、ばらつきは1年生のころに比べるとずっと少なくなります。しかも、スピードと読解の成績の間には関係がなくなっていきます。

　その一方で、読解の成績と一貫して強い関連があるのは、どれだけことばを知っているのか、つまり語彙力です。2歳を過ぎるころから子どもたちの語彙は急激に増大し、研究によって大きなばらつきがあるものの、平均すれば1日あたり9語くらいの語を新

たに覚えていると言われています。実際には小学校入学後も子どもたちは幼児期同様、あるいは幼児期よりも多くの語を毎日覚えていきます。ただし、子どもの語彙の知識は、知っているか知らないかに二分されるようなものではありません。図Ⅰ-4は小学校1年生から3年生を対象に、「よごす」ということばの意味をどのくらい知っているのかを調べた結果です（高橋ら，2005）。「どろで遊ぶ」を選ぶ子どもは徐々に減り、「きたなくする」を選ぶ子どもが少しずつ増えていくことが分

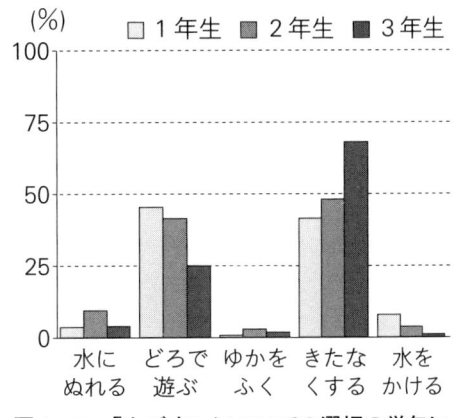

図Ⅰ-4 「よごす」についての選択の学年による違い

かります。もちろん、「どろで遊ぶ」も「よごす」の意味としてまったく間違っているとは言えないでしょう。けれども、他の選択肢として「きたなくする」があったとき、そちらの方がより適切な意味であると考えるべきだろうと思います。こうした結果から、子どもの語彙は、徐々に正確さが増すようにしながら増えていくものであるということが分かります。

　それでは学齢期の子どもたちはどのようにして語彙を増やしているのでしょうか。もちろん、子どもたちは日常の会話やテレビなどのメディア、学校の授業などを通じて新たなことばに接し、覚えていきます。それだけではありません。毎日の読書時間は決して多くはないものの、子どもたちは平均すれば20分から30分は活字に接しています。文章のなかに知らないことばが含まれていても、それがあまりたくさんなければ、前後の文脈から子どもたちはだいたいの意味を類推することができます。そのようなことの繰り返しを通じて、子どもたちは少しずつことばの正確な意味を理解するようになるのだろうと考えられます。

　こうしてみると、子どもたちは読書を通じて語彙を増やし、それが読解力を保証し、そうした読解の力がより質の高い読書を可能にするというように、そこには循環的な関係があることが分かります。逆に考えれば、語彙が乏しい子どもたちは読解も制限され、その結果読書の経験も乏しく、語彙も増えないといったマイナスの循環もありえます。したがって、学齢期は子どもたちのことばの力の差が広がっていく時期でもあると言うことができるでしょう。

B 言語・コミュニケーション発達の流れ

### (3) 書きことばの獲得

　学齢期を通じて子どもたちは書くことにも習熟していきますが、子どもにとって書くことは負担の大きな作業です。それには2つの理由があると考えられます。1つは、文字の形を思い出し、紙に書いていくこと自体がそれほど簡単な作業ではないということです。たとえば、同じビデオを見た後で、その内容を思い出して書くのと話すのとでは分量に違いが見られます。小学校の2・4・6年生を対象とした調査では、4年生までは書いた方が再生量は少なく、口頭での再生と差がなくなるのは6年生になってからでした（高橋・杉岡, 1993）。教育の現場では、書くことが負担となって文章を産出することが妨げられないように、教師が子どもから文章を聞き出して、書きとどめたり子どもにゆっくりと言ってやり、それをあらためて子どもが書き写すような取り組みが行なわれることもあります。いずれにせよ、文字を書くことはそれ自体が子どもにとって負担の大きな作業なのです。

　また、目の前に聞き手がいる場合のコミュニケーションでは、相手がうなずいたり聞き返したりするので、それを手がかりとしてことばを補ったり修正することができますが、書く場合は相手が目の前にいないので、ことばを産出しているその場での調整ができません。このことから、書かれたものには会話とは異なる特徴が見られることになります。内田（1989）は口頭による物語作りと書いた場合を比較し、文章体（書きことば）の特徴を以下のように整理しています。①動詞の連用形が少なく一文が短い、②敬体または常体の文末表現が文章を通して使われる、③「ね」という終助詞は使われない、④終助詞や接続助詞の多用が見られなくなる、⑤主語の省略が少なく完全文が増える、⑥後置現象が少ない。

　「ね」のような終助詞は、目の前にいる聞き手に対して、話し手が確認をしたり念押しをするために用いられるものなので、通常は文章のなかで用いられることはありません。また、書く場合には、時間をかけて文章を練ることができ、また書いた後の修正も可能なので、文章としての完成度も高くなります。こうしたことが、会話とは異なった特徴をもつ「書きことば」を生み出すことになります。このようにして習得された「書きことば」もまた学齢期以降の重要な言語的コミュニケーションの手段となるだけでなく、話しことばにも影響し、使用される語彙、文法などの点で話しことばを豊富なものにしていくと考えられます。

## 文 献

Bates, E., Bretherton, I., & Snyder, L. (1988) From first words to grammar: Individual differences and dissociation mechanisms. Cambridge University Press.

Delgado, C. E. F., Mundy, P., Crowson, M., Markus, J., Yale, M., & Schwartz, H. (2002). Responding to joint attention and language development: a comparison of target locations. Journal of Speech, Language, and Hearing Research, 45, 715-719.

Eadie, P. A., Fey, M. E., Douglas, J. M., & Parsons, C. L. (2002) Profiles of grammatical morphology and sentence imitation in children with specific language impairment and Down syndrome. Journal of Speech, Langugage, and Hearing Research, 45, 720-732.

Feagans, L. & Appelbaum, M. L. (1986) Validation of language subtypes in learning disabled children. Journal of Educational Psychology, 78, 358-364.

国立国語研究所 (1980) 幼児の語彙能力. 東京書籍.

Miyata, S., Hirakawa, M., Kanagy, R., et al. (2006) The Development of the CHILDES-based Language Developmental Score for Japanese (DSSJ). Studies in Language Sciences, 5, 75-89.

Morales, M., Mundy, P., & Rojas, J. (1998). Following the direction of gaze and language development in 6-month-olds. Infant Behavior & Development, 21, 373-377.

大伴潔 (2006) 健常児と発達障害児における「語り」表現―ストーリー再生課題と復唱課題による検討―. 東京学芸大学紀要総合教育科学系, 57, 469-479.

大伴潔・若葉陽子・奈良隆寛 (1998) 低出生体重児と正期産健常児の5歳時における言語能力―言語検査と自発話分析による検討―. 音声言語医学, 39, 24-33.

Ozcaliskan, S. & Golkin-Meadow, S. (2005) Gesture is at the cutting edge of early language development. Cognition, 96, B101-B113.

ショアー, C. M. 佃一郎監訳 (2009) 言語発達ってみんな同じ?―言語獲得の多様性を考える―. 学苑社.

高橋登・大井学・大伴潔・中村知靖・小松孝至 (2005) パーソナルコンピュータを用いた適応型言語能力検査の作成. 平成14-16年度科学研究費（基盤研究（B））報告書.

高橋登・杉岡津岐子 (1993) 書くことと語ること―表現手段の違いが物語の再生に与える影響について―. 読書科学, 37, 148-153.

徳淵美紀・高橋登 (1996) 集団での絵本の読み聞かせ場面における子ども達の相互作用について. 読書科学, 40, 41-50.

Tomasello, M. & Farrar, M. J. (1986) Joint attention and early language. Child Development, 57, 1454-1463.

トマセロ, M. 辻幸夫他訳 (2008) ことばをつくる―言語習得の認知言語学的アプローチ―. 慶応義塾大学出版会.

内田伸子 (1989) 物語ることから文字作文へ―読み書き能力の発達と文字作文の成立過程―. 読書科学, 33, 10-24.

綿巻徹・小椋たみ子 (2004) 日本語マッカーサー乳幼児言語発達質問紙「語と文法」手引き. 京都国際社会福祉センター.

# C 話しことばの遅れ

## 1 障害のタイプ

　広い意味での「言語発達障害」は、生活年齢に照らして、言語発達の全般、もしくは、「言語理解」「言語表出」「言語の対人的使用」のうち特定の領域に遅れや独特な発達のある状態を指します。言語理解と言語表出に同程度の遅れを示す一般的な言語発達障害（言語発達遅滞）以外にも、発達的状態像を詳細に検討することにより、さらに以下のようなタイプに分類されることもあります*。

### (1) 言語表出が言語理解よりも困難な場合（表出性言語障害）

　言語理解は知的発達水準の範囲内であるにもかかわらず、言語表出のスキルが知的発達レベルよりも低下していることがあります。たとえば、相手の口頭指示には的確に応じることができても、自分が表出する際には文にならず、単純な語彙に身ぶりを交えて表現する子どもは、この表出性言語障害にあたります。

### (2) 特異的言語発達障害（SLI: specific language impairment）

　認知能力のなかでも、言語にかかわりのない領域（例：図形の認知）に大きな問題がないにもかかわらず、言語に比較的限局した困難が認められる状態を特異的言語発達障害（SLI）と呼びます。言語能力と非言語能力との差異に加え、聴覚障害や構音障害、望ましくない言語学習環境では説明できないことも条件になります。欧米ではSLIの文法的側面の研究が豊富であり、過去形の-edや三人称単数現在の-sといった文法的指標の理解や使用に特化した障害がある事例が報告されています。日本語ではSLIの文構造の特徴は十分明らかにされていませんが、SLIと考えられる子どもでは、「が」「を」などの格助詞や「れる・られる」など助動詞に誤用があると想定されます。

　なお、SLIの原因には、大きく分けて以下の2つのとらえ方があり、研究者によって見解が異なります。第1の立場では、SLIは一般的な知覚や認知、学習過程の障害が根

---

\* 発音の障害である「構音障害」、流暢性の障害である「吃音」は言語発達障害には含まれません。これらについては本書のシリーズ（刊行予定）である別巻をご参照ください。

底にあると考えます。話しことばを理解するには、矢継ぎ早に届く音の情報（周波数の変化）を脳が的確に処理して意味に置き換えるという作業をしなければなりません。このような聴覚的処理過程に困難があったり、音韻記憶や学習過程に難しさをもっていたりすることが言語習得に影響を与えると想定しています。

第2の立場では、文法の習得に生得的な神経回路がかかわっていることを想定した上で、SLIはその文法能力に特化した障害であると考えます。短期記憶などの一般的な認知過程の制約に起因するのではなく、文法構造の解読に関する障害が根底にあると考え、これが過去形の-edといった文法的指標の習得に困難を生じていると考えます。

### (3) 知的発達の遅れに伴う言語発達障害

言語発達は認知発達に深くかかわっています。たとえば、さまざまな事物を、食べ物、食器、家具といったカテゴリー（グループ）に分類することができるかどうかは、これらのカテゴリー名称の学習と関連します。ダウン症の子どもにおける言語発達の遅れは全般的な知的発達の遅れに由来するものです。ただし、ダウン症ではこの他に口腔の構造や舌などの運動コントロールの難しさなどによる発音の不明瞭さや、耳から入った音声情報を一時的に蓄える**聴覚的短期記憶**にも難しさがあることも知られています。

### (4) 重度重複障害のある場合

肢体不自由を伴い、重度の知的障害のある子どもでは、音声で表現することに難しさがある場合が多く、話しことばに依存しないコミュニケーションが重要となります。このような子どもには、補助・代替コミュニケーション（AAC）（71ページ参照）が有効です。また、コミュニケーションが受け身になりやすいので、自分から相手に伝えようとする表現の自発性を育てていくことが大切です。

### (5) 自閉症スペクトラムの場合

自閉症スペクトラムでは、無発語の子どもから、比較的高い言語能力をもつアスペルガー症候群の子どもまで幅広い実態があります。知的発達に遅れのある子どもでは相手の発話のイントネーションを含めた即時的な模倣（即時性エコラリア）や過去に聞いたフレーズの再生（遅延性エコラリア）といった独特のスタイルが認められることがあります。また、英語では"I"（わたし）と"you"（あなた）との混同や、日本語では「これ・それ・あれ」といった指示詞の正確な理解と使用に困難があると言われています。ここには相手との関係性のなかで語を理解することの困難が背景にあると考えられます。

C　話しことばの遅れ

高機能自閉症やアスペルガー症候群では、言語の対人的使用（語用論的側面）に困難を示し、場面にあわない丁寧なことばづかいをしたり、比喩・ユーモア・皮肉などに込められた意味が分からず、文字通りの解釈をしてしまったりする傾向があります。自閉症スペクトラム児の言語面での特徴はⅡ部をご参照ください。

## 2　語彙が育ちにくい子ども

> 幼稚園に通う4歳6ヵ月のA君。人懐こく、促されれば身ぶりや指さしで自分の欲しいもの、伝えたいことが表現できますが、自分から積極的に人に話しかけることはあまりありません。「お箸で何をするの？」に対して「ごはん」と答えるなど、関連する語彙は想起できるものの適切な表現に至らないために、A君の言いたいことがうまく伝わりません。絵画語い発達検査により語彙を評価すると3歳2ヵ月レベルでした。6歳の兄がおり、家庭ではコミュニケーション上の不都合はありませんが、自分の要求が伝わらないと時々かんしゃくを起こしてしまうこともあります。

　A君の始語は1歳10ヵ月であり、4歳6ヵ月時点でのLCスケール（62ページ参照）による評価では、言語理解3；1（3歳1ヵ月）、言語表出3；3、コミュニケーション4；2と、特に言語面での遅れが認められました。幼稚園のなかでは1つの遊びが長続きせず、場所を変えて興味をひくものを見つけては1人で遊ぶ場面がしばしば見られます。気の合う友達も2人おり、一緒に過ごすことが多いのですが、数人のグループで展開する遊びには入っていけなかったり、周辺的な参加になったりします。全体指示に応じた行動は遅れることもありますが、周りの子どもの様子をよく見ていて、集団から外れることなく行動ができます。最近では、ことばで要求する代わりに手が出る場面も見られるようになってきています。

　語彙が育ちにくい子どもの様子には個人差がありますが、本節ではまず、語彙発達の遅れにかかわる要因について検討しましょう。すべての子どもに共通する要因があるのではなく、子どもの側の要因や環境要因が絡んでいると考えられます。

### (1)　情緒・社会性との関連

　生後半年を過ぎると、乳児は対面する相手の顔の向きや視線の方向に自分の視線をあわせて、相手が見ているものを見つけることができるようになります。他者の視線や指さしの方向をたどって同じものに注目することを**共同注意**と呼びます（10ページ参照）。

母親との積み木遊びや絵本を見ながらの会話は、共同注意を介したやりとりです。相手の視線や指さしの方向に自分の注意を向けることができる子どもほど、語彙が豊かに育つことが報告されています（Delgado et al., 2002）。自閉症スペクトラムの子どもは共同注意が成立しにくいのですが、A君に自閉的な傾向はなく、他者との注意の共有について気になる点はありません。

　共同注意以外の情緒・社会性と語彙獲得との関連については、以下のような側面もあります。典型発達を示す乳児では、特定の事物に相手の注意を向けるように指さしをしながら大人を見たり、取ってもらいたい玩具に手を伸ばしながら大人を見たりするといった**非言語的な叙述や要求行動**が見られます。一方、ダウン症児においてはこのような行動が乏しいことが示されています（Mundy, Sigman, Kasari, & Yirmiya, 1988）。身ぶりによる要求行動を示すダウン症児ほど1年後の表出言語が豊かであるという報告もあり（Mundy, Kasari, Sigman, & Ruskin, 1995）、子どもの表現意欲や認知発達が言語発達と関連すると解釈されます。これは子どもの側の要因ですが、その一方で、自発的な身ぶりが多い子どもほど、周りの大人からのことばかけを誘発し、子どもが耳にする言語が豊かになるという環境への波及効果も考えられます。子どもの意図をうかがわせる身ぶりがあれば、「○○欲しいのね」などと大人もことばかけができますが、自発的な身ぶりが乏しければ、その分ことばかけが少なくなるでしょう。A君には兄もおり、幼稚園にも通っているので言語環境としては十分であったと考えられますが、自分から積極的に人とかかわろうとするタイプではないので、自分の行為に向けられたことばかけが少なかったかもしれません。

### (2) 認知能力との関連

　私たちはさまざまなものに囲まれて暮らしていますが、一つひとつのものに異なる名前がついているわけではありません。たとえば、腕時計と目覚まし時計のように形や大きさが違っていても、あるいは針が動いても数字で表示されても、機能が同じであれば「時計」という名称でくくられます。ここでは共通した特徴をもつもの同士を分類する**カテゴリー化**の能力が必要です。ミニチュアを使った実験では、生後7ヵ月の乳児でも動物と乗り物の区別がついていることが示されており（Mandler & McDonough, 1993）、別な研究では、さまざまなものを分類することができる子どもの方が、ものの名称の獲得が早いという結果も出ています（Gopnik & Meltzoff, 1992）。知的発達に遅れのある子どもにおける語彙の乏しさの背景の1つにはこのような事物を分類する認知スキルがかかわっているでしょう。

C　話しことばの遅れ

　また、**事物への関心**が低ければ、獲得語彙数にも影響するでしょう。また、「いつ」や「どうして」などの疑問詞を含む質問への応答は、それぞれ時間や因果関係の理解が前提となるため、子どもの**認知の基盤**が十分に育つことが必要です。

　この他にも、言語の習得を左右する要因の**聴覚的短期記憶**（音韻記憶）があります。たとえば、相手から聞いた電話番号を書きとめておく場面では、その数字の並びを頭のなかで繰り返し再生しながら書いているでしょう。短期記憶は、そのような短い間の情報保持であり、時間が経つと自然に消えてしまいます。文のなかに出てくる知らない語を聞いて理解するには、文全体の意味を理解しようとするなかで、新奇語の意味を前後関係や状況から推測する作業をしなければなりません。聴覚的な音声言語を一時的に蓄える容量が大きいほど、文の構造や意味内容の把握が容易となり、はじめて聞く語も学習しやすいでしょう。音韻記憶は無意味語や数列の復唱で評価できますが、事実、これらの課題の成績は、言語理解力や語彙知識量と関連があることが示唆されています（Baddeley, Gathercole, & Papagno, 1998）。ダウン症では音韻記憶の低下が示され、言語発達の遅れの一要因になっていると考えられます。

　A君の場合は何らかの認知的な発達要因も関与していたと推測されますが、周囲の状況を理解できているだけに、自分の思いをことばで表現できずに感情のコントロールを失いがちになるという二次的な影響も見られます。支援にあたっては、子どもの力が最大限に発揮できるよう、子どものレベルにあった言語環境、子どもの興味を喚起し、仲間とのかかわりを促す遊びの環境を提供することが求められます。

### (3)　学齢期の語彙

　冒頭の事例は幼児ですが、学齢期に入ると、さらに語彙知識の要請が高まります。幼稚園や保育園は比較的自由度の高い空間ですが、学校に上がると、授業への参加や、座席が近い子どもとの班活動もあります。「右から3番目の人は……」など位置表現を含んだ指示の理解が難しい、言いたいことばが想起できず言いよどむ、子ども同士の会話に入っていくことができないといったことがあり、学習・集団場面でのストレスが高まったり、ことばで表現する代わりについ手が出てしまったりすることもあるでしょう。

　学齢期の語彙は、意味的な抽象度が高まるので知的発達に課題のある子どもにとっては習得に一層の困難が生じます。教科で使用される抽象度の高い語彙は、漢字熟語として登場するので、漢字に苦手さのある子どもの場合は二重の困難となります。また、比喩・皮肉の表現や感情を表す語は、人間関係の摩擦を和らげたり、自分の行動や感情をコントロールしたりするのに役立つのですが、これらの習得に難しさのある子どもの場

合には、これらの語を学習する機会の提供も望まれます。

### (4) 障害のタイプによる獲得語彙の違い

障害のタイプによって独特の語彙獲得のスタイルが見られる場合があります。顕著な例は自閉症スペクトラムの子どもです。特別支援学校に通う自閉症のある子どもと知的発達に遅れのある子どもとを対象とした質問紙による語彙調査からは、**表Ⅰ-3**のような結果が得られました（藤上・大伴, 2009）。人とのかかわりのなかで日常的に使われる語や、自他の関係性を示す語（「貸す」）、形容詞、疑問詞などで、自閉症のある子どもの方がレパートリーが少なくなっています。

発達年齢が40ヵ月以上になると、助詞や助動詞も獲得するようになってくるので、知的障害のある子どもの方が獲得人数の多かった語の例として、文法的な関係性を表す格助詞や助動詞「で（例：鉛筆で）」「も（例：ママも）」「に（例：外に）」「～せる・させる」、対人的な伝達のニュアンスや機能を示す「て（例：取って）」「ね（例：きれいね）」「よ（例：熱いよ）」「かな（例：行こうかな）」「って（例：ガチャンって）」があげられました。反対に自閉症の子どもの方が獲得人数の多かった語は「～です」のみでした。知的発達に目立った遅れの認められない高機能自閉症の幼児でも動詞の使用に特徴があり、棒を折っている絵や、子どもが人形を並べている絵を見せると、人が主体となる「折ってる」「並べてる」ではなく、ものが主体の「割れてる」「並んでる」などと答える子どももいます（辰巳・大伴, 2009）。これらの特徴は、自閉症における自他の関係性を把握することの難しさや、人よりもものへの注目、独特の対人的なかかわりスタイルといった自閉症の特性が反映していると考えられます。

**表Ⅰ-3　発達年齢40ヵ月未満の児童における獲得語彙（語彙チェックリストへの母親からの回答）**

|  | 知的障害児群の方が獲得していた人数の多かった語の例 | 自閉症児群の方が獲得していた人数の多かった語の例 |
|---|---|---|
| 日常生活とあいさつ | おかいもの、こんにちは、じゃんけんぽん、ごめんなさい、おいで | （なし） |
| 動作語 | くる、いく、みる、おわる、帰る、貸す、できる | ころぶ、なく |
| ようすや性質 | かわいい、あたらしい、はやい、かなしい、すき、むずかしい、おいしい | いたい |
| 疑問詞 | だれ、どっち、どれ | （なし） |

C　話しことばの遅れ

## 3　語をつなげて話すことが難しい子ども

> 　小学校2年生のBさんは、5歳のときに特異的言語発達障害と診断され、現在通常学級に在籍しながら、ことばの教室に通っています。国語は読み書きともに苦手です。算数については単純な計算は得意ですが、文章題では問いの意味を取り違えることがしばしば認められます。なかでも、言語の表出面に著しい困難が認められ、問いかけに対して「忘れた」と答えることが多く、話したとしても多くて3～4語文です。言語の理解面は、表出面ほどの困難は認められませんが、語彙や口頭による指示の理解に多少困難が認められます。

### (1) 語をつなげて話すことが難しいとはどういうことか

　話すということは、適切な語彙や正しい文法を用い、相手にきちんと意味が通じるように瞬時に語を適切に並べ替え、正確な発音をしながらことばを運用することによって、話し手の要望や要求、意図、発想などを聞き手に伝える行為です。**表 I-4** は、学校場面でよく見られる発話行為を例示したものです。発話行為とは、あいさつをする、質問をする、報告をする、推論や予測をする、命令をするなどの発話による行為のことを指します。たとえば国語の授業などで物語文を読む場合、その内容について、他の子どもたちと共有したり、話しあったりする、物語を読みながら、その後の展開や結末を予測し、自分なりの仮説を立てる、物語の内容について自分なりの意見を述べる、物語の主題やテーマを述べる、物語のあらすじを語る、などの行為が行なわれます。また、授業

表 I-4　学校場面でよく見られる発話行為

| |
|---|
| ・読んだ物語の内容について、他の子どもたちと共有したり、話しあったりする。 |
| ・物語を読みながら、その後の展開や結末を予測し、自分なりの仮説を立てる。 |
| ・物語の内容について自分なりの意見を述べる。 |
| ・物語の主題やテーマを述べる。 |
| ・物語のあらすじを語る。 |
| ・休憩時間やグループ学習のときに、他の子どもたちと意見交換する。 |
| ・授業中分からないことがあれば質問をする。 |
| ・口頭で要約や比較、分類をする。 |
| ・口頭で推論し、問題解決をはかる。 |

中分からないことがあれば質問をする、休憩時間やグループ学習のときに、他の子どもたちと意見交換する、なども学校場面で見受けられる発話行為の例です。

では、私たちはどのようにして頭のなかにある考えをことばにのせているのでしょうか。Levelt, Roelofs, & Meyer（1999）は、図Ⅰ-5のような発話産出モデルを考えました。Leveltらは、ことばを発することは、発話の構想から開始までを導く段階的なプロセスであり、それぞれのプロセスは順に①発話の構想、②語彙の選択、③形態の変換、④音韻の変換および音節化、⑤音声の変換、⑥構音・発話で構成されており、⑤および⑥の段階で自身が話すまたは話した内容を⑦自己モニタリングし、フィードバックすることにより、その後の発話の構想をコントロールするという理論を展開しました。つまり話すという行為には、これら7つの段階が関与していると考えられているのです。語をつなげて話すことが難しい子どもは、これら7つの段階のいずれかまたは複数に困難があると考えられています。

### (2) Levelt, Roelofs, & Meyer（1999）の発話産出モデル

さてここで、もう少し詳しくLeveltらの発話産出モデルを見ていきましょう。語彙範疇に属する名詞や動詞などのオープンクラスワードや機能範疇に属するクローズドクラスワードはいずれも意味を伴います。意図を伴う有意味語の産出には、常にその語彙概念の作動を伴います。その語彙概念の作動を導くプロセスを「発話の構想」と呼びます。「語彙の選択」は、発話の構想をことばとして表現するために必要となる単語や主題を心的辞書（メンタルレキシコン）から検索するプロセスです。正常な発話では、私たちは何万という項目を含んでいる辞書から毎秒2～3個程度の単語を検索しているのです。発話産出に必要な単語あるいは主題を選択した後、話者は概念的・構文的な領域「形態の変換」から音韻論的・構音的な領域「音韻の変換」へと移行する段階に入ります。この段階では、心的辞書から選択された単語の音韻構造を検索し、その単語を正確に発音するための構音動作の準備を行ないます。「音声の変換」では、構音動作と日本語の発音（50音、促音、拗音、長音、濁音、半濁音など）とのマッチングを行ない、最終的に発話の構想を、音声器官（呼気を産出させる肺、声を出す声帯、構音・調音をする軟口蓋・硬口蓋・舌・歯・口唇などの口腔領域など、発話の産出に関与する器官の総称）を駆使しながら実際に「構音・発話」します。話者は、産出した発話を「自己モニタリング」しています。この自己モニタリングをすることによって、発話の誤りや非流暢性、その他の発話意図の表出に関する問題を検出し、修正することができるのです。

C 話しことばの遅れ

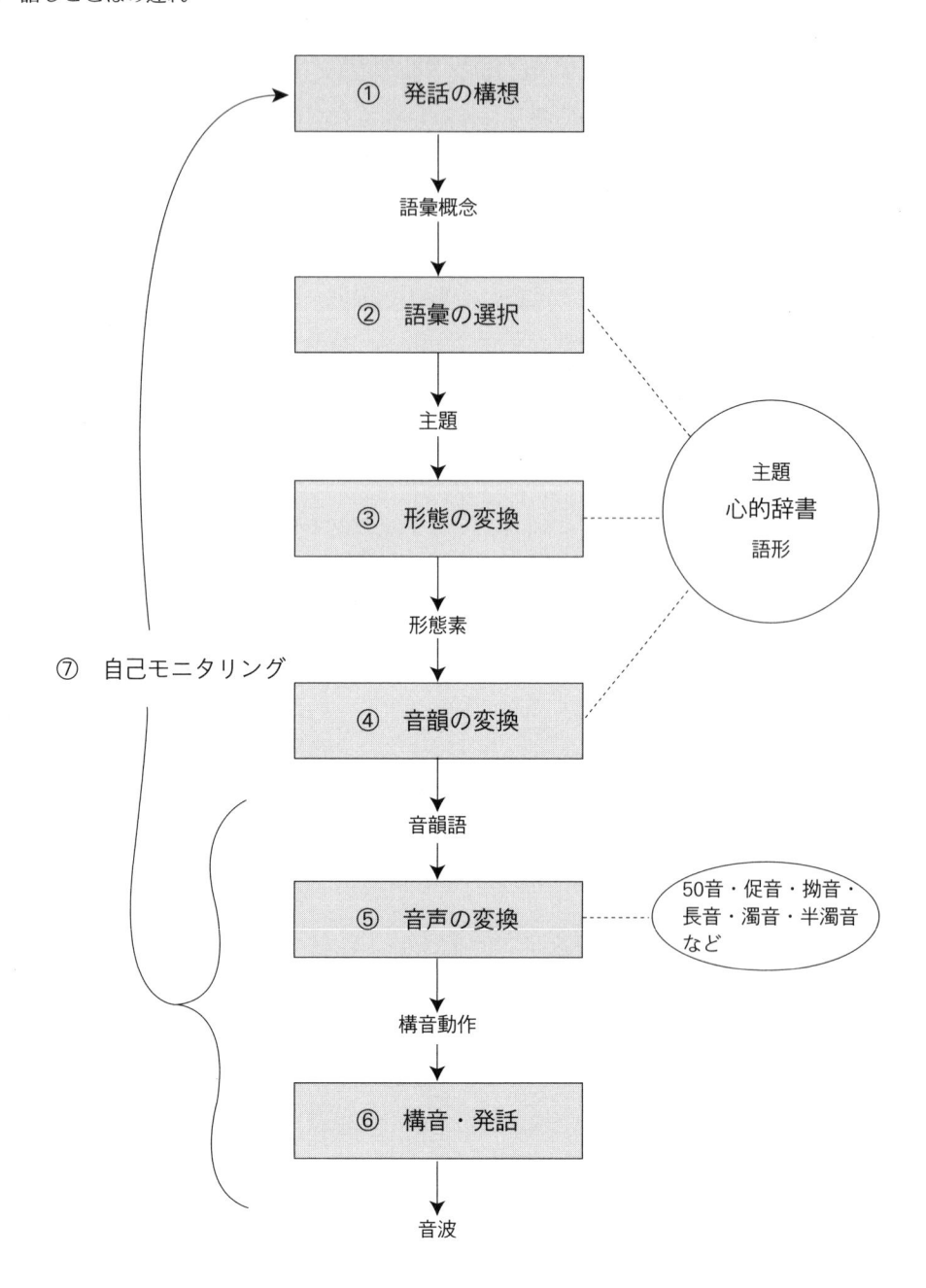

```
① 発話の構想
     │ 語彙概念
     ▼
② 語彙の選択 ┄┄┄┐
     │ 主題      │
     ▼           │
③ 形態の変換 ┄┄┄┤  （主題 心的辞書 語形）
     │ 形態素    │
     ▼           │
④ 音韻の変換 ┄┄┄┘
     │ 音韻語
     ▼
⑤ 音声の変換 ┄┄┄ 50音・促音・拗音・長音・濁音・半濁音 など
     │ 構音動作
     ▼
⑥ 構音・発話
     │
     ▼
    音波

⑦ 自己モニタリング
```

実際に⑥構音・発話を開始する前に、①発話の構想、②語彙の選択、③形態の変換、④音韻の変換、⑤音声の変換の段階を経る。これらの段階と平行して、発話が聞き手にとって正確に理解しやすいものかどうかを話者は⑦自己モニタリングする。

**図Ⅰ-5　Leveltら（1999）による発話産出モデルの概要**

⑶ Bさんの事例

　さて、ここでBさんの事例に戻りましょう。Bさんは、自由回答形式の問いかけに対して「忘れた」と答えることが多く、話したとしても多くて3～4語文です。また、助詞の誤りや欠落、動詞の活用の誤り、喚語困難、語彙知識の不足なども認められます。助詞の誤りや欠落では、「学校で何したの？」という問いかけに対して「友達、遊んだ」と答えたり、格助詞「から」を使用すべき場面で副助詞「まで」を使用したりするなどが認められます。動詞の活用の誤りでは、作文などを書くときに「行く」の過去形を「行きた」と書きます。語彙知識の不足では、「あれ」「それ」などの指示代名詞が多く、会話の途中で適切な語を想起できず「えーっと……」と言ったまましばらく会話が中断することもあります。このように、さまざまな要因がBさんを、語をつなげて話すことが難しい状態にしているものと考えられます。ではBさんの困難を引き起こしていると考えられる要因について詳しく見ていきましょう。

⑷　語彙や概念の知識不足

　語をつなげて話すことを困難にさせている要因の1つは、語彙や概念の知識不足です。そもそも発話をするためには考えや概念を語彙に置き換え、それを適切につなげていく必要があります。概念の知識がなければ、その概念を表現するための語彙を想起させることはできません。これは、いざ知らない単語を辞書で調べようとしたものの、その単語が辞書に載っていないような状態と似ています。一方、語彙の知識がなければ、たとえ概念の知識があったとしても、それをことばとして表現することが困難になります。つまり、知らない単語を辞書で引こうとしても、その単語が何かが分からず、調べられないような状態と言えるでしょう。では、語彙や概念の知識はどのように身につくのでしょうか。ヒトは長期記憶のなかに語彙に関する情報を蓄えています。その情報には、音韻情報、形態情報、意味情報、統語情報などが含まれていると考えられています。この記憶情報の集合体を心的辞書と呼んでいます。この心的辞書のなかに収められている情報が正確で豊富である、つまり語彙や文法の知識が豊富になればなるほど、心的辞書から適切な語彙をよりすばやく検索し、より正確な文法を用いながらことばを運用することができるようになるのです。

⑸　喚語困難

　語をつなげて話すことを難しくさせている要因として他に考えられるものに、喚語困難があります。喚語困難には、目の前に提示された物品の名前が思い出せない呼称障害

C　話しことばの遅れ

と、会話のなかで必要な単語が思い出せない語想起障害の2種類があります。また喚語困難の特徴として、単語検索の正確さと速度、特異な反応の置換、二次的特性の3つがあげられます。単語検索の正確さと速度については、①検索速度が遅く、検索した単語も適切でない場合、②検索速度は遅いものの、検索した単語が適切な場合、そして③検索速度は早いものの、検索した単語が適切でない場合が喚語困難とされます。特異な反応の置換とは、子どもたちはターゲットとする単語の意味や形態についての知識を少しはもっているのですが、正確な単語を思い出せない状態を指します（**表Ⅰ-5**）。これは、語想起の過程のどこかに問題があるのではないかと仮定されています（German, 2000; McGregor, 1997）。二次的特性は子どもたちに喚語困難があるときに起こりうる症状です。二次的特性には、一般的にジェスチャー（たとえば「鉛筆」という単語が思い出せないときに、鉛筆を使って文字を書くふりをする）と、余分な言語反応（たとえば「体育館」という単語が思い出せないときに、「何だっけ。運動場じゃなくてなかでバレーボールとか卓球とかする建物……」）の2種類があげられます。成人の場合、喚語困難は失語症や認知症などの患者に典型的に認められます。小児の場合、小児失語症や言語発達障害、言語性学習障害、知的障害などのある子どもたちによく見受けられます。

表Ⅰ-5　特異な反応の置換の種類

| 特異な反応の置換の種類 | 定義 | 例 |
| --- | --- | --- |
| 意味的に関連のある置換 | ターゲットとする単語と意味的に関係がある単語に置換している。 | 「鉛筆」と言うべきところを「ペン」と言う。 |
| | 複合語の一部のみターゲットとする単語の一部と一致するが、残りの部分はまったく一致しない。 | 「雨やどり」と言うべきところを「雨漏り」と言う。 |
| 形態的に関連のある置換 | ターゲットとする単語に含まれるどの音も頭に浮かんでこない。 | 無言または「忘れた」と言う。 |
| | ターゲットとする単語と同じ音をいくつか共有する単語を置換する。 | 「ストレッチャー」と言うべきところを「ストライキ」と言う。 |
| | ターゲットとする単語に含まれる音の一部だけ口述する。 | 「銀行」と言うべきところを「ぎん」と言う。 |

⑹ 文法的側面の困難

　語をつなげて話すことが難しい子どものなかには、文法の獲得において特に困難が認められる者がいます。田中（2010）は、特異的言語発達障害の子どものなかには4歳ごろから文法獲得における困難が目立ち、なかでも時制などに関連する動詞形態素に問題が認められる者がいることを報告しています。Bさんも、「行く」の過去形を「行った」ではなく、「行きた」と書くことから、形態論的な部分での困難と、格助詞「から」を使用すべき場面で副助詞「まで」を使用するなどといった助詞の誤用や「友達、遊んだ」のように助詞の使用に欠落が認められることから、Bさんには統語論的な部分での困難があると考えられます。

⑺ まとめ

　発話産出のプロセスは複雑で、①発話の構想、②語彙の選択、③形態の変換、④音韻の変換および音節化、⑤音声の変換、⑥構音・発話で構成されており、⑤および⑥の段階で自身が話すまたは話した内容を⑦自己モニタリングし、フィードバックすることにより、その後の発話の構想をコントロールする（Levelt et al., 1999）と考えられています。語をつなげて話すことが難しい子どもは、これらのプロセスのどこかの段階（1つだけとは限りません）に困難があるものと推測されますが、なぜそのような困難があるのかについての具体的なメカニズムの解明には至っていません。また、語をつなげて話すことが難しい子どもは、語彙や概念の知識不足、喚語困難、文法的側面の困難が見受けられることが多いと言われていますが、これらの側面を適切に評価するツールが十分に開発されておらず、この分野における今後の研究の発展が期待されます。

文　献

Baddeley, A., Gathercole, S., & Papagno, C.（1998）The phonological loop as a language learning device. Psychological Review, 105, 158–173.

Delgado, C. E. F., Mundy, P., Crowson, M., Markus, J., Yale, M., & Schwartz, H.（2002）Responding to joint attention and language development: a comparison of target locations. Journal of Speech, Language, and Hearing Research, 45, 715–719.

藤上実紀・大伴潔（2009）自閉症児の獲得語彙に関する研究―知的障害児との比較による検討―．東京学芸大学紀要総合教育科学系, 第60集, 487–498.

German, D. J.（2000）Chapter 1, Basic concepts in child word finding. In German, D. J. Test of Word Finding-Second Edition, Examiners Manual. Pro-ED, Austin, TX.

Gopnik, A. & Meltzoff, A.N.（1992）Categorization and naming: Basic-level sorting in eighteen-month-olds and its relation to language. Child Development, 63, 1091–1103.

C　話しことばの遅れ

Levelt, W. J. M., Roelofs, A. P. A., & Meyer, A. S. (1999) A theory of lexical access in speech production. Behavioral and Brain Sciences, 22, 1–37.

Mandler, J. M. & McDonough, L. (1993) Concept formation in infancy. Cognitive Development, 2, 291–318.

McGregor, K. K. (1997) The nature of word-finding errors of preschoolers with and without word-finding deficits. Journal of Speech and Hearing Research, 40, 1232–1244.

Mundy, P., Kasari, C., Sigman, M., & Ruskin, E. (1995) Nonverbal communication and early language acquisition in children with Down syndrome and in normally developing children. Journal of Speech and Hearing Research, 38, 157–167.

Mundy, P., Sigman, M., Kasari, C., & Yirmiya, N. (1988) Nonverbal communication skills in Down syndrome children. Child Development, 59, 235–249.

田中裕美子（2010）特異的言語発達障害．藤田郁代監修　玉井ふみ・深浦順一編　標準言語聴覚障害学　言語発達障害学．医学書院, 136-148.

辰巳朝子・大伴潔（2009）高機能広汎性発達障害児における動作語の理解と表出：表現の適切性を含めた検討．コミュニケーション障害学, 26(1), 11-19.

# D 話しことばの評価

## 1 なぜ評価が必要なのか

　幼稚園・保育園や学校には、言語・コミュニケーションの困難から、思い通りに気持ちを伝えあうことができず、集団のなかに入りたがらない子どもや、もっている力を発揮しようとする前向きな気持ちを失ってしまっている子どももいます。このような子どもへの支援にあたっては、広い意味で使われる「ことば」「コミュニケーション」のうち、子どもはどのような側面に苦手さを感じているのかを洞察する必要があります。日常のエピソードを記述し、記録を積み上げることも大事ですが、アセスメントには、特定の領域に絞った観点から子どもを洞察する情報を私たちに提供し、私たちが考えている子どもの姿が妥当なものかどうかを確認するという意味があります。

　アセスメントは、いわゆる言語検査を含みますが、言語・コミュニケーション行動の観察や、子どもを取り巻く環境の評価も含まれます。また、言語検査は成績を出すこと自体に意義があるわけではありません。検査は、私たちが子どもをより深く理解したり、教師や家族が子どもを共通の視点でとらえたりするための道具です。得られた情報をもとに、子どもが感じる難しさについて仮説を立て、環境を整えたり、支援の方策を立案したりすることに本来の目的があります。情報の活用の仕方を考えながらアセスメントの観点と方法を選択していきます。

## 2 言語・コミュニケーション評価の観点

　言語・コミュニケーションへの支援を立案するにあたり、対象となる子どもの実態を明らかにする必要があります。このために評価を行ないますが、その目的を整理すると、以下の3つがあげられます。

```
                            ①行動面の評価
言語・コミュニケーションにかかわる ➡ ②発達状況の評価
                            ③環境の評価
```

D 話しことばの評価

　**行動面の評価**は、自然な場面における自発的なコミュニケーション行動に焦点を当てた評価です。自発的に子どもや大人に働きかける頻度や、働きかける方法のレパートリーの豊富さ・適切さを評価します。子どもによっては、進んで他者にかかわろうとしなかったり、一方的に話しかけたりするなど特有のスタイルが観察されるかもしれません。また、肢体不自由のある子どもでは運動面の制約や、介助を受け続けている生育歴から、コミュニケーションが受身になる場合が多く見られます。ここでは、人とのかかわり場面の観察や、チェックリストを用いて行動特徴の整理を行ないます。

　**発達状況の評価**では、言語理解や表現を軸とした言語能力の程度を客観的に把握します。また、認知や社会性などについて、発達的順序性を参考にしながら整理します。ことばは、土台となる全般的な認知発達や、他者への関心と切り離して考えることができないからです。ここでは、いわゆる言語検査や発達検査などを活用します。

　これら2つの観点は、子どもを対象とした評価ですが、**環境の評価**では、私たち自身が子どもに分かりやすい環境を提供し、適切にかかわっているかを評価するものです。たとえば、子どもの言語理解の程度にあわせたことばかけを行なっているか、あるいは、子どもの能動的な働きかけや探索に対して、適切に応じてあげているかなどです。ここでは、大人が自分たちの行動を客観的な立場から振り返ることが主な方法となり、自分たちの行動についてビデオを用いて評価することも含まれます。

## 3　「言語・コミュニケーション行動」の評価の実際

　行動面の評価には、コミュニケーション場面の行動観察と、質問紙・チェックリストによる評価が有用です。私たちは、ことばをもっているか否かで子どもを評価しがちですが、肢体不自由を併せもち言語表出のない子どもでも「表現の手段」と「表現の機能」の2つの側面からコミュニケーションを把握できます。子どもは乳児期から多様な表現方法のレパートリーをもっています。たとえば、視線、表情、発声のやりとり、ものの提示、ものの受け渡し、接近、手さし、指さし、身ぶり（「バイバイ」など）があります。曖昧な表現から、大人が子どもの意図を読み取りやすい、より慣用的な表現へ移行していきます。このような「表現方法」は、「表現の機能」と結びついてはじめて効力を発揮します。機能とは、たとえば、要求（「やって」）、叙述（「ほら見て」）、拒否、あいさつ、誘い（「やろうよ」）などがあります。表現が豊かであるということは、表現の方法と機能が分かりやすく結びついているということです。

　**表1-6**のチェックシートでは、子どもの表現レパートリーをプロフィール化します。たとえば、視線と手さしで要求を伝えることのできる子どもについては、「要求」「視

線」「手さし」がそれぞれ交わる箇所に○印をつけます。さらに、たまに生起する行動は△、今後できるようになってほしいことに☆印をつけておけば、指導の目標を示すこともできます。

子どもの変化を追っていく場合、特定のコミュニケーション行動が自発する頻度を指標とすることができます。**図Ⅰ-6**のグラフは、その一例として、10分間の遊び場面で

表Ⅰ-6 自然なコミュニケーション場面における表現方法と機能についてのチェック表

| | | 機能 | | | | | | 表現の対象・場面 |
|---|---|---|---|---|---|---|---|---|
| | | 要求 | 叙述 | 拒否 | あいさつ | 誘い | 返事 | |
| 表現方法 | 視線 | ○ | | | ○ | | ○ | キーボードを見つめる（要求）正面のTからのことばかけに応答（あいさつ・返事） |
| | 接近 | | | | | | | |
| | 手さし | △ | | | | | | キーボードに時折手が伸びる |
| | 身ぶり | | | | △ | | △☆ | あいさつ・返事に時折右手があがる |
| | 発声 | ☆ | | ○ | | | | 遊びをさえぎられると声を出す |
| | VOCA | ☆ | | | | | | 要求をスイッチで表現できるようになってもらいたい |

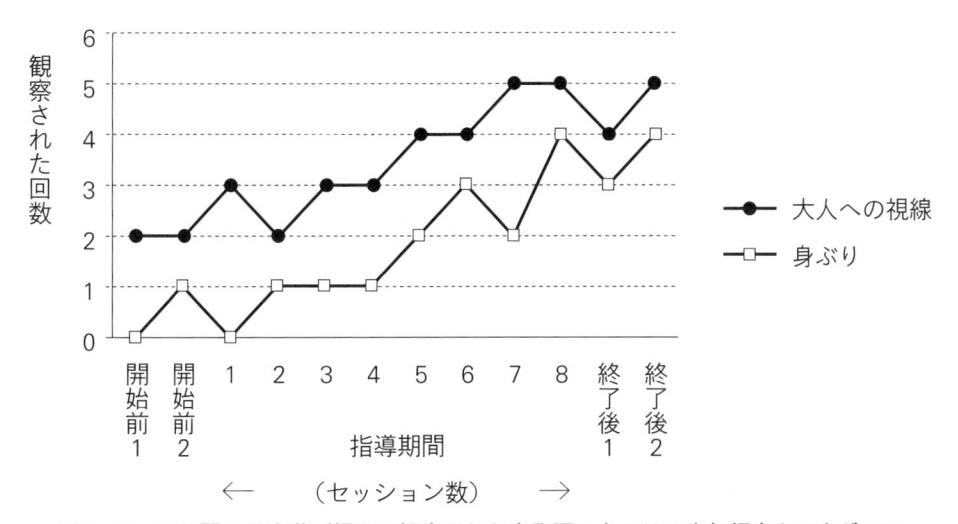

図Ⅰ-6 10分間の設定遊び場面で観察された自発語と身ぶりの生起頻度を示すグラフ

D 話しことばの評価

観察された、子どもの大人に向けた視線と、指さしなどの身ぶりの使用頻度の変化を示します。この例では、指導的かかわりをはじめる前に比べて、指導期間後では視線や身ぶりを介したコミュニケーションが豊かになっていることが示されています。このような分析では、子どもを評価するというよりも、指導に伴う子どもの変化が期待通りのものであるかの確認を通して、指導方法の適切さを評価します。

## 4 自発話の分析

自発話分析では、子どもの自発話を録音・書き起こしを行ない、その文法的な複雑さややりとりの自然さを評価します。たとえば、**平均発話長**（MLU: Mean Length of Utterance）の分析では、書き起こした50程度の自発話を「お店で／お菓子を／買った」のように文節ごとに分けて、1発話あたりに含まれる平均文節数を算出します*。数値が高い方が文法的な構造がより複雑であると言えます。

また、子どもと他者との会話の「キャッチボール」において、文脈や先行する相手の発話に照らして適切な応答をしているか、話題の変化に対応できているか、新しい話題を自分から提供しているかなど、会話の質的な観点から分析することもできます。なお、自閉症スペクトラム、特異的言語発達障害、自閉症ではないがことばの使用に特有な困難さを示す子ども（日本では意味語用障害症候群と呼ばれることがある）の評価が可能となるチェックリスト（CCC-2: Children's Communication Checklist-2）（Bishop & Norbury, 2002）の日本語版の開発も大井らによって進んでいます。

## 5 「発達状況」の評価の実際

### (1) 質問紙による評価

質問紙は評価の観点が整理されており、各々の記述された行動や特徴が子どもに見られるか否かをチェックしていきます。また、年齢区分ごとに平均値や分布が明らかになっている（「標準化」されている）検査では、発達年齢や発達指数を求めることができます。質問紙の利点は、保護者など子どもを熟知している人からの情報を評価に反映させることができる点や、日常の子どもの様子が評価に反映される点です。ただし、回答者の主観が入ったり、再度実施した場合に判断が必ずしも一貫しなかったりする側面もあります。

---

*「お店／で／お菓子／を／買った」のようにより細かい形態素に分ける方法もあります。

「日本語マッカーサー乳幼児言語発達質問紙」⇨ 理解・表出語彙の評価

　「日本語マッカーサー乳幼児言語発達質問紙」（語と身ぶり・語と文法）は、意味・文法的カテゴリーごとに分類された400語以上の語彙リストから構成されています。子どもをよく知っている保護者などが、一つひとつの語について、「分かる」か、「分かる・言う」かをチェックしていき、獲得語数でパーセンタイル順位と発達年齢を求めることができます。標準化データがある範囲は8ヵ月から36ヵ月ですが、語彙発達に遅れのある3歳以上の子どもに対しては、指導目標とする語彙を決める際に参考にしたり、一定期間後の語彙の豊富さの変化を追ったりするのに有用です。

「津守・稲毛式／津守・磯部式乳幼児精神発達質問紙」「KIDS乳幼児発達スケール」
⇨ 全般的な発達の評価

　言語に限定しない発達質問紙には、「津守・稲毛式／津守・磯部式乳幼児精神発達質問紙」「KIDS乳幼児発達スケール」、また、養育者への質問と子どもの観察とあわせて評価する「遠城寺式乳幼児分析的発達検査法」があります。「KIDS乳幼児発達スケール」では、運動、操作、言語、概念、社会性といった領域で質問が列挙されており、たとえば「友達の名前が分かる」といった項目のそれぞれに通過・不通過を判断してもらいます。発達水準や領域間の発達のバランスを評価することができます。

(2) 検査課題による評価

　個別検査は、施行方法が一貫しており、比較的客観的な発達情報を得ることができるという長所があります。標準化されている検査では、発達年齢や発達指数を求めることができます。その一方で、課題に応じることが困難であったり検査場面に慣れない子どもの場合、発達水準が過小評価される可能性にも留意する必要があります。なお、子どもの長所と課題を明らかにし、指導目標の設定に活かすための検査ですので、結果の数値が独り歩きをしないように注意する必要があります。

D　話しことばの評価

> **「絵画語い発達検査」（PVT-R: Picture Vocabulary Test）⇒ 理解語彙の評価**
>
> 　「絵画語い発達検査」（PVT-R）は、子どもの理解語彙の豊富さを評価するもので、比較的短時間で施行できます。「○○はどれですか」と提示された語に対応する絵を4枚のなかから選択してもらいます。粗点と誤答数から修正得点を出し、語彙発達の目安となる語彙年齢（VA）を求めることができます。適用年齢は3歳から10歳。

> **「LC スケール」⇒ 総合的な言語・コミュニケーションの評価**
>
> 　「LC スケール」（言語・コミュニケーション発達スケール）は、「言語理解」「言語表出」「コミュニケーション」の3領域を評価する総合的な検査であり、総合および領域別のLC年齢とLC指数を求めることができます。領域間の発達のバランスを見たり、言語のなかでも語彙、文法、説明力、音韻意識といった区分ごとに、子どもの言語面の特徴を明らかにすることができます。「コミュニケーション」領域では、「順番」の理解や表情図の理解など対人的かかわりの基礎となるスキルを評価します。0歳から6歳児を対象に標準化されていますが、7歳以上であっても、言語発達段階がこの範囲にあれば適用できます。

> **「ITPA 言語学習能力診断検査」⇒ 認知面を含む言語の評価**
>
> 　「ITPA 言語学習能力診断検査」は10の独立した下位検査から構成されます。「ことばの理解」（提示された語に対応する絵の選択）、「ことばの類推」（「お父さんは大きい、赤ちゃんは？」など関連語の想起）、「ことばの表現」（積み木など特定の物品を表現する語彙の想起）などのような音声言語の理解・表出にかかわる課題の他にも、配列された図形の記憶や、状況画のなかから特定のものを見つけだす絵さがしといった、視覚情報の処理にかかわる課題があります。個人内の課題による差を見いだすことが目的であり、言語学習年齢（PLA）が算出されます。3歳から9歳11ヵ月までが対象。

　上記の他にも、文法構造の異なる80の問題文を聞いて、文に対応する絵を4つの選択肢のなかから選んで文の理解力を評価する **J. COSS 日本語理解テスト** があります。また、コンピュータを利用した検査として **ATLAN**（Adaptive Tests for Language Abilities, エイ・ティ・ラン）があります。これは項目反応理論と呼ばれるテスト理論に基づく適応型検査です。適応型検査では、反応に応じて最適な困難度の問題を出題することで、受検者の負担を少なくすることができます。現在は語彙・漢字・文法の検査が作られて

おり、ホームページから詳しい説明と利用方法を知ることができます（http://www.psy.osaka-kyoiku.ac.jp/atlan.html）。さらに、上述のLCスケールの学齢児版である**LCSA**（<u>L</u>C <u>S</u>cale for <u>S</u>chool-<u>A</u>ge Children）も開発中です。言語検査以外にも、**新版K式発達検査、田中ビネー知能検査V、WPPSI知能診断検査、WISC-IV知能検査、K-ABC心理・教育アセスメントバッテリー、DN-CAS認知評価システム**などの発達・知能・認知機能に関する検査があります。子どもの感じている難しさを理解するために、こられを活用し、子どもの特徴をとらえます。

## 6　「言語・コミュニケーション環境」の評価の実際

　評価の第3の観点である「環境の評価」は、子どもの評価ではなく、保育者や教師、家族が分かりやすい環境を提供し、適切にかかわっているかを評価するものです。子どもの力を伸ばすには、まず私たちが子どもに適切にかかわっているかを直して見る必要があるということです。

　かかわりの評価には以下のような観点が考えられます。

①**言語発達評価で明らかになった子どもの言語発達水準に沿ったことばかけをしているか？**（語彙は難しすぎないか、文は文法的に複雑すぎないか）
②**語りかけのタイミングは適切か？**（スピードは速すぎないか、子どもが応じるための十分な「間」をおいているか）
③**ことばかけの理解を促す環境は整えられているか？**（身ぶりなど非言語的な情報も添えているか、分かりやすい活動の流れを提供しているか）
④**子どもの興味をひく遊具や活動を用意しているか？**
⑤**子どもからの自発的な表出に適切に応じているか？**（子どもの表情や身ぶりを含めた表出をよく観察しているか、大人主導になりすぎていないか）

　知的発達に遅れのある学齢児にとっては、授業も重要な言語環境です。授業場面をビデオ録画することにより、教員のかかわり方を自己分析することができます。たとえば、自発的表出が難しい肢体不自由児の学級においてビデオ分析を行なう観点としては、**表I-7**に示す項目があげられます。それぞれの項目につき「適切」か「改善の余地がある」かを客観的にとらえ、改善の余地がある項目については、次回の授業での配慮・工夫する点を明記します。

D　話しことばの評価

表Ⅰ-7　授業場面をビデオ分析する際の観点

| |
|---|
| A．授業環境は適切か<br>　①環境の適切さ（ものの配置・音環境など）<br>　②子どもの位置、姿勢など |
| B．授業の流れは適切か<br>　①授業や活動のテーマへの関心<br>　②ルーティン（「教師による呼名→子どもの挙手」「子どもの挙手→要求・選択→要求・選択の充足」といったパターン化した繰り返しのある流れ）や課題の進行の分かりやすさ<br>　③教師や教材への注目 |
| C．教材は適切か<br>　①教材の適切さ（大きさ、デザイン、操作性、内容の適切さ）<br>　②教材の提示方法・タイミング |
| D．MT（メインティーチャー）のかかわり、ST（サブティーチャー）のかかわりは適切か<br>　①子どもに対する位置<br>　②かかわりの方法・タイミング（十分な待ち、フィードバックのタイミング）<br>　③ことばかけの内容（語彙、文の平易さ、模倣、拡張模倣、抑揚など）<br>　④期待される行動が自発しなかった場合の言語的・身体的モデル提示、プロンプト（促し） |

## 7　適切な長期目標・短期目標の設定

　本節で紹介したような評価を通して目指すことは、子どもに自発的な意思表示をしてもらえる環境作りと、指導の目標設定とかかわり方の立案です。評価結果を参考にして、現実的な目標を設定し、子どもにかかわる家族やスタッフが共通認識をもつよう努めます。

　個別の指導計画においては、長期目標・短期目標を設定します。これには前述の「言語・コミュニケーション行動の評価」「発達状況の評価」の結果を参考にします。**長期目標**とは、1年以上の期間をかけて子どもにこうなってもらいたいという姿であり、たとえば、「日常生活で意思疎通を行なうのに十分な語彙を身につける」「経験したことについて自分の感想を含めて豊かに話すことができる」といったものです。

　**短期目標**とは、たとえば1学期間で達成してもらいたいと考える目標です。短期目標は、長期目標に到達するための階段のステップです。長期目標までの道のりを想定し、子どもにとって無理のないいくつかの「スモールステップ」に分けて、一定期間後に振り返ってみれば、随分高いところまで登れたと感じるようなイメージで設定します。語

彙ならば、「疑問詞『いつ』を使って質問する」、語りならば「週末に経験したことを2つの文をつなげて話す」といったことが考えられます。

　目標設定にあたっては、**「語彙」「文の理解」「文の表現」「語り」「音韻意識」「読むこと」「書くこと」**といった言語を成り立たせている領域や、**「他者への注目」「自発性」**といったコミュニケーションの態度、**「身ぶりサイン」「スイッチの使用」「発声」**などのコミュニケーションのレパートリー**「要求表現」「叙述」「応答」**といったコミュニケーション機能（働き）にかかわる領域のなかで、どの側面に焦点を当てるのかを明確にします。身ぶりサインや絵図版やシンボルといった視覚・運動的手段の活用にあたっては、どういう表現方法を目指すか、それをどういう場面で使ってもらうか、それにどういう機能をもたせるか（あいさつ、要求など）を、児童・生徒の興味や関心、生活習慣などを参考にして子どもにかかわる人たちで決めておくとよいでしょう。

### 文　献

Bishop, D. V. M. & Norbury, C. F.（2002）Exploring borderlands of autistic disorder and specific language impairment: a study using standardized diagnostic instruments. Journal of child psychology and psychiatry, 43(7), 917-929.

# E 話しことばへの支援

## 1 支援の実際

### (1) 支援の7原則

評価に基づいて立てられた指導の目標について、個別の指導計画で具体的な支援方法を立案していきます。支援の原則として、以下の7つが考えられます。

> 1) 語りかけを調整する。
> 2) 活動における文脈の支えを用意する。
> 3) 子どもの好奇心を最大限に喚起する。
> 4) 多感覚的な活動を提供する。
> 5) 子どもの表出に適切なフィードバックを与える。
> 6) メタ言語的活動を用意する。
> 7) 達成感を与える。

本節では、これら7つの枠組みで整理しますが、この他にも、**相互交渉型**と**課題設定型**に分けて活動を整理することもできます。「相互交渉型」とは、日常的な文脈を活用した、語用論的に自然なかかわりを最優先した言語発達支援であり、「課題設定型」では、子どもが取り組むべき課題を限定し、達成目標をより明確にすることにより、特定のスキルの効率的な習得を目指すというものです。どのような枠組みであっても上の1)～7)の配慮は土台となります。「語彙」「文法」「談話」「音韻意識」などの目標領域ごとに課題を体系化することもできますが、目標領域ごとの活動については、大伴ら(2008)をご参照ください。

#### 1) 語りかけを調整する

乳幼児への養育者の語りかけの特徴として、ゆっくりした速度や、強調された抑揚、特定の語彙の繰り返し、単純な文型などの特徴があり、母親語（マザリーズ）や育児語などと呼ばれています（13ページ参照）。子どもの言語発達水準が特に低い場合にはこのような発話を心がけます。言語発達評価で明らかになった子どもの言語発達水準に沿っ

たことばかけとなるよう、語彙は子どもの認知レベルに合った**やさしい語彙**を用います。文構造についても、たとえば2語文レベルにある子どもであれば2〜3語文を中心に聞かせるというように、**子どもの理解力にあった文の複雑さ**を用います。また、**語りかけに添えた身ぶりは子どもの言語理解を促す**でしょう。リズム・韻律面でも、スピードは速すぎないか、子どもが応じるための十分な「間」をおいているかを確認しながら、**適切な語りかけの速度やタイミング**に留意します。

　子どもが注意を向けている対象について、あるいは子どもが行なっている行為についてことばかけをすることを**言語的マッピング**と言います。言語的マッピングは、子どもを取り巻く世界にことばを当てはめて聞かせ、意味づけしていくプロセスです。子どもが見ているもの、興味をもってかかわっている事物についてことばかけをすることが重要です。Yoderら（1993）は、知的発達に遅れのある幼児を対象にして、物品名称を教える指導を2つの条件下で行ない、その効果を比較しています。2つの条件とは、子どもが大人に対して何かを伝えたそうな素振りを見せている対象や、10秒以上注目した物品についてその名称を聞かせる場合と、子どもの注意を大人が別の物品にひきつけて名称を提示するものです。子どもの注意の方向を大人の方が敏感に読み取ってことばかけをする、前者の方が物品名称を覚えやすいことが示されています。

　言語発達に遅れのある子どもがある語彙や文型を獲得するには、生活のなかでそれを**高頻度で聞く経験**が必要です。しかし、日常生活で特定の語彙を耳にする頻度は決して高くはないでしょう。そこで、どのような語彙・文型の習得を目指すのかについて、あらかじめ目当てをつけておき、大人は遊びや生活文脈のなかで意図的にそれを使うよう心がけます。

2）活動における文脈の支えを用意する

　「いただきます」「バイバイ」といったあいさつの身ぶりは比較的早く覚えますが、これは、日常生活で食事場面、玄関でのお見送りといった特定の場面と結びついて繰り返し経験しているからです。このような定型的な繰り返しのパターンを**ルーティン**と呼びます。一定の流れや繰り返しがあり経験頻度が高い生活場面や子どもの好きな遊びは、言語学習の重要な足場となります。指導場面に意図的にルーティンを組み入れ、そこに決まったことばかけを聞かせると、場面や行為と言語が結びつきやすいと考えられます。たとえば、子どもと大人との間で、大きなボールを投げたり、転がしたりしあうやりとりのルーティンが成立しているとします。目標語を「高く」「低く」あるいは「ゆっくり」「速く」などと設定し、投げ方・転がし方に大人が変化をつけながらことばを聞かせます。繰り返すうちに、「速いのが行くよ」と言うと子どもは身構えたり、「高いのと

## E　話しことばへの支援

低いのと、どっちがいい?」と聞くと、自分からリクエストをしてくれたりするかもしれません。

　「文脈の流れ」は、授業のなかでも活用されます。幼児期の活動で用いられることの多い「おおきなかぶ」は、同じパターンの繰り返しが、流れの分かりやすさを生んでいる好例です。「かぶがある」という導入場面から、おじいさん（抜けない）→おばあさん（抜けない）→孫など（抜けない）→力を合わせて（抜ける）、というルーティンの繰り返しから成っています。ルーティンの繰り返しが有効なのは、子どもに見通しを与えるからです。見通しが立てば、参加の意欲が生まれます。重度の遅れのある子どもでも、朝の会において、子どもの写真の提示→呼名→応答、のやりとりが1人ずつ展開することによって、見通しがつき、参加の期待が形成されます。また、友達の行動がモデルとなるという長所もあります。

　ただし、同じ流れの繰り返しは、慣れてしまえば飽きて参加意欲が損なわれることもあります。そこで、いつもとは異なる意外性のある展開（意図的な「ルーティン崩し」）を取り入れたり、何が起こるか期待感をもって待つという「発見の文脈」を設定したりすることは、子どもの表現意欲を高めます。これは次に説明する「子どもの好奇心を最大限に喚起する」という原則にもつながります。

### 3）子どもの好奇心を最大限に喚起する

　人とのコミュニケーションでは、お互いに関心のあるトピックが共有されることで、相手への興味や親密さが生まれ、表現意欲（自発性）が高まります。また、新しい事柄を学習するにも好奇心が学習の原動力となります。そこで、3つの関心の対象、すなわち、**「相手」「テーマ」「教材」**に対する関心を最大限に喚起したいものです。

　自発的な表現の困難な、重度の重複障害がある子どもの場合、子どもの心のなかに何らかの興味関心を喚起するような状況を作ります。子どもが好きな事物や状況が「先行刺激」となり、コミュニケーションのきっかけとなります。私たちが子どもの心の動きを敏感に読み取って、即座にフィードバックしてあげることによって、環境作り・働きかけ（先行刺激）→子どもの反応→大人の読み取りとフィードバック、という連鎖が成立します。先行刺激の例としては、視覚的なもの（遊具、食べ物、絵図版など）、聴覚的なもの（ことばかけ、リズム、音楽など）、触覚的なもの（スライムや柔らかいボールなど素材の感触）、平衡感覚的なもの（揺らし遊びなど）があります。子どもが何に反応しているのかを探りながら、教材や遊具に反映させ、さらに子どもの自発的な表出を育てることを目指します。

　また、遊びたい遊具が手の届かないところにあれば、それを大人に取ってもらうよう

働きかける動機づけにもなるでしょう。伝えられずにいる子どもには、必要に応じて、指さしや「取って」といった適切な表現方法のモデル提示を行ないます。同様に、特定の食べ物や遊びなどへの関心は、2つのものを並べて提示し、興味のある方に手を伸ばすという選択活動にもつながります。選択の場合、選択肢に好きなものと好きでないものを用意するのも一案です。好きでないものを選んでしまったというあまり嬉しくない経験は、選ぶという行為の意味を理解する機会となります[*]。

### 4）多感覚的な活動を提供する

話しことばという聴覚的な経験だけでなく、目で見て視覚的なイメージを得たり、事物の操作などを通して運動的な経験をしたりすることで、学習はより効果的になります。低体重で生まれた子どもは言語発達の遅れのリスクが高いことが知られていますが、低出生体重児の言語発達に母親のかかわり方が関与することが報告されています（Schmidt & Lawson, 2002）。生後24ヵ月時点で母親の行動を分析し、その1年後に子どもの言語スキルを調べたところ、24ヵ月時に「説明的なことばかけを伴った身ぶり」を行なう母親の子どもほど（すなわち、指さしをしたり、子どもへ物品を差し出したり、物品の使い方を例示して子どもに使用を促したりしながら、ことばかけをする母親の子どもほど）」、1年後の子どもの言語能力が高いことが示されています。ものの使用を母親が例示することでものの機能が学習され、さらにことばを添えることで、言語理解を促す環境が提供されていたと考えられます。また、身ぶりの例示を豊富に経験することで子どもは身ぶりの機能を学ぶ機会にもなったのでしょう。このように、多感覚的な経験は、言語習得を促すと言えます。

2語連鎖の習得を促すのに、身ぶりサインを添えて聞かせ、視覚的なヒントを通して文構造を意識化させるのも「多感覚的な活動」です。また、重度の遅れのある肢体不自由児においては、視覚的に提示される写真や絵、シンボル、文字、身ぶりサインを用いる補助・代替コミュニケーション（AAC）は、視覚情報によりメッセージの理解を促し、意思表出を促す効果もあります。

### 5）子どもの表出に適切なフィードバックを与える

先に、「環境作り・働きかけ（先行刺激）→子どもの反応→大人の読み取りとフィードバック」の連鎖について述べましたが、「大人のフィードバック」があってはじめて子どもとしては伝わったという実感を得るでしょう。そのためには、特に重度の表出困

---

[*] このような、特定の子どもに学習してもらうために、行動を誘発する条件を整え、望ましい行動に対して強化をする枠組みを体系化した手法を「応用行動分析的アプローチ」と呼びます。

E 話しことばへの支援

難のある子どもについては、ちょっとした表情や視線の変化、動き、発声をメッセージとしてとらえて応答してあげる必要があります。なお、このような子どもは、表出に時間を要することも多いので、大人主導でコミュニケーションを進めてしまわず、十分な時間を与えてあげることも大切です。

　また、話しことばのある子どもに対しても、このフィードバックの質を調節することによって、指導的効果も変わってきます。一般的なフィードバックは、子どもの発話に対する大人のことばによる応答です。子どもの2語文発話（「くるまあった」）に対して3語文（「赤いくるまあったね」）と文の要素を付け加えて模倣したり（**拡張模倣**）、「これ落ちた」に対して「コップ落ちたね」とより明確な語彙を使って聞かせたり、「お母さんがあげる」に対して「お母さんにあげるの」と誤りを修正して聞かせたりします。これらはすべて子ども自身の発話に基づいていますから、子どもとしては自分の発話が受けとめられたという満足感を得るとともに、文構造や意味内容に連続性があることから、子どもにとって習得しやすいモデルが提示されていると言えます。また、表現レベルの高い子どもには、「なるほど。でも先生はこう思ったよ」と子どもの見方や興味を受け入れた上で、異なる観点を紹介したり関連する情報を提供したりする応答も、子どもの世界を広げるでしょう。

　これらは聴覚的なフィードバックですが、学齢児には文字という**視覚的なフィードバック**を用いることもできます。指導場面では、子どもの発話の要点を黒板や紙にキーワードで書きとどめておくことで、子どもは自分の話の流れを振り返ることができます。話の内容があちらこちらに飛んでしまい、脈絡のない話になりがちな児童には、キーワードをつなげて、流れを図示しておくと、教師と一緒に内容を振り返ったり、会話をさらに深めたりすることできます。

6) メタ言語的活動を用意する

　メタ言語的方略とは、語の意味や文の構造などについて、ことばで考えることを通して言語を学習するアプローチを指します。大人でも意味が判然としない語について辞書を引いて調べますが、これはメタ言語的な語彙学習です。「リンゴとはどんなもの？」という問いに対して、「赤くて丸い果物」であると定義づけをするためには、知っている語彙を総動員して意味概念を表現する力が必要です。このような語の意味を説明したり、語の定義から語を想起したりする「語彙学習指導」と、関連する語をヒントに基づきすばやく想起する「語想起指導」という活動を行なったところ、語り表現に含まれるエピソード数が増加し、表現がより豊かになったという報告もあります（大伴, 2011）。反対語を見つけるなどの課題や、語の音韻構造（拍数や語頭・語尾音など）を意識化さ

せる指導もメタ言語的指導と言えます。後者が「しりとり遊び」であるように、メタ言語的活動は、クイズやことば遊びとして、自由な会話のなかでも適用できます。

7）達成感を与える

　自然なコミュニケーションでは、発話者の表現が相手に受け入れられることで充足感を得られます。そうすればもっと伝えたいというコミュニケーション意欲を高めるという循環を生むでしょう。たとえば1語文（「ボール！」）であっても意図が通じればコミュニケーションは成立します。しかし、格助詞の使用や文法的な正しさといった形式的側面（「ボールを貸してください」）に大人が固執しすぎると、子どもは意図が伝わらなかったと判断し、コミュニケーション意欲は低下し自発性が損なわれるかもしれません。どの程度まで子どもに要請するかは、子どもの表現意欲の強さや文脈の自然さに基づいて判断することになるでしょう。要求行動に対しては要求を満たしてあげ、注意喚起には注目し、叙述行動には共感で応じ、問いかけの応答には称賛で受け入れるように、大人の応答性を高めておくよう心がけたいものです。

　これまで述べてきた7つの原則は、日常生活場面や、個別的な対応の場面で特に留意すべき事柄です。しかし、なかには大人との個別的なかかわりでは適切に振る舞えても、子ども同士のグループや学級ではうまく自分を表現できない子どももいます。そこで、予期せぬ妨害や、自分の期待に反した相手の行動が生じやすい少人数の集団場面で、臨機応変に対応する経験を積み重ねることも大事でしょう。また、子どもにやりとりの主導権を与えながら、自発話を拡張模倣するなど適切なフィードバックを与える、といったかかわりを家庭で実践してもらうために、親にかかわり方を学習してもらうことも有効です。

## 2　音声表出が難しい子どもへの支援（AAC）

　音声言語がないまたは表出が難しい子どもたちへのコミュニケーションの支援方法としてAACという考え方が広く普及してきています。AACは「Augmentative and Alternative Communication：拡大代替コミュニケーション」の頭文字を取ったことばで日本でのAAC研究の第一人者である中邑賢龍は「AACとは重度の表出障害を持つ人々の機能・形態障害や能力障害を補填する臨床活動の領域を指す。AACは多面的アプローチであるべきで、個人のすべてのコミュニケーション能力を活用する。それには、残存する発声、あるいは会話機能、ジェスチャー。サイン、エイドを使ったコミュニケーションが含まれる。」（ASHAの定義を中邑が要約「AAC入門」より引用）と述べています。よくAACというと機器を活用するというイメージがありますが、その人の残された力を

E 話しことばへの支援

最大限活用してコミュニケーションをはかるという意味では、必ずしも機器を使うとは限りません。

しかし、さまざまなテクノロジーを活用することで、表現が豊かになることも確かであり、現在はどのようなものがあって、何が行なわれているかを知らなければ適切な支援を考えることはできません。以下を参考にしながら、適宜情報を得るようにすることが大切です。

ここでは「シンプルテクノロジー」「シンボル」「VOCA」に分けて紹介していきます。

### (1) シンプルテクノロジーの活用

身体的に障害の重い子どもでも自分ができる環境を整えると意欲的になり、コミュニケーションのきっかけになります。そこで、スイッチなどで動かせる簡単なおもちゃ（スイッチトイ）を使い、子どもたちの「できる」経験を増やす活動をシンプルテクノロジーと言います。

一般の電動おもちゃは電源が入ると動きっぱなしで見ることしかできません。しかし、スイッチがつなげられるようなアダプター（**図Ⅰ-7**）を付けることで電源のオン／オフを制御できるようになり、子どもたちの活動はぐんと広がり意欲が高まってきます。また、おもちゃや生活に関係する機器も簡単な改造を施すことでスイッチでの操作ができます。

また、それらを操作するためのスイッチには多くの種類があり、子どもたちの身体の状況に応じて弱い力でもすぐに反応するタッチスイッチや、緊張が強く過剰な力が働いてしまう人でも力を受け流してくれる棒スイッチなどがあります。これらは、さまざまな種類があるので、利用者の身体の

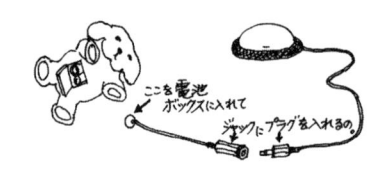

図Ⅰ-7　BDアダプター

金森克浩編（2008）マジカルトイボックスのアイデア＆ヒント＋77．エンパワメント研究所．

状況をよく見ながら適用する必要があります。

　学習場面や生活場面でこれらの機器を活用する際に考えなければならないのは、「いかに本人の自発性を引きだせるか」ということです。気をつけないといけないのは、本人の手を取ってスイッチを押し、あたかも活動が成立しているようになることです。子どもたちの身体の動きはそれぞれですが、本人の動きをどれだけ引きだせるか、そしてその先にある「意欲」をどれだけ引きだせるかが活動の目標になるはずです。

### (2) シンボルの活用

　コミュニケーションと言えば文字や音声言語のみを考えてしまいがちですが、知的障害が重くことばが発せられない子どもでも、絵や写真を見て選択ができる子どもたちがいます。そういった子どもたちのコミュニケーションの媒体として絵カードやコミュニケーションボード、コミュニケーションブックといったものが活用されています。日本で普及しているシンボルにはPCS（Picture Communication Symbol）、MOCA（Manga Output Communication Aid）、PIC（Pictogram Ideogram Communication）、Dropシンボル、Uシンボル、マカトン、サウンズ＆シンボルなどがあります。これらはどれが優れているということではなく、その特徴に応じて使い分ければいいでしょう。

**MOCA**
MOCA : Manga Out put Communication Aid（2005）佐原恒一郎

**Drop シンボル**
©ドロップレット・プロジェクト
(http://droplet.ddo.jp/)

**U シンボル**
販売元：株式会社コムフレンド
(http : //www.com-friend.co.jp)

図 I-8　シンボル例（「こんにちは」と表現）

E　話しことばへの支援

　シンボルの活用は言語的な発声がない場面から使っていくことになりますから、どのような要求行動があるか、本人の関心事項はどのようなものか、日常的に接するものや行なう活動などを観察することからはじめなければなりません。また、支援者からの働きかけを理解してもらうためにシンボルを活用することもありますが、指示的な利用は初期段階ではなるべく使うべきではありません。シンボルを使うことに悪いイメージができてしまい本人に負担になってしまう可能性があるからです。

　また、場所を分かりやすくするために生活の場所にシンボルを掲示したり、日課表など1日の活動をことばや文字の掲示だけでなくシンボルを並べて表示したり、話を分かりやすくするためにシンボルや写真などを併用しながら伝えるなどの工夫が必要です。

### (3)　VOCAの活用

　シンボルの活用では紙に印刷されたカードを使うことが多くありますが、どれを選択したか分かりにくかったり、整理できずに理解できなくなってしまう場合があります。そこでシンボルを有効に活用する機器としてVOCA（Voice Output Communication Aids：携帯型会話補助装置）の利用があります。VOCAには「1つの音声から複数の音声を1スイッチで操作するタイプのVOCA」（図Ⅰ-9）「ボード型のVOCAで複数の音声を押し分けるタイプのVOCA」（図Ⅰ-10）「50音の文字盤を操作するタイプのVOCA」（図Ⅰ-11）「コンピュータを利用したもの」（図Ⅰ-12）などがあります。VOCAの特徴は絵だけでなく音声も再生することで周りの人の注意を喚起することができ、見るだけでなく音声によって伝えやすいという面があります。また、ことばの発声がない子どもでも音声に関心をもち理解を助けることにつながります。

図Ⅰ-9　1つのスイッチで操作するVOCA

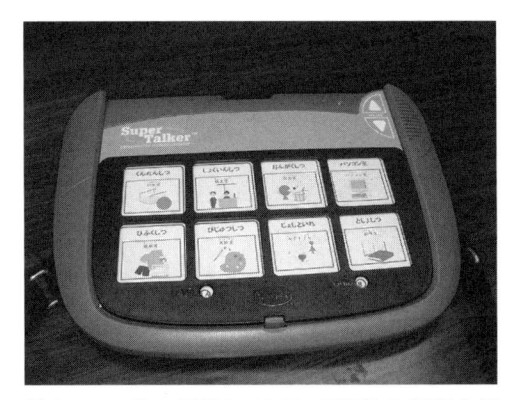

図Ⅰ-10　ボード型のVOCAで複数の音声を押し分けるVOCA

図Ⅰ-11　50音の文字盤を操作するVOCA　　　図Ⅰ-12　コンピュータを利用したVOCA

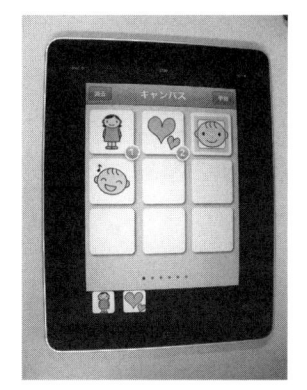

　シンボルやVOCAの活用での目標は本人の思いをどれだけ引きだせるかです。コミュニケーションの環境が豊かになることで、音声言語が出る事例もありますが、だれもが音声言語が出せるようになるとは限りません。それよりも、どれだけ本人が自己決定できるようになるかがシンボルやVOCAを使った指導では大切になります。

### (4) 特別支援学校における事例

> 　特別支援学校の小学部6年の自閉的傾向がある知的障害児C君。発語には「あー」「がっこ！」「ふぉー」などがあります。学習面では、見本があれば自分の名前を模写することが可能で、7までの数字は見本なしで書くことができます。連絡帳の提出や、持ち物を一定の場所に置くなどルーティンの行動は混乱することなく行なえますが、気に入らないことがあると奇声を発したり、人を噛んだり叩いたり、ものを投げるなどの行動が見られます。

　C君の長期目標は「自分の意思を他の人に伝えられるようにする」とし、短期目標は「VOCAを使うことで、相手に意思が伝わることが分かる」「ものを投げるなどの気になる行動を軽減する」と設定しました。
　実際の支援の様子は次の通りです。
　クラスでは、以前より絵カードや写真カードで時間割を伝えたり、行き先を伝えるなどのことは日常的に行なっていました。そこで、自分の意思を伝えられるようにVOCAの活用からシンボルの活用へ指導を行なうことを計画しました。
　まずは、VOCAに慣れてもらうために「そんなアホな」「バキューン」などのつっこ

みをVOCAに入れてめずらしさをなくしてもらいました。すると、すぐにVOCAに親しみ、音声が録音できることが分かって、すべてのボタンに「ふぉー」などと録音するようになりました。

その後、自由遊びの時間に行く場所を伝えるためにVOCAに「運動場」「ブランコ」「ジャングルジム」「バス乗り場」「体育館」「（隣の教室の）1組」のそれぞれのシンボルを付けて、それぞれのシンボルに「○○へ、いってきまーす」という音声を録音し、行き先を告げてから移動するようになりました。

また、クラスの朝の会では進行役としてVOCAを順番に押して、話を進めたり、「みんな立ちましょう」などの音声で、友達を動かせるととても喜ぶようになりました。

VOCAの活用と同時に、行きたい場所などの絵カードの入ったコミュニケーションブックも用意し、自分の思いを伝えられるようになると、だんだんと気になる行動が少なくなってきました。本事例では、自分のこれからの行動を自分自身で選択することが可能になり、望ましい行動で、自分の要求を示して、実現できたことが気になる行動の軽減につながりました。

## 3　語彙を育てる支援

### (1)　短期目標の設定

支援計画の策定にあたり、「語彙を増やす」ことがしばしば長期目標となります。その場合、短期目標では、増加を目指すのが理解語彙かそれとも表出語彙か、どのような語彙を増やすことを目指すのか、スキルアップを期待する場面は課題場面か日常生活かなどを具体的に明示しておきます。具体的な短期目標を設定することにより、支援目標に到達しているのかどうかの判断がしやすくなり、必要に応じた軌道修正が容易になります。

典型発達児の場合、幼児期には日常生活でことばを耳にするだけで多いときには1日に8〜10語の新しい語を獲得していくという報告があります。しかし、言語に遅れのある子どもの場合、単なることばかけだけによる習得は難しいでしょう。そこで、何千とある語彙のなかからどのような語彙を学んでもらうか計画性をもつ必要があります。現在まだ獲得していない語彙のなかで、獲得することによって子どもにとってメリットのある語は何であるかを検討します。

語彙の種類としては表Ⅰ-8のような枠組みが考えられます。文法的な枠組みでは、名詞、動詞といった品詞別にとらえることになりますが、動きを表すことばには動詞だけでなく「どしん」といった擬態語もあれば、「ジャンプ」のような名詞もあります。

同様に、『気持ちを表すことば』には「いらいら」(擬態語)、「うれしい」(形容詞)、「残念」(名詞) などがあるため、品詞にとらわれず意味的特徴でまとめるといいでしょう。あるいは、園・学校行事に関連して、『遠足に関係することば』(「リュック」「おやつ」「きっぷ」「じゅんび」「よてい」など) を設定してもいいでしょう。なお、『位置を表すことば』や『時間を表すことば』は意味を理解し、使いこなすために認知的な土台が必要です。認知面の評価も踏まえた上で、適切な目標語彙を選択します (28ページ「語彙の獲得から語連鎖へ」参照)。

表Ⅰ-8　語彙の種類とその例

| | |
|---|---|
| 名称を表すことば | 具体物の名称、カテゴリー名称 (楽器、家具、虫など) |
| 行為・動きを表すことば | 見る、走る、シュート、ねんね |
| 性質を表すことば | 暑い、すっぱい、深い、きらきら |
| 感情を表すことば | 嬉しい、くやしい、残念、うらやましい、わくわく |
| 位置を表すことば | 前、うしろ、右、左、先頭、最初 |
| 時間を表すことば | 明日、一昨日、午前、午後 |
| 副詞 | つい、しばらく、ちょうど、どうやら、とても |
| 接続詞 | そして、それから、でも、しかし、すると |
| 疑問詞 | 何、だれ、どこ、いつ、どうして、どんな、いくつ |

E　話しことばへの支援

## (2) 特別支援学校に通う子どもへの支援の事例

> 6歳5ヵ月のD君は特別支援学校に通う1年生。初対面の人にははにかみますが、顔見知りになれば人懐こく、めずらしいものを見つけると、「あー、こえー（これー）」と指をさして大人の顔を見ます。このように指さしや相手の注意の誘導もできますが、語彙は少なく、お母さんの報告によれば、マッカーサー乳幼児言語発達質問紙にある400語以上のなかで言えるのは40語程度です。まれに2語文になりますが、1語文が中心であり、簡単な身ぶりができるので言いたいことは伝わりますが、語彙を増やすことが課題です。LCスケールでは、LC年齢1歳8ヵ月（言語表出1;6、言語理解1;9、コミュニケーション1;9）でした。

### 1）長期目標・短期目標の設定

　D君は、言いたいことが相手に伝わらずに機嫌を損ねることはほとんどありませんが、むしろ相手の意向や解釈に合わせすぎてしまう傾向があります。そこで、自分の意志や要求をことばで伝えられるようになることを目指し、長期目標は、「動作や性質を表す語彙を増やし、日常生活で表現できるようになること」としました。短期目標を決めるにあたり、マッカーサー乳幼児言語発達質問紙の回答のなかで、理解されているようだがまだ表出に至っていない以下の6語を選び、これらの語を日常生活や遊び場面で自発することに設定しました。あける（あけて）、しめる（しめて）、歩く（歩いてる）、かわいい、かっこいい、つめたい。

### 2）語彙の機能的な使用

　1～2語文程度の語連鎖での会話が中心で、語彙を増やすことが中心的な課題である子どもの場合は、語彙を生活や遊びの文脈のなかで経験してもらうことが重要です。したがって、子どもの気持ちが大人に向かう遊びや、絵本などを使った読み聞かせ、日常生活のパターン化した流れ（ルーティン）を活用します。1～2回語彙を経験するだけで習得するのは難しい子どもたちですので、目標とする語彙をあらかじめ決めておき、繰り返し同じ語を経験する場を設定します。要求を「やって」とことばで伝えられることはD君の長所ですが、「あけて」「しめて」など文脈にあった表現のレパートリーも広げていってもらいたいものです。この場合、ミニチュアの動物やミニカーを部屋のいくつかの場所に配置した箱や容器に隠し、小さな人形を大人とD君がもって、それらを探しに出かけるという遊びが設定できます。たとえば、大人のもつ人形が「だれか入ってるかな？　あーけーて」とリズムをつけてD君の人形に語りかけ、D君にふた

をあけてもらってはなかを覗きこんで動物を見つけるといったルーティン（パターン化した流れ）です。中身が空の容器も用意しておくと、探す動機も高まります。この文脈のなかで見つけたミニカーや動物に対して「かっこいい」や「かわいい」を繰り返し使うこともできます。いろいろな容器で「大人にあけてもらう」→「探す」→「大人にしめてもらう」というルーティンが確立したら、役割交代をします。他にも、袋に入った大きさの異なるボールを1つずつ出していくルーティンのなかで、大きいものが出てきたら、大げさに「おおきい」と言って聞かせるのも1つのルーティンであり、生活のなかに繰り返しの機会を随所に織り込むことができます。指導の場面だけでなく、家庭でも使ってもらうよう協力を得るといいでしょう。このような**やりとり文脈の支え**や、**経験頻度**とあわせて文のなかで目標となる語彙が目立つように、速度を落とし、抑揚をつけるのもいいでしょう（**聴覚的な顕著さ**）。また、身ぶりサインを伴って聞かせ、**視覚的手がかりを活用**するのもよい方法です。

　なお、共同注意が成立しにくい子どもの場合には、大人が遊びの主導権を握って、子どもの注意をひきつけようとすると、ますます子どもの注意は逸れてしまいがちです。それよりも、子どもの注意の対象を大人が読み取って、子どもが見ているもの、やっている行為について短いことばでコメントすることが有効です（28ページ「語彙の獲得から語連鎖へ」参照）。D君の場合、前述の遊びだけでなく、絵本の読み聞かせや日常生活場面において、目標語を取り入れたことばかけを保護者にもお願いしました。大人がやりとりをリードするのではなく、少し間をおいてD君に表情で促すと、目標語を自発する場面も徐々に見られるようになっていきました。

### 3) 疑問詞の学習を促すにはどうしたらいいのか？

　疑問詞の理解を促すには、日常生活やままごと遊び、絵本の読み聞かせのなかで、意図的に疑問詞を入れてみたりするのも一案です。たとえば、「ないなあ。どこ？　あ、あった」という連鎖が起こる場面を経験することで、「どこ」の機能が分かってきます。さらに、「どこ？」と言いながら人さし指を立ててあたりを探るような仕草も疑問詞に注意を向ける手がかりになるでしょう。ただし、コミュニケーションの楽しさを損ねてしまうので、応答は強いません。もしも子どもが答えられなければ、「**どこかな？　あ、ここにあったね**」「**だれ？　**そう、**クマさんだね**」と、自問自答形式で例を示してあげましょう。口頭表現が難しい子どもでは、「どれ？」に対して子どもの手を取ってものの上に置いてあげるなど、応答の方法を教えてあげるといい場合もあります。また、子どもの頭のなかに「？」が浮かぶときこそ、疑問詞を学ぶ絶好の機会です。たとえば、子どもが複数のものを前にして迷っていたら、「どっちにしようかな」と子どもの気持

E 話しことばへの支援

ちを代弁するように問いかけます。出来事に因果関係のあることがいくぶん分かってから「どうして？」と聞くというように、答えられること（応答の準備性のあること）について尋ねるといった配慮も必要です。

### (3) 通級指導教室に通う子どもへの支援の事例

> 8歳2ヵ月のE君は、通常の学級に在籍する2年生。幼児期からことばの遅れと機能性構音障害（24ページ「発音するスキル」参照）が認められ、地域の療育機関で支援を受けていましたが、構音障害については就学前に改善し、1年生のときから「言いたいことがうまく表現できず、相手に伝わらない」ことを主訴に「ことばの教室」に通っています。積極的に相手に話しかけますが、言いよどみが多く、適切な語を想起できないと「ほら、あれだよ」と多少いらいらしながら代名詞や擬態語、身ぶりで表現します。基本的な語彙の知識が十分に育っておらず、学習面での課題も大きくなってきています。

E君は、絵画語い発達検査による語彙年齢は6歳1ヵ月で、LCスケールでは、LC年齢5歳4ヵ月（言語表出5;1、言語理解5;6、コミュニケーション5;9）でした。位置を表すことばの理解が苦手で、「一番前」「一番うしろ」は分かっても、「前から4番目」という指示を聞くと混乱してしまいます。短期目標は、「安心」「詳しい」「育てる」といったやや抽象度の高い語10語について、意味を聞いて語を想起できること、および、文脈で正しく使うことができることとしました。また、位置を表す語の連鎖を聞いて、正しく理解することも短期目標としました。

1) 指導において配慮する点

通級指導教室で支援を受ける学齢児の場合も、**特定の語彙を高頻度で経験させる**、子どもの興味・関心を尊重する**やりとり文脈を活用する**という点は、幼児の場合と同様に重要です。その一方で、この段階の子どもならではの展開の仕方も3点あります。1つめは、「文脈」にクイズ形式のやりとりや、勝ち負けを伴うゲーム文脈、他の子どもの前で発表することを含む**文脈の広がり**があります。このような活動のなかに目標語の意味を学ぶ課題、関連するヒントから目標語を想起する課題、目標語の意味を説明する課題などを織り込んでおきます。

この段階の子どもの第2の特徴は、**メタ言語的スキルを活用する**という点です。メタ言語とは、「言語について客観的に考える」ということです（70ページ参照）。語の意味

を別のことばで説明したり、ことばによる定義から目標語を想起したりすることを指します。これは、「言語によって思考する」というプロセスにつながります。「『イチゴ』ってどんなもの？」と問われて、「果物」「赤い」というのも一例ですが、学齢期ではより抽象的な語彙を数多く登場します。「直角」「安全」「おもいやり」などは具体物でないため、これらの語を習得するにはことばに頼る割合が高くなります。これらの語彙の習得は、教科書を含んだ読書の経験にも支えられているので、文の読みや漢字の習得に課題のある子どもにとっては、容易ではないでしょう。イラストなど、視覚的手がかりを意味的イメージとして併用することや、「この部屋にある『直角』なものってどこにある？」など、体験活動を通して語になじむ活動も有効です。

**文字を援用する**ことがこの段階の3つめの特徴です。文字単語として認知するという視覚的なルートが活用できれば、「ヒントカード」を用いることできるようになります。ヒントカードとは、課題のヒントまたは正答を書いたカードです。いつも「教えられる」立場にあり、自分の回答の正誤は自分には分からず先生だけが知っている、という立場に置かれている児童は苦手意識が高まり、自尊心が損なわれがちです。そこで、教師に正誤を判断してもらうのではなく、「先生も正答を知らないけれども、ヒントカードにヒント（あるいは答え）が書いてあるよ」という設定にしておくことで、子ども自身が自分の回答の適否を判断したり、自己修正したりする機会を与えるようにします。自分で正答に至ることができれば、教師からは常に褒められることになります。

## 2）語彙知識と語想起

語彙には**語彙知識**と**語想起**という2つの側面があります。語彙知識が頭のなかの辞書であるとすれば、語想起スキルは表現しようとする意味のことばを辞書のなかからすばやく見つけだすスキルです。語彙知識があっても語想起が難しければ、言いよどみが生じます。語想起スキルを育てるには、たとえば、「白いもの」といったキーワードに関連する語をできるだけたくさんすばやく想起する課題があります（「雪」「とうふ」「チョーク」など）。このような語想起課題が難しい場合にはヒントを与えますが、ヒントには大きく分けて、**性質にかかわるヒント**（「雪」に対して「降るもの」）、**形状にかかわるヒント**（「とうふ」に対して「四角いもの」）、**音韻的なヒント**（「『ゆ』ではじまることば」）があります。日常生活でより求められるのは、表現したい意味概念を表すことばの想起ですから、なるべく性質にかかわるヒントを優先して出してください。それで想起できない場合にのみ、形状にかかわるヒントや音韻的ヒントを提示するようにします。

また、「先生も分からないので一緒に考えよう」という流れで行ない、ヒントを出すときにも、「冬に関係するものであったような気がするけど」などと、「先生を助けて」

E　話しことばへの支援

という雰囲気でヒントを提示すれば、想起することによって達成感が生まれます。また、絵カードを分類させることもありますが、乗り物や家具など、視覚的な特徴を手がかりとして分類できてしまうことが多いものです。分類で終わらせずに、「どういうふうに仲間なのかな？」「でも違うところがあるとすればどういうところ？」などと追加質問をして、ことばでの説明力を高めるかかわりをするといいでしょう。

3）E君への対応

　E君にはメタ言語的活動を取り入れ、語の定義から語を想起してもらったり（例：「せわをして大きくする」→「育てる」）、反対に、語の意味を説明してもらったりする語彙学習指導を1つの柱としました（大伴, 2011）。「新教育基本語彙」（阪本, 1984）において小学校第1～3学年レベルの語彙とされるもののなかから、抽象度の比較的高い語を選び、語を書いた「語彙カード」と、意味を連想させるイラストとともに定義文を載せた「定義カード」を用意します（図Ⅰ-13）。文の意味理解が困難な子どもに対し、文章題の内容を図式化し、視覚的イメージ化を促す試みも報告されているように（Joffe, Cain, & Maric, 2007; Van Garderen, 2007）、イラストという視覚的なルートを使うことで苦手意識も軽減されます。ただし、はじめからイラストに頼ってしまうと、「ことばの意味をことばで考える」という習慣が定着しませんから、はじめはイラストの部分を隠しておくなどの工夫が必要です。E君には、定義カードを読み札とするカルタ形式で、適切な語彙カードを選択したり、語彙カードと定義カードをそれぞれ数枚ずつ伏せておき、トランプの神経衰弱の要領で組み合わせたりするゲームを、週ごとに語彙を替えながら数週間にわたって行ないました。関連する意味の語をできるだけたくさん想起する語想起指導も並行して行なったところ（図Ⅰ-14）、目標とした語彙を習得しただけでなく、学習していない語彙についても、想起できない場合は別の言い回しで表現しようと

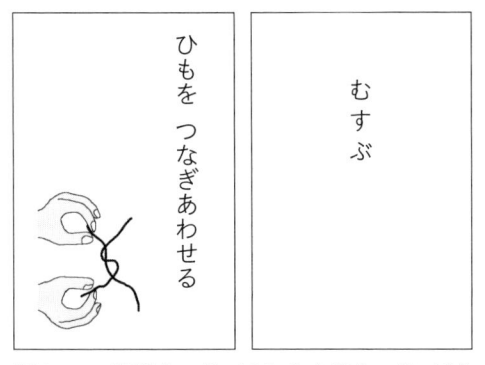

図Ⅰ-13　語彙カード（右）と定義カード（左）の例

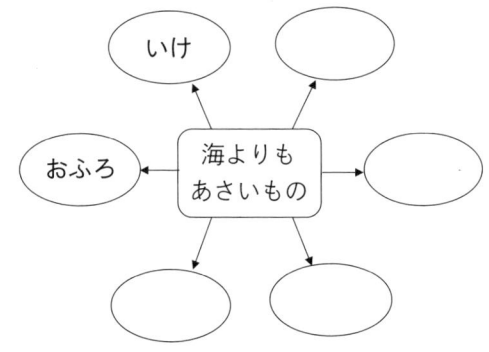

図Ⅰ-14　語想起指導に用いたワークシートの例（「あさい」がキーワード）

する様子が見られるようになりました。

　位置を表すことばを含む指示の理解については、「赤い積み木の右に、緑の積み木」など、言語化しながら、大人と子どもが同じ形を積み木で構成する遊びや、「右」「左」「上」「下」などと1面ずつに書かれたサイコロと、数を表す通常のサイコロを同時に振り、出た目の通りに碁盤状の台紙でコマを動かして、目的地に近づいていくゲームなどを行ないました。

　知らないことばの意味を辞書で調べるのもメタ言語的活動ですが、実際に行なうのは億劫なものです。手助けして、調べることを習慣づけるようにします。また、そのことばを実際に使うほど定着します。どういうときに使うかなどを話しあう機会を設けるといいでしょう。

## 4　文の理解と表現を育てる支援

　構文の理解・表出指導は、ともすると「きちんとした文法で」「できるだけ長い文章を理解し・話す」という面に偏りがちです。まず、前提として、話をしたい愛着の対象（大人・友達）がいるか、話したい事柄（子どもにとって関心のある出来事・体験）があるか、を念頭に置いた支援計画を立てるようにしたいものです。文章レベルでの言語理解や表現を活性化させるために、飯高（1988）は以下のような条件が必要であると述べています。

①基本的なコミュニケーション態度がそなわっていること。相手にたいして何かを伝えたいという気持ちがあること。
②認知発達のレベルが自己と他者や動作主と動作の弁別ができる段階に達していること。
③学習の構えという観点からは、精神発達がある水準（MA 3歳以上）に達していること。
④聴覚的記銘力も2つ以上の単位を連続して記憶できること。
⑤名詞だけでなく、述部を構成する動作語や修飾語も使いはじめていること。また有意味語の語彙数が少なくとも50に達していること。
⑥発話の意味がある程度は理解できるよう構音が発達していること。
⑦周囲の大人がYES-NOタイプではなく述部を含んだ応答を励ましながら要求すること。

　このような条件が、レディネスとして整っているかを確認（評価）することを支援の前提として、かかわりの手がかりについてまとめてみます。

E 話しことばへの支援

**(1) 課題優先型の指導**

　天野（1988）の提唱する語連鎖形成指導や国リハ式＜S-S＞法（小寺・倉井・佐竹, 1998）、「認知・言語促進プログラム」（津田・東, 1998）などは、指導者があらかじめ用意した図版（動作絵：りんごを食べている絵など）や具体物（機能的な操作を要する物品：くつ、歯ブラシなど）を用い、図版に見合った動作の再現、具体物を用いた操作から発展し、段階を追って自力で発話する（文章を産出する）方法です。

　上記にあげた指導法は、言語発達（本項について言えば、語連鎖・構文）に関しての発達段階を細かく整理し、発達段階に見合った課題の設定と働きかけを行なうものになっています。段階が細分化されており、それぞれの子どものつまずきがどこで生じているか、次の目標をどこに設定すればよいか、具体的な支援はどんなものか、指導の手続きが体系化されているため、長期目標と短期目標の設定がしやすく、すぐに取り組みやすい指導法と言えるでしょう。

　一方で、大人の指示に従うことが難しい子ども、着席が難しい子ども、あらかじめ用意された図版・物品への興味・関心が薄い子どもにとっては、既存のプログラムに則った指導はなかなかなじみにくい面もあるかもしれません。

**(2) 交渉優先型の指導**

　子どもの興味のある活動・物品を通じて、手続きに関しても比較的自由度の高い指導法です。「遊び」の活動が、認知的基盤に支えられた言語的側面があることに着目し、意図的なかかわりを行なうことで言語指導につながると考えた「活動中心指導」、特定の語彙を強調し理解を促したり、子どもの文脈理解を促すなどの目的を設定した、絵本や紙芝居などの「物語の語り聞かせ（読み聞かせ）」など（大伴, 2001）、がこれにあたります。

　これらの指導の場合、どんな教材を用いるか、手続きはどのようにするか、目標にする子どもの言語反応はどうかなど指導目標と活動の設定が重要になります。子どもの認知・言語発達水準の理解と、発達水準に見合った活動の選定（自作教材の作成も含めて）など、個々の子どもの指導計画が十分に練られていることが必要となります。

　しかし、もともと教材や手続きに自由度が高く、子どもの興味・関心をひきやすい設定の指導のため、「課題優先型」指導に比べて、子どもにとって楽しんで取り組みやすい活動であると言えるでしょう。

(3) 長期目標・短期目標の立て方の指針──学校で実際に取り組む場合

　個別指導場面を主体とした通級指導学級と、学級活動を通じて個々の言語発達を促す指導が求められる特別支援学校（学級）では、同じ発達段階の子どもであっても、実際の支援に際しては、おのずとその方法は異なります。大人とのやりとりが主体となり、個々に応じたきめ細やかな活動が設定しやすい通級指導学級、大人が橋渡しの役割を果たしながら、子ども同士のダイナミックなやりとりが生起しやすい特別支援学校（学級）、それぞれの学級・学校の特徴（長所）を生かした支援が求められます。個別指導のため、子どもの反応を細やかに汲み取りやすい通級指導学級では交渉優先型の指導も比較的導入しやすいかもしれません。大人数でも個々の子どもの変化・反応がとらえやすく、目標とする言語行動が明確な課題優先型の指導の方が、特別支援学校（学級）では取り組みやすいと思われます。しかし、いずれの学級・学校においても、どんな支援方法を用いるとしても、子どもの自発的な反応を引きだせる活動の設定と、子どもの反応に応じて支援者がかかわり方を柔軟に変更・修正する余裕と工夫が求められるでしょう。

　知的障害に加え、対人面でのこだわりがある子どもの場合、本人の興味にできるだけ沿った活動の設定、家庭でのコミュニケーション状態の聴取が、子どものコミュニケーション意欲の活性化の鍵になると思われます。子どもの現状・経過に応じ、長期目標の見直し・修正も必要になると思います。

(4) 特別支援学校（学級）における事例

> 　小学校3年生のF君は特別支援学級に在籍。染色体異常に伴う知的発達の遅れがあります。有意味な音声言語はありません。担任教師から「落ち着きがない」「特定の友達へのいたずらがひどくかかわり方の工夫を知りたい」「担任教師の話を理解しているようだがコミュニケーション手段がない」との訴えがあり、筆者が授業参観を行ない、F君の母親と面接を行ないました。母親の情報から、家庭では日常生活に関連する身ぶりサインをすでに30語以上は獲得しており、それらを用いてやりとりが可能であること、担任教師からは写真を用いたコミュニケーションを試したものの定着しなかったとの訴えがありました。課題への抵抗が強く、これまで標準化された発達検査・言語検査などは実施できていないとのことでした。

　母親の情報、授業参観の様子から、①他児・他者への関心・コミュニケーション意欲

E　話しことばへの支援

は高いこと、②友達や担任教師の気をひこうとしていたずら行動に出てしまうこと、③言語理解＞言語表出の傾向が顕著で、伝える相手にしか身ぶりサインを使用しないことが推察されました。筆者は、定期的な授業参観を行ない、F君の個別指導作成の支援を行ないました。長期目標は、①汎用性の高いマカトンサインの習得、②身ぶりサイン以外の複数のコミュニケーションモードの獲得、③これらを用いたコミュニケーション行動の活性化としました。短期目標と経過は以下の通りです。

1) 第1期：家庭で用いられている身ぶりサインの学級内における活用

　担任教師があらためて母親と面接を行ない、家庭で使用している身ぶりサインをリストアップし、学級活動でも用いると、担任教師の指示に対する応答には、身ぶりサインを用いてのコミュニケーションが程なく可能になりました。《ものの指さし指示＋ちょうだい》などの働きかけに対して、手で"×（バツ）"を作り"いやだ"の応答が見られるなど、知的能力の高さをうかがえる行動も出現しました。

2) 第2期：行動面へのアプローチと新しいコミュニケーションモードの検討

　落ち着きのなさ、課題への拒否、特定の友達へのちょっかいが続いており、第1期とほぼ並行する形で、行動面への対応の工夫を試みました。「○○（学級活動）をしたら、F君の好きな車で遊んでよい」など事前の説明を視覚的な手がかりを用いて示したこと、具体的な作業時間をタイムタイマーを用いて示すなどで、着席時間を延ばす工夫をしました。また、気になる友達に対して、手をつなぐのはよい（○）が、ものを隠すのはいけない（×）など具体的な対応の手がかりを絵画図版にして示しました。

3) 第3期：マカトンサインの習得と標準化された検査の実施

　《書く》《はじまり》《おしまい》など学校生活で用いる動作をマカトンサインで示すようにしました。学習の経過で、すでに習得している自発的身ぶりサインをマカトンサインに変更することは難しいことが分かりました。このころには、F君の獲得している身ぶりサインを用いなくても担任教師の呈示するマカトンサインは理解している様子がうかがえたので、新規に学習する身ぶりサインをマカトンサインで習得できるように心がけました。落ち着いて着席する時間が徐々に延びてきたこと、絵画への関心も高くなってきたため、絵画語い発達検査を3回に分けて実施したところ、VA（語彙年齢）3歳4ヵ月の結果が得られました。

4) 第4期：視覚的コミュニケーションモードを用いた語連鎖指導

　このころ、F君が近所に買い物に行くのが好きということが分かり、母親の協力を得て、F君がよく出かける場所の写真を撮影してもらいました。F君に写真を見せるとすぐに場所が分かったようで、スーパーの写真には《食べる》のマカトンサインを示しま

した。写真を見ながら、〈何を買いたい？〉〈だれと行くの？〉などの質問―応答のやりとりを行ないました。F君の巧緻性（微細運動・粗大運動とも）の発達の様子から、細かいマカトンサインの習得が難しいことが分かり、語彙の拡大にドロップス*を用いはじめました。買い物・調理の活動に興味が強く、事前学習ではドロップスとマカトンサインで買い物場面でのやりとり（表出）の練習、担任教師のマカトンサインの指示に応じてミニチュアの食べ物を調理する練習を行ないました。実際の買い物や調理場面を撮影し、活動の事後学習で写真を見ながら、ドロップスのシンボル《ぼく＋食べ物＋買う》《友達＋食べ物＋切る》を貼って「まとめのノート」を作る作業を行ないました。このノートは、家庭に帰って家族への報告にも活用しました。

5) 第5期：VOCAの活用

　手続きの理解を深める（語操作期の支援への導入）目的もあり、第4期から継続して視覚的コミュニケーションモードの活用拡大をはかっています。ドロップスでの理解語彙が拡大しており、他者とのやりとりの活性化（表出行動の拡大）を目標に、VOCA（スーパートーカー）を導入しました。F君が休み時間にやりたい遊び（遊び道具）のシンボルをVOCAに貼りつけると、選択してスイッチを押す様子がすぐ確認されました。機器の使用方法の理解も早く、担任以外の教師を遊びに誘うために活用する場面が見られています。

6) まとめ

　経過を通じて、長期目標①マカトンサインの汎用化よりも、②複数のコミュニケーションモードの活用に重点を置くことになりました。担任教師とは身ぶりサインとマカトンサインを用いて語連鎖（複数使用）も可能になり、形容詞や動詞の理解が進んでいることから、3歳6ヵ月から4歳程度の言語発達能力を有していることが予想されます。今後はLCスケールのようにF君にも取り組みやすい言語発達検査を用い、言語発達の再評価と支援プログラムの見直しが求められるでしょう。

---

\* ドロップス（Drops: The Dynamic and Resizable Open Picture Symbols）：補助・代替コミュニケーション（AAC）手段の中で、図形シンボルを用いたものの1つです。ドロップスがパソコンオンライン上で無償頒布されていること、図形シンボルが他のシンボルに比べて具象的であること、VOCAへの汎用性を考え、F君の指導に選択しました。詳細はhttp://droplet.ddo.jp/まで。

E 話しことばへの支援

## (5) 通級指導教室における事例

> G君は小学校1年生（通常学級）。担任教師より「授業の途中で勝手に教室から出ていく」「会話が幼い」「人懐こいが友達とのトラブルが起きやすい」「家族にG君の現状を理解してもらいにくい」との訴えがあり、精査を行ない通級対象児であれば保護者にG君の現状の説明を、との依頼が1学期終了直前にありました。ことばの遅れがあり、不器用なことが気がかり（定頸、始歩、始語など遅れがあった様子）で、就学半年前に医療機関を受診されたようですが、詳しい情報は不明。面接に訪れた母親は「文字（平仮名）も数も書けるので、今の（通常）学級だけでがんばりたい」との訴えでした。

　初回面接では、一見会話は流暢なものの、多くは2語文で格助詞は脱落。接続助詞を用い「ママとパパと○○行った」「○○行って、歩いて、電車乗って……」と重文的な使用は可能。人への関心・積極性は高いが、会話が成立しやすいのは、現前の視覚的状況を手がかりにしたやりとりが中心で、質問の意図が理解できない（と思われる）場面では、自分のペースで話題を展開しようとする傾向がありました。発音も若干不明瞭な印象です。担任教師の情報からも、学級内での問題はかなり深刻な様子がうかがえたため、まずは「G君の（通常学級での）トラブルを軽減し、学級内での支援の手がかりを得る」目的で通級を勧め、指導と精査を並行しながら実施していくことをご家族に了解をいただきました（通級後6ヵ月後、7歳5ヵ月時のWISC-ⅢはPIQ55、VIQ62、FIQ54、言語理解群指数53、知覚統合群指数61、注意記憶群指数65、処理速度群指数66）。

　長期目標は、①語義理解の促進と表出語彙の拡大、②聴覚言語理解力と会話パターンの拡大、③会話のルールを理解し、自発的な会話の維持が可能になること、としました。

　G君の場合、語彙知識の不足、基本的な文の構成（理解・表出とも）に関しての課題が特に大きかったのですが、本節では、統語・語連鎖領域を中心とした短期目標と支援計画、具体的な手続きについて下記にまとめました。

### 1) 格助詞の理解と表出の力を伸ばす

　文字の読みがスムーズに可能だったことから、格助詞（が、を、に）を文字で書いたカードと絵カードを用いて、文章作りをしました。絵カードは人や動物の絵や写真（動作主）、動作絵、物品の絵カードなどで、はじめは2語連鎖で構成できる動作主と動作絵カード（歩く、寝るなど）、次に対象物と行為絵カード（食べる、投げる）を該当する格助詞文字カードでつなぐなどを行ないました。格助詞の入った2語文が安定してきた

ところで、動作主＋対象物＋行為など、3語連鎖（3語文）へと発展させました。

2) 聞いて理解する力を伸ばす（聴覚的記銘力、指示の理解）

　G君は運動面に不器用さもあったので、指示に応じて身体を動かす練習をしました。指示のなかに、「手を横に（前に）伸ばして」「椅子のうしろにしゃがんで」など位置を表す語を入れたり（語彙の理解）、「うしろを向いて、テーブルの下のボールを拾って」など複数の指示理解課題を取り入れたり、（いくつかのかごを用意して）「ボールを赤いかごに入るように蹴って」など巧緻性を高める課題を取り入れたりしました。

3) 自分の行動を言語化する

　2) の活動に関連し、G君の好きな運動（G君の場合はボールを使った活動）をした後、どんな動きをしたか説明するなどの課題を行ないました。「投げる」「蹴る」など単純な動作の説明から、徐々に（野球、サッカーなど）さまざまな動作（道具）が含まれる活動を説明するように、促しの質問を心がけました。

4) 相手に分かりやすい説明をする

　同じ状況画カードを2組用意、1組を説明役が見ながら説明、何枚かの絵カードから該当するものを選ぶカルタ形式で実施しました。役割を交代して行ないました。状況画は登場人物が①「動作主＋行為」（例：赤ちゃんが座る）と単純なものから、②「動作主＋対象物＋行為」（例：男の人がパンを食べる）、③「動作主＋対象物＋場所＋行為」（例：女の子が本をテーブルに置く）、受動態・能動態の状況画など、徐々に複雑なものに変えました。G君の説明が不十分でカードが選択できない場合、質問をし、構成要素に気づくような工夫を試みました。

5) まとめ

　G君の言語面での問題は、語彙・統語（語連鎖）・音韻・コミュニケーション面と多岐にわたっているため、指導計画の作成にあたっては、それぞれの領域についての課題を整理し、活動がどんな領域の支援になるかの検討も行ないました。また、G君の言語発達上の課題を通常学級の授業活動・日常生活で困難が生じやすい要因との関連で考え、担任教師にはG君への教示方法について助言する、文字・数の指導に目が向きがちだったご家族に家庭での学習法や宿題を提示するなど、フィードバックの配慮も重要だったと思われます。

## 5　談話のスキルを育てる支援

　子どものことばの発達を促そうとする場合、子どもが自らことばを発したくなる環境があるか否か、このことが大きく作用します。ことに談話スキルとなると、誰かに話し

E　話しことばへの支援

たい気持ちになることがより重要になると考えています。
　教育の現場は、聞いて理解することを重んじるために、行動調整に重きを置くことになりがちです。特別支援教育の対象児の談話のスキルを扱うことの難しさがここにあると思います。教室でのさまざまな授業を拝見する機会に恵まれてきましたが、いろいろな子どもの顔が見えていて、実によいタイミングで子どものことばを拾い、話に取り入れていく先生がいらっしゃいます。子どものことばを拾いながら話をつなげ発展させることで、関心をもたせて結果的に行動調整もはかりつつ授業を進めていくことができると、そのなかでさらに考えを進めて子どもが発言をしはじめます。授業に参加する教師と子どもの共同作業で話題がつながっていきます。そうすると子どもの集中が上がっていき、クラス全体で話題が共有されていることが感じられます。この場で自分のことばを発したいと感じるかが、話す意欲に大きく影響する例です。
　では、特別支援教育を行なう場として設定されている、固定の特別支援学級や通級指導教室での指導のなかで子どものことばを談話レベルで引きだしていく方法を考えてみましょう。談話レベルの指導を行なう子どもは、言語の発達段階としては、文での発話は可能なのですから、その時点までに発達してきた発話の力が発揮されて談話が成立し、話の観点が整理されてくることが必要だと考えています。発達レベルの差がはっきり表しにくく、評価の基準を明確にすることが困難だとは思いますが、短期目標では、５Ｗ１Ｈのどれかを意識して話す、気持ちにも言及するなどにします。長期目標には、出来事の原因と結果が人に分かるように話す、テーマに沿って複数の文で話を組み立てるなどを設定するとよいと思います。文型を整えて話すことは、話す意欲を重んじて談話では求めず、文型を整えることは作文の場合に取り入れればよいと考えています。

## (1) 特別支援教育の個別指導の場で行なう指導
　個別指導の場で、談話がつながっていくには、題材が必要です。子ども自身が話したくなる題材をもっている場合と、題材の提案を行ない、子どもの関心がうまく向くと話がつながっていく場合とがあると思います。

### 1) 子どもの話題に沿う場合
　自然に話しだしたのだから相槌さえ打っていればいいという考え方もあるかもしれませんが、相槌を打ちながら、こちらが関心をもっていることを示し、メモを取ります。そのメモを子どもと一緒に見ながら、話が分かりやすいものになるよう、ポイントとなる質問をしていき、その点に関してもメモを取ります。そのメモを見ながら子どもも考え、そうそうこんなこともあったのといった感じで、さらに話が出てくると、発話の内

容が膨らんだり、さらに別のことにまで展開したりすることもあります。

2) 指導者が題材を提供する場合

　指導者から提供する題材としては、ソーシャルスキルカード、絵本、配列絵と呼ばれる類の時系列のある何枚かが組になった絵カードなどを用いて説明を求めることなどが一般的に行なわれていると思います。筆者は、漫画を用いることもあります。漫画のなかでも、ピングーはせりふがほとんどなくて、ストーリーも分かりやすいので、便利な題材です（本節の事例では、こぐま会・幼児教育実践研究所の「おはなしづくりカード」、ソニー・マガジンズの「Pingu comic」を使用しています）。

　どの題材の場合も、5W1Hの単語カードを用意し、メモをとり、必要に応じて子どもが確認しながら進めていくと、内容が整理されて分かりやすいものになります。

　説明の仕方の練習として、子どもの発話をもとに、穴埋め問題を行なう方法もあります。例えば、「おかあさんと（　　）が（　　）に行きたくて（　　）に電話した。」と問題を作り、絵を見ながら（　　）に答えを書いてもらいます。

(2) 特別支援教育の集団の場で行なう指導

　集団場面（小集団活動）では、子ども同士で会話がつながっていくことを目指します（長期目標）。

1) ひとことスピーチ

　1つの方法は、発表者になる子どもが、一定のテーマについて話し、聞いている子どもがその内容に関連した質問をし、発表した子が応答を行ないます。用いるテーマは、参加メンバーが共通に話せるように設定します。構成メンバーによって、ごく簡単に誕生日、お母さんの名前、お父さんの名前だったりすることもありますが、徐々に、質問が出しやすくやりとりしやすいテーマにしていきます（表Ⅰ-9）。

表Ⅰ-9　一般的なテーマの例

| | |
|---|---|
| ・祖父母の住んでいる場所 | ・運動会での好きな種目 |
| ・夏休みに行ったところ | ・クリスマスに欲しいプレゼント |
| ・昨日の夜ご飯のメニュー | ・誕生日の日はどんなことをするか |
| ・好きな遊び | ・好きな教科または勉強 |

　子どもの理解レベルや言語力によっては、大人も加わって質問をすると質問の例を示

E 話しことばへの支援

すことができます。構成メンバーの子どもに質問文を伝えて、聞いてくださいと頼むのも1つの方法です。

2）皆でお話し作り

　もう1つは、やはり時系列絵カードを用いるのですが、枚数分の人数またはその半分の人数の子どもたちで、話し合いながらカードを並べ、協同でストーリーにします。

　順序に関して意見の食い違いがあった場合は、それぞれの考えを説明してもらいます。話し合いをするには、その方がよいという考えを相手に伝えることが必要です。相手に伝えるために考えることで、伝えるポイントが整理されてきてことばを選んで伝えようとするようになるのだと考えられます。

(3)　固定の特別支援学級における事例

1）個別指導＋子どもの話題に沿う指導

> 　友達に混じってはいるが、その場ではあまり話さずにいると思われるHさん。IQは田中ビネー知能検査で78。はじめての場所や人に対しては緊張が強い1年生。

　Hさんと教師との会話を例示します。

Hさん「あこちゃんと遊んだの。コートのおしゃれしたり、鏡見たり、バブバブちゃん飾りとったの」

教師「Hちゃん、バブバブちゃんになったの？」

Hさん「よだれかけしたの」

教師「バブバブちゃんはよだれかけするの？」

Hさん「さくさく食べるクッキー、クッキー食べるんだよ」

教師「そうか、バブバブちゃんはよだれかけをしてクッキーを食べるんだね。あこちゃんは何になったの？」

Hさん「ブレスレット作る人」

教師「おねえちゃんかな？　おねえちゃんは、あと何するの？」

Hさん「お母さんのお料理手伝ってる人、バブバブちゃんは待ってる」

　会話においても、メモをもとに質問をして内容を整理していきます。これらのメモを取っておくと、作文の材料にすることもできます。

2）個別指導＋指導者が題材を提供する指導

> 文での発話は可能であるが集団場面では自発話は少ない広汎性発達障害の2年生Ｉ君。WISC-ⅢでFIQ83、幼児期は通園で療育を受けていました。

　4枚の時系列絵を順不同で手渡し、時系列に沿って並べてもらい、ストーリーを話してもらいます。その話の内容をメモにとって、質疑応答を行ない話を整理していきます。

　Ｉ君の指導開始時の発話は「まず男の子とお父さんが駅に止まっていて、ちょうど電車がきて停止する前に帽子が飛ばされました。駅員さんが帽子をとってくれた。で、駅員さんが手を振った」というように、一通りの出来事を順に述べるというものでした。そこで短期目標を、「出来事や人の行為の意味や登場人物の気持ちにも言及する」とし、質疑応答を行ないました。メモを見ながら、「どうして帽子は飛んでしまったのかな？」「どこに帽子は落っこちたのかな？」などの質問をすると、答えることができ、話が分かりやすくなりました。

　次に、前後関係がもう少し複雑な別の系列絵カードで同様の課題を行なうと、順序のとらえ方で間違うこともありましたが、質問をもとに考え直していくとストーリーが整理されていき、彼の発話が膨らみ、分かりやすい内容で、気持ちにも言及できました。

　4枚の系列絵の例：家族3人で遊園地に出かけて、3人でジェットコースターにのったが父親だけが疲れ、子どもは喜んでいる。

　ストーリーの順序を間違えたときの本児の発話：「①お父さんが起きています。②次に遊園地の入り口にいます。③で、風船をもらいました。風船をもらったとき、めがねが斜めになっています。④ジェットコースターに乗りました」

　3枚目の絵について次のような質問をしました。
教師「ここは、遊園地の中ですか？　外ですか？」
Ｉ君　「外」
教師「ジェットコースターに乗っている3人の気持ちを言ってください」
Ｉ君　「お母さん、高いわー。お父さんは、怖い顔をしています。ぼくは、イエーイ」
教師「お父さんの眼鏡はなぜ斜めになったのでしょう？」（Ｉから答えがなかったので）
教師「遊園地に行って疲れちゃった感じで絵を描いたんだよね」と説明しました。

　「お母さんと（　　）が、（　　）を、（　　　）に（　　）たくておこした』という穴埋め問題も行ないました。

　Ｉ君は気がついてカードを並べ変えました。そして、子どもの気持ちも入れて話まし

E　話しことばへの支援

た。

「お父さんがおきました。お母さんとぼくが、遊園地に行きたくて起こしました。結局入園しました。ジェットコースターに乗りました。お父さんは怖かったです。風船をもらいました。ぼくはすっかりごきげんです」。

### (4) 通級指導教室における事例
#### 1）個別指導＋指導者が題材を提供する指導

> 多動で友達関係のトラブルが多かったのですが、今はだいぶ落ち着いてきている3年生J君。WISC-ⅢでFIQは95、注意記憶群指数が特に低いです。

ピングーの漫画説明で、最初に見た漫画について次のように話しました。

「まず、魚をペンギンたちが取りあっていて、そしたらアザラシがきてもってっちゃった」。J君は、絵に表されている目に見える出来事の説明は可能でした。しかし、そこで起きている事象に含まれる、成り行きの原因やペンギンやアザラシの感情や思いなどについての表現はまったく見られていませんでした。そこで、短期目標を、事の前後関係や原因を述べる、感情にも言及するとし、この漫画について、「損したのはどっちかな？」「どうすればよかったかな？」などの質問をして考えてもらいました。すると、アザラシやピングーたちの損得や、そこで起きている事柄から起きる気持ちについて考えることができ、自分で「気づかなかった」と言っていました。

会話後に行なった別の漫画での説明は次のようなものでした。「アザラシが海の水に浸かっていたら、魚がしっぽに噛みついてきた。で、アザラシは、うまくしっぽを上げて魚を口のところにもってきた。その後、アザラシは眠っちゃって、そのまま入ったままだった。2匹の魚にしっぽを噛まれているところをペンギンが発見して、で、アザラシは寝てるから気づかないからペンギンは魚を取って食べた。で、さっきの前のお話だよ。これがアザラシの逆襲だよ」。

J君は、2つめの漫画については、自分でこれにすると言って選んで説明しました。最初の説明に比較すると、かなり状況を説明できています。さらに、そこに登場しているアザラシやペンギンが考えていることを、表現するようになりました。

## 2）集団場面＋テーマに基づく発表とやりとり

> １年生のＫ君とＬ君。WISC-Ⅲでは、FIQで100を超えます。

　２名の小グループ（月に２回の小集団活動）での発表とやりとりを練習しました。「自己紹介」をテーマとした指導の初回において、名前と学校名をそれぞれが述べた後のやりとりです。

　Ｌ君「好きなスポーツは何ですか？」　→　Ｋ君「野球です」
　Ｋ君「好きなテレビは何ですか？」　→　Ｌ君「いいづらい」

　このように初回はなかなかやりとりが続きませんでしたが、毎回テーマを決めて続けていきました。

　グループ開始５ヵ月後に、「家でする好きな遊び」をテーマとして会話をした場面です。

Ｋ君「人形で遊びます。戦いをしたり、家族とかみたいにおしゃべりとか……」
Ｌ君「戦うってどんな風に？　指でパンチしたりキックするんですか？」
Ｋ君「手をこうやってけんかしたりします」
Ｌ君「人形ってどんな人形ですか」
Ｋ君「いろんな人形です。クマの人形とか、もっと一杯あるけどね、おさるさんとか、かたつむり、パンダもいて、宇宙人もいて……指４本、耳はありません」
　次にＬ君の発表です。
Ｌ君「いっぱいありすぎて決められません。Ｋ君と同じです。お人形が何人いるかというと、10人……、もうちょっといるかもしれない」
Ｋ君「どんな人形なんですか？」
Ｌ君「んと……」
Ｋ君「宇宙人とか？」
Ｌ君「正解」

　Ｌ君の方は何を言ったらよいか決めかねながらＫ君のまねをして話したようですが、人形で遊ぶことは、偶然同じだったようです。最初のころに比べると、やりとりはずっと活発になっています。

　グループ開始６ヵ月後のお話作りです。用いた４枚の絵は以下の内容を表します：「レストランでお誕生会をするために母と子が先に行って、父親を待っているが、父親は遅れてしまう。ようやく父親が走って到着し、３人でバースデーケーキを食べる」。

E 話しことばへの支援

1人に2枚の絵を配り、見せあいながら並べていきます。2人で、絵を並べることについては、意見が一致しました。次に説明です。

L君「レストランで、バースデーケーキを選ぶため、バースデーケーキの本をもってて、本を見ておいしそうって言って」

教師「この本は、レストランにあるので、本というより、別の名前があると思います」

L君「あ、何て言ったっけ……メニューだ。お母さんが注文していて、女の子が美味しそうで、女の子とお母さんが困っています。お父さんがこないから」

K君「きたくないんじゃないの？　歩いてんじゃないの？」

L君「走ってきて、汗かいてるし……」

K君「お父さんはかばんをもっています」

L君「お父さんが会社から走ってきて、みんなでバースデーケーキを食べました」

このように話がなんとかまとまっていきました。指導者は、発表内容を絵の横に書き取っていくようにすると、意見の食い違ったときには整理されやすくなります。

子どもたちが一致して絵の解釈で迷宮に入ってしまうこともあります。また、順序そのもので意見が食い違うこともあります。子どもたちのやりとりの進み具合によって、指導者が質問をはさんだり、説明を加えたりして、軌道修正もしながら話を作っていってもらいます。

## 6　家庭での配慮

子どもの成長・発達を支える上で、家庭環境が重要な基盤であることは言うまでもありません。療育にかかわる専門職として、言語発達においても、より家庭環境を整えていくことが同様に大切であると考えています。乳幼児期の発達環境としての家庭のもつ役割は、一般的に①生理的欲求の充足と生命維持の保障、②家族との情緒的結びつき、③基本的な生活習慣の形成と社会的規範や価値観の伝達と考えられます。

ところが、療育機関にことばの発達の遅れや、人との関係の取りにくさを主訴に来所する子どもたちの生活状況は、多くの場合、決してよい状況ではあるとは言えません。これは、日本の子ども全体に言えることなのかもしれません。

筆者が勤務する地域の保健師と行なっている乳幼児母子保健事業の1つに、11ヵ月の子どもをもつ保護者を対象にした「すくすく教室」という会があります。そのなかでは、「早起き早寝、朝ごはん、そしてあいさつ、絵本の読み聞かせ」をテーマに話をしています。今、この当たり前とも思われるテーマが、多くの家庭で実現が難しくなってきているのです。

⑴　早起き早寝

　子どもたちの身体の成長発達に睡眠は欠かせませんが、0歳から4歳の子どもたちを対象とした睡眠の調査（P&Gパンパース赤ちゃん研究所，2005）では、約5割の子どもたちが10時過ぎに就寝しているという結果でした。子どもたちの成長に欠かせないホルモンが、成長ホルモンです。このホルモンは子どもたちの、骨や筋肉、そして大脳を守り育てる働きをします。就寝時間が遅くなると、その分泌量は減少してしまうと言われています。また、睡眠を誘うホルモンのなかで、特に睡眠とかかわり深いのがメラトニンです。夜暗くなると分泌をはじめ、体温や脈拍、血圧が下がって、身体が睡眠のモードになります。ところが、明るいなかにいてはメラトニンが分泌されにくく、よい眠りに入ることはできにくくなります。そして、明け方近くなると分泌をはじめるのがコルチゾールです。このホルモンは目覚めの気分をよくするというものです。就寝時間が遅くなり、起床時間が遅くなるとすっきりと起きることできず、午前中からしっかりと活動することが難しくなります。

⑵　朝ごはん

　文部科学省「平成20年度全国学力・学習状況調査」（内閣府，2009）で、小学校6年生約116万人、中学校3年生約108万人の学力調査と朝食の関係を調べたところ、毎日朝食をとる子はどの教科においても平均点を上回っており、「必ずとる」「大抵とる」「とらないことが多い」「全くとらない」という朝食をとる頻度順に点数が低くなっていくという結果でした。なぜ朝食をとることがこれほど重要なのでしょうか。朝食をとるという規則正しい生活を送ることが重要なのは言うまでもありませんが、朝食をとることによって脳細胞が活動する際のエネルギーとなるグルコースが供給されるのです。また、食事の際の噛むというリズミカルな運動は、いらいらの気分を押さえる神経伝達物質のセロトニンと関係します。朝食をとらずに保育園、幼稚園や学校に出かけることは、車にガソリンを入れないまま走らせようとするようなものです。食事のときには「よく噛みなさい」と言われてきましたが、食事をしっかり噛んで食べるということはとても重要なことなのです。

⑶　あいさつ

　家庭でのあいさつことばの使用が、子どもたちにとってコミュニケーションを学ぶ重要な機会になっていると考えています。コミュニケーションはよくキャッチボールにたとえられますが、ピッチャー（話し手）の役割、キャッチャー（聞き手）の役割をあい

E 話しことばへの支援

さつことばを通して学ぶことができます。食事の際の「いただきます」—「めしあがれ」、出かける際の「いってきます」—「いってらっしゃい」、帰宅時の「ただいま」—「おかえりなさい」という大人のやりとりを見て学ぶことにより、子どもは自分がどの立場で発言しなければならないかについて学習していきます。子どもにあいさつを言わせるのではなく、大人が日常、あいさつするということ、あいさつが当たり前にある環境が重要なのです。

(4) 読みきかせ

　シェイウィッツ（2006）は、読みのテストと読書時間について比較した研究を紹介しています。読みのテスト結果が高い子どもは1日20分以上読書しており、低い子どもは1日1分以下という結果でした。1日1分以下では1年間に読む単語は8,000語、4.6分で28万語となり20分では180万語となるそうです。1年間でこれほどの違いになります。幼児期からの読みきかせの習慣がその後の子どもたちの語彙力に影響すると考えています。また、『おおきなかぶ』『はらぺこあおむし』のような物語絵本は、繰り返しのなかで新たな語彙やその使用を学ぶことができるのだと思います。また、これらの絵本は起承転結になっていることが特徴です。

(5) まとめ

　家庭での配慮について、「早起き早寝、朝ごはん、そしてあいさつ、読み聞かせ」という視点から書いてきました。単に遅寝や朝食抜きが子どもの発達に悪い影響があるので改善しましょうではなく、その理由を保護者、保育士、幼稚園教諭などに具体的に説明しながら、家庭環境を整える取り組みを協働して行なう必要があると考えています。

文　献

天野清（1988）発達遅滞児に対する統辞文の産出と理解の形成．飯高京子・若葉陽子・長崎勤編　ことばの発達の障害とその指導．学苑社．

ドロップレット・プロジェクト（2010）視覚シンボルで楽々コミュニケーション．エンパワメント研究所．

針生悦子編（2006）言語心理学　朝倉心理学講座5．朝倉書店．

飯高京子（1988）発達遅滞児の構文の理解とその指導．飯高京子・若葉陽子・長崎勤編　ことばの発達の障害とその指導．学苑社．

Joffe, V. L., Cain, K., & Maric, N. (2007) Comprehension problems in children with specific language impairment: does mental imagery training help? International Journal of Language and Communication Disorders, 42(6), 648-664.

金森克浩編（2008）マジカルトイボックスのアイデア＆ヒント＋77―障害の重い子の「わかる」「できる」みんなで楽しめる―．エンパワメント研究所．

川村弘之（2010）写真カードやVOCAで、休み時間に自分のやりたい遊びができるための支援．特別支援教育におけるATを活用したコミュニケーション支援．ジアース教育新社，72-73．

小寺富子・倉井成子・佐竹恒夫（1998）国リハ式　記号形式-指示内容関係に基づく＜S-S法＞言語発達遅滞検査．エスコアール．

南雅彦（2006）語用の発達―ナラティヴ・ディスコース・スキルの習得過程―．心理学評論49(1)，114-135．

中邑賢龍（2002）AAC入門．こころリソースブック出版会．

内閣府（2009）食育白書〈平成21年版〉．日経印刷．

大井学・大井律子編（2004）子どもと話す．ナカニシヤ出版．

岡本夏木（1985）ことばと発達．岩波新書．

岡本夏木（2005）幼児期．岩波新書．

大伴潔（2001）認知・言語的アプローチ．大石敬子編　ことばの障害の評価と指導．大修館書店．

大伴潔・林安紀子・橋本創一・菅野敦編著（2008）言語・コミュニケーション発達の理解と支援プログラム―LCスケールによる評価から支援へ―．学苑社．

大伴潔・林安紀子・橋本創一・池田一成・菅野敦（2008）言語・コミュニケーション発達スケール LCスケール．学苑社．

大伴潔（2011）メタ言語的アプローチによる言語指導の効果（2）―語彙学習課題に視覚イメージ化を介在させた検討―．東京学芸大学紀要総合教育科学系，第62集，319-327．

P&Gパンパース赤ちゃん研究所（2005）赤ちゃん通信プレリリース http://jp.pampers.com/ja_JP/article/Yofukashi.pdf

阪本一郎（1984）新教育基本語彙．学芸図書．

シェイウィッツ，S.　藤田あきよ訳（2006）読み書き障害（ディスレキシア）のすべて．PHP研究所．

Schmidt, C. L. & Lawson, K. R.（2002）Caregiver attention-focusing and children's attention-sharing behaviours as predictors of later verbal IQ in very low birthweight children. J. Child Lang. 29, 3-22.

津田望・東敦子（1998）認知・言語促進プログラム．コレール社．

Van Garderen, D.（2007）Teaching studeints with LD to use diagrams to solve mathematical word problems. Journal of Learning Disabilities, 40(6), 540-553.

Yoder, P. J., Kaiser, A. P., Alpert, C., et al.（1993）Following the child's lead when teaching nouns to preschoolers with mental retardation. J. Speech, Lang. Hear. Res. 36, 158-167.

## コラム1　アメリカの学校における支援の実際（IEPの活用など）

　アメリカにおける特別支援教育では、教師以外に多くの専門職がかかわっています。たとえば微細運動スキルの指導や支援を行なうOccupational Therapist（OT：作業療法士）、粗大運動スキルの指導や支援を行なうPhysical Therapist（PT：理学療法士）、言語やコミュニケーションの指導や支援を行なうSpeech-Language Pathologist（SLP：言語聴覚士に相当するが、ことばの分野のみを担当）、聴力検査や補聴器のフィッティング、聴能訓練などを行なうAudiologist（言語聴覚士に相当するが、きこえの分野のみを担当）、心理検査やカウンセリングを行なうSchool Psychologist（学校心理士）やCounselor（カウンセラー）、友人関係や家庭、地域における問題などの解決に当たるSocial Worker（社会福祉士）、健康障害のある児童生徒を支援するNurse（看護師）などです。ちなみに特別支援教育を担当する教師を含め、これらの専門職のことを総称して特別支援教育スタッフと呼んでいます。日本のことばの教室を担当している教師の職域とアメリカのSLPの職域はよく似ています。また、日本のきこえの教室を担当している教師の職域

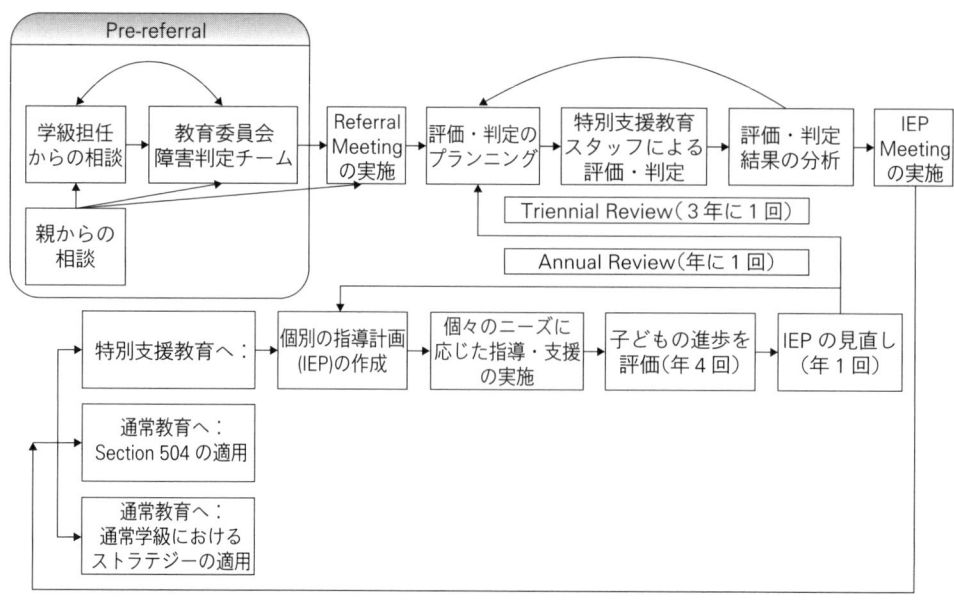

**図Ⅰ-15　アメリカにおける特別支援教育判定・支援プロセス**
（Colorado Department of Education, 2001；川合, 2004の内容を一部改変して掲載）

とアメリカの Audiologist の職域もよく似ています。ここでは、ことばの教室担当教師に近い、SLP の役割を中心に解説します。

　図 I-15 は、アメリカにおける特別支援教育判定・支援プロセスを示しています。まず、Pre-referral（プレリファーラル）いう部分があります。これは、通常教育のなかで実施される判定プロセスです。保護者や学級担任から子どもに困難や障害があるのでは、という相談があった場合、各学校に配置されているコーディネーターを中心とした校内委員会が開かれます。校内委員会の話しあいには、コーディネーター、管理職、担任教師、保護者などが参加します。そこで、対象の子どもについて、どのような点が心配なのか、また、保護者や担任教師がこれまでどのような支援を行なってきたかなどについて話しあいます。保護者や担任教師は、教育委員会の障害判定チームにスクリーニング検査を依頼することもできます。この障害判定チームは、対象となる子どものいる学校へ行き、必要なスクリーニングを行ないます。その後、校内委員会で話しあわれたことや障害判定チームによるスクリーニングの結果をもとに、Referral Meeting（リファーラルミーティング）を行ないます。このミーティングでは、対象となる子どもを特別支援教育に入れることを前提に話が進められるわけではありません。まず、通常学級で可能な限りのアコモデーション（少人数グループで学習するなどの環境面の調整）やモディフィケーション（マス目の大きな原稿用紙に文章を書かせるなどの課題や教材の改善）を行ない、その効果の有無を評価します（McGrath, 2007）。効果がある場合は、そのまま通常学級における支援が継続されます。しかし、効果が認められない場合は、保護者の許可を得て、特別支援教育スタッフによる評価・判定のプランニング（計画）が行なわれます（川合, 2004, 2009）。

　この段階でバトンが通常教育から特別支援教育に手渡されます。評価・判定のプランニングでは、子どもの困難について詳しくアセスメントをするための計画が練られ、その計画に基づいて詳しいアセスメントが実施されます。アセスメント結果を分析した後、個別の指導計画（IEP）ミーティングが行なわれます。IEP ミーティングには、アセスメントを実施した特別支援教育スタッフ、コーディネーター、管理職、担任教師、保護者（希望すれば本人も）が参加します。そこではアセスメントの結果が報告され、子どもの優れた点や得意な点とともに、子どもの困難さや課題が参加者に伝えられます。その結果、州ごとに定められた基準に合致した場合、その子どもは保護者の同意を得て特別支援教育を受けることになります。しかし基準を満たしていない場合は、その子どもに対して通常教育による指導・支援が実施されます。また、アセスメントの結果、学習面や社会性に困難や課題はないものの、たとえば脳性まひがあり、障害のない子どもよりも

コラム1　アメリカの学校における支援の実際（IEPの活用など）

活動が制限される可能性のある場合は、特別支援教育による教育は実施されず、リハビリテーション法のSection 504が適用されます。Section 504では、障害があるという理由で、公的機関が実施しているサービスやプログラムへの参加の自由が奪われること、利益の享受を否定されること、そして差別を受けることを禁止する、と定められています。ですからこの場合、通常教育による指導・支援が実施される一方で、公立学校は、通常教育の予算でその子どものためにスロープなどの設置、介助員の雇用などを実施しなければなりません。

　特別支援教育への入級が決まった子どもについては、アセスメントの結果や保護者（本人）のニーズをもとに、IEPが作成されます。IEPは、ミーティングの結果、子どもが特別支援教育を受けることに保護者が同意した日を起点とし、その1年後を見越した長期目標、3ヵ月から4ヵ月ごとの短期目標を設定します。複数の特別支援教育スタッフの指導・支援を受けている子どもの場合、スタッフ間で連携しつつ、担任教師や保護者（本人）とも連携を図りながら指導内容や目標設定を行なう必要があります。

　IEPを作成してから1年後に、IEPの見直しを行ないます。1年に1度実施する見直しをAnnual Review、3年に1度実施する見直しをTriennial Reviewと呼びます。1年に1度の見直しでは、子どもの進歩に応じて短期目標と長期目標の設定を変更します。一方、3年に1度の見直しでは、初回のIEPミーティング前のアセスメントで実施した検査による評価をもう1度行ないます。その結果、特別支援教育への入級基準を満たしていれば、継続して特別支援教育による指導・支援が行なわれ、基準を満たしていない場合は、通常教育による指導・支援のみ、あるいは通常教育とSection 504による指導・支援となります。

**文　献**

Colorado Department of Education (2001) Guidelines for identifying students with perceptual/communicative disabilities.
川合紀宗（2004）アメリカコロラド州における障害児の判定と指導計画の作成―言語障害児・LD児に焦点を当てて―．広島大学大学院教育学研究科附属障害児教育実践センター研究紀要，2, 39-52.
川合紀宗（2009）IDEA2004の制定に伴う合衆国における障害判定・評価の在り方の変容について．広島大学大学院教育学研究科附属特別支援教育実践センター研究紀要，7, 59-68.
McGrath, C. (2007) The inclusion-classroom problem solver: Structures and support to serve all learners. Heinemann, Portsmouth, NH.（川合紀宗訳（2010）インクルーシブ教育の実践―すべての子どものニーズにこたえる学級づくり―．学苑社.）

# II

# 自閉症スペクトラムの子どもの言語・コミュニケーション

# A 自閉症スペクトラムの子どもの言語とコミュニケーション

## 1 自閉症スペクトラムの概説

### (1) 幼児自閉症と自閉的精神病質・広汎性発達障害・自閉症スペクトラム障害（ASD）

　1940年代にカナーが「感情接触の自閉的な障害」（後に早期幼児自閉症）、アスペルガーが自閉的精神病質とそれぞれ名づけた疾病カテゴリーを世に問うてから60年あまりになります。この間自閉症概念の歴史は大きな変遷を遂げました。ここでは３点を述べることにします。第１は原因論、第２は自閉症の多様性理解、第３は発現率および知的障害との関連です。

　母親の養育態度が発症の主因とされ、「冷蔵庫母親」という無残な表現が使われた時代が1960年代までありました。早期幼児自閉症の子どもたちが愛着形成に困難を示し、通常の養育行動を拒絶し、彼らの母親の母性が十分解発されず、「つめたく」見えたのでしょう。しかし、地道な長期追跡研究や神経学的研究によって脳機能障害（脳波異常、てんかんなど）ないしは器質的障害（小脳形態異常など）が次々発見され、養育原因説は70年代にはほぼ駆逐されました。

　今日では自閉症は他の精神疾患に比べて、ずば抜けて高い遺伝性ゆえに脳科学研究の対象として急浮上しており、グルタミン酸受容体などの分子生物学、オキシトシンなどの神経内分泌学、血流変化などの脳イメージング研究が行なわれています（東田ら, 2010）。遺伝学研究では遺伝子多型（SNPs）、染色体異常、遺伝子コピーナンバー変異（CNVs）は100種類近く発見されています（Geshwind, 2008）。ただし、これらの異常が自閉症発現を運命づけているかは明らかになっていません。近年は遺伝形質がDNAの複製によってストレートに発現するのとは異なるメカニズムである、エピジェネティクスから理解する必要が指摘され、後天的要因の自閉症遺伝子発現への寄与が検討されはじめています。自閉症は生物素因と後天誘因の相互作用である可能性があります。その意味で養育原因説の見直しも必要となります。有力な実例は1989年のルーマニア独裁政権崩壊後に出現した「チャウシェスクベビー」たちです。極度に劣悪な孤児院に監禁された多数の乳幼児が、英国の里親のもとで通常の養育環境に置かれたにもかかわらず、６％ないし12％が長期にわたって疑似自閉症状態を呈しました（Rutter et al., 1999）。これは英国の里子たちとは比べものにならず、また、当時の自閉症発現率をはるかに超

えていました。今日自閉症が増え続けているらしいこと、特に高機能事例の増加が著しいことに対して後天要因の関与の検討が必要となっています。

　自閉症理解変遷の第2は、症状の幅や重症度の多様性が大きく異なるさまざまな臨床群の整理をめぐってのものです。自閉症は発見直後からたびたび呼び名が変わり、近年も米国精神医学会の分類・統計の手引DSMの改訂のたびに呼称は変化してきました。DSM-Ⅳに導入された5つの広汎性発達障害は第5版ではASD（Autism Spectrum Disorder：自閉症スペクトラム障害）に一本化される模様です。これは、知的障害や運動障害（レット症候群）、発達経過の特異性（小児期崩壊性障害）、早期の言語習得の顕著な差（自閉性障害とアスペルガー症候群）、対人接触の障害以外の不明確さ（特定不能）、知的障害の有無など、同じ自閉徴候を示す子どもの示す驚くべき多様性を反映してきました。今日では、読み障害、特異的言語発達障害（SLI）、音韻障害などとの合併の遺伝子レベルでの生物的基盤の検討もはじまっています（Bishop, 2009）。Wingが1980年代にアスペルガー症候群の概念を復活させ、カナー型の自閉症との連続性を提案して以来、スペクトラムとして自閉症をとらえる立場が強まりつつあります。スペクトラムは、自閉症状の多様性を表すと同時に、典型的な自閉症から典型発達者に見られる単なる人嫌いや軽いこだわりまでの連続性も視野に入れた概念です。Wingの臨床的な洞察には刮目すべきものがありますが、彼女が自閉症の本質とした3つ組（社会性の障害、コミュニケーションの障害、想像力の障害）の相互関連すらいまだに分かっておらず、自閉症の本態には不明な点が多く残っています。

　自閉症の脳科学的説明仮説は古くから種々提案されてきました。近年は前頭前野の機能である実行機能障害仮説、情動機能をつかさどる扁桃体障害説、ヒトの社会行動の基礎となる模倣や心の理論をつかさどるミラーニューロン（Brodmannの44野に比定）障害説などがあがっています。最近ではヒトの社会行動に関連する多様な脳領域をつなぐニューラル・ネットワークの障害＝社会脳仮説が提唱されています（図Ⅱ-1）。社会脳仮説には、表情、音調、身ぶり、模倣、情動、実行機能、心の理論など多様な側面にまたがる自閉的症状を包括的に説明できる利点があるだけでなく、上記の3つ組を統一的に説明しうる可能性も期待されています。大東（2006, 2009）は、統合失調の対極をなす「他者のための言語を持たない存在」として自閉症をとらえる「インファンティア仮説」と、自己理解そのものを困難とする高次意識の障害とを関連づけています。ここからは、他者理解、コミュニケーションの障害、想像力の障害のいずれもが同時に説明できる図式を構想できます。

　自閉症理解の様変わりの第3は、発現率および知的障害の有無をめぐる問題です。発

A　自閉症スペクトラムの子どもの言語とコミュニケーション

| 社会性 | 機能局在 | 自閉症 |
|---|---|---|
| 顔識別 | 紡錘状回 | 困難 |
| 表情読み取り | 扁桃核 | 困難 |
| 視線・動作知覚 | 上側頭溝 | 視線追従困難 |
| 社会的報酬 | 眼窩回 | 関心低い |
| 他者視点 | ブローカ野（Broadmann 44） | 模倣困難 |
| 心理化 | 前傍帯状回 | 想像性欠如 |
| 言語・音声 | 上側頭回 | 定位困難 |

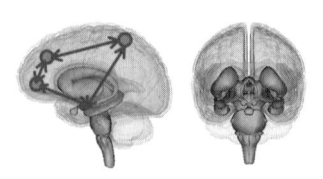

**図Ⅱ-1**　「社会脳」（扁桃体、眼窩脳、前頭葉内側底面、上側頭溝のニュートラル・ネットワーク）
大東祥孝（2009）Asperger障害の神経心理学—"Infantia"仮説の検討—. 日本言語聴覚学会第10回大会教育講演をもとに筆者作図.

現率は70年代までは1万人出生に数名程度と考えられてきました。知的に平均以上の事例は例外的でした（大井・岡田, 1986）。80年代以降1,000名中1名程度という報告がではじめ、最近では100名中1名以上2名以下（Baird et al., 2006 ; Baron-Cohen et al., 2009）という値が共通認識になりつつあります。ASDの個人の親やきょうだいにも部分的な自閉徴候（Broader autism phenotype）を示す人が多数おり、彼らを含む「ASD予備軍」の割合は予想外に多いと言えます。ある国立大学で実施したASDスクリーニングテストの結果では一般学生の4％が、自閉症者のほとんどがそれ以上の値となり、典型発達者では、ほとんどがそれを下回るカットオフポイントを超えました（北添ら, 2009）。自閉症の発現率の急増が何によるものかは不明です。診断基準の変更、診断技能の向上、社会の自閉症への関心拡大などが推測されますが、それ以外の人為的な理由（社会生物的環境など）を指摘する立場と、これを否定する立場の両論があります。発現率急増の主体は知的な遅れをもたないASDであり、かつて自閉症と言えば重度の遅れと適応困難をもつとみなされていましたのが、今日では知的に平均かそれ以上で通常のライフコースに乗る存在とみなされつつあります。Bairdらの連合王国での疫学調査でも知的障害のない者の割合は狭義自閉症で70％以上に達していました。知的に平均かそれ以上だと自閉徴候が気づかれにくく、診断が遅れやすくなります。同じく連合王国におけるBaron-Cohenらの学校調査でも5歳から9歳の子どもたちで未診断の子どもが4割いました。それ以上の年齢（中高年も含む）にならないと診断されない事例はめずらしくありません。未診断のまま学校や職場で過ごしているASDの人々が膨大な数に上る可能性が高いと言えます。たとえばノーベル経済学賞受賞者のVernon Lomax

Smithは78歳になってASDであることを公式に明らかにしました。

### (2) 早期発見・男女比・感覚過敏・合併症

　ASDの早期発見は幼児期にはM-CHAT、児童期にはCAST、ASSQ、青年期以降はAQによるスクリーニングを活用すると効率的に可能となりますが、問題は「早すぎる発見」「意に沿わない発見」のリスクです。早期発見は社会的不適応予防に欠かせませんが、どのタイミングで、どのような条件と環境のもとで、スクリーニングや診断や告知がなされるべきか、今後の検討に待つところがきわめて大きいと言えます。日本版が標準化されつつあるSRSとCCC-2はASDのスクリーニングテストではなく、コミュニケーションや対人応答性の困難さを評価する尺度ですが、これらの結果からASDの可能性を前提とした専門的な診断手続きに進むべきか否かの手がかりが得られます。SRSではASDと診断されるよりもはるかに多数の子どもがASDに似た対人関係上の困難を抱えていることが米国では知られており、CCC-2も連合王国では同様の結果を示しています。ASDの早期発見は一方で正確な医学的診断を前提としますが、診断基準に当てはまらない社会的困難を抱えている子どもたちの把握と支援も同時に視野に置かなければなりません。

　ASDでは伝統的に男子における発現が女子のそれをはるかに上回るとみなされてきました。Bairdらの疫学調査でも、狭義のASDでは5.8：1、広義のASDでも2.4：1でした。ただASDを男子に特有なものとする考え（たとえば極端男性脳仮説はその典型）を見直すべきだとする意見も少数ながらあります。Kopp & Gillberg（1992）は女子の臨床像が男子のそれと大きく異なることを示し、診断のあり方を変えると男女比はもっと低下する可能性があると示唆しています。生物学的に女性は男性よりも社会性が高いとみなされており、それが自閉徴候をマスキングしている可能性は検討に値するでしょう。

　感覚過敏はASDの診断基準からは除外されていますが、自閉症研究の歴史のなかで常に話題になってきました。本人の苦痛を和らげる必要性とともに、それを引き金とする社会不適応（聴覚過敏のため教室にいられないなど）は無視できません。聴覚が最も顕著ですが、触覚、視覚、味覚、嗅覚などの過敏を含めるとASDの個人の90％に存在します（Gomes et al., 2008）。ただし、感覚過敏の原因は不明です。

　「二次障害」という表現があります。各種の精神疾患、情緒的問題や不登校・引きこもり、反社会的行動などを指します。一見分かりやすいのですが、実は何も言っていないに等しいと言えます。「一次障害」であるASDと「二次障害」は同一個人のなかで生じるという意味で、また、ASD独特の病理をもつ点で不可分です。「二次障害」さえ

A　自閉症スペクトラムの子どもの言語とコミュニケーション

なければASDであっても問題はないというような見解に筆者は吉川（2007）同様に賛成できません。合併精神疾患として代表的なものはうつ病です。多くは反応性と考えられていますが、ASDと共通する生物学的基盤によるものもあります。特に双極性障害は近年合併の多さが注目されつつあります。統合失調症は自閉症研究の歴史の早期には類縁関係にあるとみなされていましたが、今日では別ものとされています。被害関係念慮は妄想と区別が難しい場合すらありますが、統合失調症と診断されるケースはごく一部しか存在しません。強迫性障害もASDの反復・常同・儀式性との境界が定かではありませんが、明らかに診断可能なものもASDの一部に見られます。ASDが虐待の引き金になりやすいことから解離性障害も少なくありません。ASDに本来的と考えられる人格の統合性の欠如は解離性障害に似ていますが、異なる人格間の連続記憶が本人にある点が異なります。女装・男装趣味や性同一性障害もしばしばあります。PTSDと同様のフラッシュバックもしばしばASDの個人を苦しめます。

## 2　知的障害のある自閉症スペクトラムの子どもの言語とコミュニケーション*

### ⑴　四人四様

　知的障害を伴う自閉症スペクトラム（ASD）の子どもたちの言語面での状態像は多様です。年齢や重症度による違いも大きいのですが、カナーが70年近く前に11症例（このなかには知的に遅れていない子どもも若干いましたが）の個人差として示し、さらに彼らを30年間追跡して明らかにした、知的な遅れを伴う自閉症児がたどる特有の言語発達経過（**図Ⅱ-2**）が、多様性の本質と言えます。

> 自発性・反応性の欠如→即時反響→
> 代名詞の逆転と遅延反響言語→脅迫的固執にかかわることば
> →適切な人称と柔軟な前置詞使用による伝達的な対話

「代名詞の逆転」（例 "Do you want some ice cream?" と子どもがアイスクリームを要求する場合、IとyouがYouが逆転している）は、主語省略が圧倒的な日本語会話では出現しにくい。

　**図Ⅱ-2　Kanner（1943）の最初の報告例11名の30年間の追跡結果**（Kanner, 1971）

---

\* 1970年代から愛知県コロニー発達障害研究所を拠点として精力的に自閉症児の言語発達研究を展開してこられた西村辨作氏の早すぎた死は、わが国の知的障害のあるASDの言語研究発展に甚大な損失となった。この項は筆者の友でもあった同氏が執筆されるべきであった。

知的に遅れがある ASD の場合は、図Ⅱ-2 の最後のステージ「適切な人称と柔軟な前置詞使用による伝達的な対話」（日本語流には「適切な動詞や助詞、態、指示詞などの使用による伝達的な対話」とでも言えるでしょう）に到達しません。それまでのどこかで停滞します。ここでは 4 名の事例をあげます。

　M 君は 3 歳前からいくつもの単語からなる長い音声言語を話していましたが、そのほとんどはドラえもんなどのアニメの詳細な再現で、伝達的なことばはまれにしか聞かれませんでした。この特徴は中学生になった今でも変わっていません。5 歳ころのアニメの再現では、母親に配役をして 2 人でドラえもんの話を 1 話完結に近いくらい、正確に再現できていました。ホワイトボードにびっしりのせりふとビデオのカウンター表示を順番に書いては消して、独演している場合もありました。またドラえもんのせりふをそっくりそのまま類似現実場面で使うことも見られました。たとえば、彼が 1 列にきっちり並べていた数十台のトミカの 1 つに別の子どもが手を触れようとしたときに、即座に「サワラナイデネ」と、ドラミちゃん扮する婦人交通警官が子どもたちに注意するそのままのせりふを、声色そっくりに用いていました。アニメの再現は小学生期半ばまで母親との親密な交流の場となっていきました。中学 3 年の今はボランティア相手にビデオゲームの再現遊びを楽しんでいます。しかし、後で示すように、言語伝達の幅と頻度は極端に乏しく、ルーティン的なやりとりでも、ちょっとした場面の変化によって成り立たなくなることが再々でした。遅延反響言語のレパートリーが拡大し、場面に応じた使い分けが見られはじめていましたが、それぞれの発話形式ややりとりパターンの変更困難＝言語生産性の欠如は、大きな壁となっています。

　中学 2 年の N 君にも同じ特徴がありました。後述するように、ルーティン化した伝達習慣に予定外の変更が加えられるとパニックを起こしてしまいます。自分の要求はほとんど伝えられず、拒否などはまったくできませんでした。ところが、30 代半ばとなった彼の姿は大きく変わっているのです。中学時代に見られた伝達性が乏しい遅延反響言語は目立たず、自分の要求を適切な多語文を生産的に組み立てて伝えています（詳細は後述）。誤解を避けるために触れておきますが、遅延反響言語一般はその大半に伝達性があることが Prizant ら（若林・西村，1988）によって確認されています。N 君の話題は狭く限られており、母親の話ではその日を含めて 1 週間以上事あるごとに繰り返している「強迫的固執にかかわる」言語症状への移行が認められました。

　次の事例 O ちゃんは 3 歳ころに多語発話を話しはじめ、早くから場面にあったことばづかいが見られました。就学時には大人相手のものや行為の要求、あるいは拒否、あいさつといった基本的伝達機能では特に困ることはなくなっていました。発語も活発化

A　自閉症スペクトラムの子どもの言語とコミュニケーション

する一方でした。しかし、小学4年生の現在、生活日課での実務的コミュニケーション以外での言語使用では彼女の奇妙さは増すばかりです。彼女独特のファンタジーの世界に関する周囲に理解困難な自己流の言語表現、一見適切だが「芝居のせりふ」のようなことばによる儀式的な会話などが見られます。それらは彼女なりの人間社会についての空想やことばによる交流への参加の意欲をひしひしと感じさせます。しかし、症状として見れば遅延反響や強迫的固執の入り混じった状態を越えることはありません。

　4人目のP君（153～155ページで詳述）は高校1年生になる今も、音調輪郭がそれらしく聞こえる「ことば」様の音声がわずかにあるだけで、意味のある日本語を話せません。構音は著しく不良で日本語基本母音すら不明瞭、子音らしき音声は聞き取れません。代わりにP君は携帯のディスプレーに仮名漢字交じりのメッセージを書き、母親に音読させます。内容は、ものや行為の要求にとどまらず、その時点での彼の好みの話題（人物や店の住所、教員人事異動の詳細、知り合いの車の車種や型式など）を反復し、対人交流的な機能をもっています。P君のようにかなりの認知発達が見られながら有意味音声言語を成人期になっても習得できない事例は、知的な遅れのあるASDの人の少なくとも3分の1程度います（若林・西村, 1988）。書字伝達が発達するケースもなかにはありますが、伝達内容の多くはP君同様に強迫的な固執にかかわるものです。

　断わっておきますが、かたく常同化した奇妙なことばにも自閉症の人々の心が宿っていることを見逃してはなりません。自閉症児に見られる反響と反復は「ことばによる交感」（菅原, 1998）でもあります。ヒトのコミュニケーションの本質を彼らもまた独特なやり方で生きているのです。

## (2)　行動の記憶を反復することば

　N君の中学2年時の担任教師との会話エピソードを次に示します。知的障害養護学校の中学部で担任教師との個別かかわりを週1度40分ほど続けていたなかでの出来事です。かかわりの目標は、担任教師への実用的伝達技能の獲得支援にありました。書字による日記指導が家庭でも学校でも行なわれていましたが、当時のN君の音声言語は、長い文章の暗唱やCMをまねた独り言はあるものの、何気ない要求はもちろん拒否などもほとんど行なわなかったためです。担任教師はN君の好む活動のメニューを10数種類選んで、カードに書きだし、そのなかからN君が順次選択し担任教師に見せて読み上げ、活動がはじまるという手順を繰り返しました。このパターンでの要求言語行動は順調に拡大していきましたが、教室での言語伝達困難は中学3年時になっても続いており、それに伴う自傷・他害が見られました。

次の会話は、彼が好むプラスチック製いろは文字絵カルタ（品名「ほのぼのお遊びいろは」）を、いろは順にきれいに整頓したいという要求を担任教師に伝えようとした際のものです。この活動は幾度となく繰り返されてきましたので、手順はルーティン化し、それにさえ従っていればトラブルなく進行するはずでした。ところが、下線部で担任教師がこれまで口にしなかった、ルーティンから外れる発言をしたため、予想外の事態が生じてしまいました。

N君「ほのぼの」
教師「ほのぼの」
N君「おあそび」
教師「おあそび」
N君「いろは」
教師「いろは」
N君「いろは」
教師「いろは」（大声で「は」に強勢。いつもはここで教師が「しましょ」と言う）
N君「しましょ」（手を噛みながら教師に近寄り肩をつかみ、ささやくように「しましょ」と言う）
教師「しましょ」（Nの両手を握って）
教師の方から手を離し、手噛みもやめて、いろは文字カルタの方に移動。

　N君が突然手を噛みながら近寄ってきた行動は、担任教師にとって意外でした。騒々しい教室で彼は不安になると自分の手と担任教師の肩を噛むということはありましたが、こういう落ち着いた静かな場面でははじめてだったからです。会話分析によって、ルーティンとは異なる下線部発話がN君をいら立たせたこと（実線矢印）、N君はルーティン化した音声言語行動系列をなぞることで事態を進行させようとしていること（破線矢印）が示唆されました。ルーティン化した言語使用はファストフードの店員のマニュアルに沿った顧客対応によくあります。実際、知的障害のあるASDの人々はファストフードでの買い物についてだけは困らなかったりします。そこへ「マニュアル化」に飽き足らない担任教師が、N君にとっては予想外の下線部発話を持ち込んだのでした。N君が自発的に「しましょ」と言う必要を暗示したとのことです。知的障害の有無にかかわらず暗示表現は明示表現に比べてASDの人には理解しづらいことがあります。ここでも担任教師のリクエストはN君には伝わりませんでしたし、それどころか、担任教

## A 自閉症スペクトラムの子どもの言語とコミュニケーション

師にも青天の霹靂のような自傷・他害行動を誘発しかけたのです。

　社会的な出来事の遂行（ここでは文字積み木をそろえる許可を得る）の手順に、ことばが発話順序や役割、入れ替え不可能な形で埋め込まれ、それを正確に再現することではじめて目的を達成するやり方は、多くの知的障害のある ASD の人には多かれ少なかれ認められます。このような現象の背景メカニズムはいまだ明らかになっていません。Prizant の「全体学習仮説」（大井, 1989：典型発達児でも幼少期には見られる）もフリス（2009）の「物理と行動のストーリー仮説」も、憶測の域を出ませんが、自閉症の人たちの心の世界が生々しい暗記記憶から構成されており、ことばがその忠実な記述である可能性は高いです（知的障害のないケースにも共通します）。M 君の場合はその細密さにおいてさらに手が込んでいます。中学 1 年のとき頻繁に通っていたビデオレンタルショップで、ある日ハプニングが生じました。慣れているはずの DVD の借り出しの際、支払いが終わった後 M 君がレジの前に直立不動になったまま 2、3 秒フリーズしてしまいました。この場面の会話分析から、店員が支払い後に「ありがとうございました」と言わなかったことが原因であるらしいと推定されました。いかにも M 君らしい出来事です。彼のなかでは記憶している通りの光景が寸分たがわず展開していかなければ、コミュニケーションも凍結されてしまうのです。

　とはいえ彼らのかたく常同化したコミュニケーション行動は成長とともに和らいでいきます。それに要する時間の個人差は著しく大きいのですが、伝達手順の変化に慣れ、また、ことばも場面に応じたものへと徐々に整理されていきます。「いろは文字積み木」のエピソードから 18 年を経た N 君は、目を見張るような変化を遂げていました。彼が 32 歳になった時点で同じ担任教師が彼の自宅を訪問しました。以下は自宅の茶の間でのお母さんを交えた 3 人での会話場面です。N 君の個室のテレビの受信がうまくいかず、彼の兄に修理してもらうことについてお母さんと話しています。

N 君「お兄ちゃんテレビセット」
母は訪問した教師と話す。
N 君「お兄ちゃんテレビセット」
母　「お兄ちゃんテレビセットしてくれるけど今日は帰り遅いから明日セットしてくれるよ」
N 君「明日テレビセット」
母は訪問した教師と話す。
N 君「明日テレビセット」

母　「うん明日直して全部映るようにいいようにしてくれるから」
N君「30」
母　「うん37チャン」
(中略)
教師「明日直してくれるんやって」
N君「<u>くれるんやって</u>」

　32歳のN君のことばは14歳当時に比べると見違えるようでした。活発に話し、要求を伝え、母親の応答に沿ってことばを変更しながら会話を維持しています。一方でこの会話はほぼ1週間毎日繰り返されており、必ずと言っていいほど「新しいテレビ」を買ってくれという話で終わるという反復性・常同性も認められました。また、彼の反響言語はなくなったわけではなく、下線部のような機械的な即時性の反響が見られました。「明日直す」という実際的な行為の言語表現の意味理解に困らないN君にも、「くれるんやって」という、行為者の意志や話者の判断（この場合は兄からの伝聞であること）といった精神作用の言語表現の意味理解は困難なようでした。ただ、この反響は理解困難な場合の会話維持と思われ、会話者としてのN君の成長を示しています。

## 3　知的障害のない自閉症スペクトラムの子どもの言語とコミュニケーション

### (1)　母親・仲間・担任教師に支えられて10歳の危機を乗り越えた事例

　Q君とはじめて出会ったのは彼が5歳のときです。「LDの疑いはないか？」というお母さんからのおたずねでした。彼の示したことばの巧みさと知性の発露から、いとも簡単にLDの可能性を否定しました。この判断はLDの有無については間違いではなく、そして別の面では完璧な失敗でもありました。同じプレイルームを彼が再び訪れたのはそれから5年たった10歳の秋です。その夏休み明け、たまたま彼の通う小学校を訪れ、同級生の些細な一言にキレて暴れるなどしょっちゅうトラブルを起こし、また授業中再々教室を出ていく5年生の男の子についての相談を受けていました。その子がQ君でした。数週間後にプレイルームを訪れた彼の様子からアスペルガー症候群であることはすぐに見て取れました。前後して小児科での診断もADHDから変更になりました。2年生の2学期ごろできないことがあるとひっくりかえって暴れたりすることがあり、3学期には宿題を忘れたと気づいたり、友達に失敗を指摘されたりすると隣の空き教室に出ていくことがありました。しかし、3年生は順調で同級生とドッジボールやサッカーを楽しむようになり、勉強も得意になり、4年生ではほとんどトラブルもなくなり

A　自閉症スペクトラムの子どもの言語とコミュニケーション

ました。5年生では学級委員に立候補したり、クラスの仕事を進んで引き受けたりなど意欲的な1学期となりました。転機は1学期の終わりにやってきました。大親友R君の冗談やからかいに突然過敏に反応して暴れるようになったのです。そのまま突入した夏休みは悲惨でした。R君を含む、大の仲良しのS君、T君の3人と一緒に過ごす時間が一気に増え、負けてもゲームの順番を変わらないなどQ君の自分勝手な行動に3人からの非難が集中しました。夏休みが明けてトラブルは学校に持ち込まれ、担任教師も驚くほどクラスで頻繁にトラブルが起きました。他の3人のうそや冗談、からかいなどが理解できない、Q君自身のことばの選び方や使うタイミングが悪く思わぬ反撃にあう、授業で自分の思うようにできなかったり点数が悪かったりするとキレるといった具合です。「俺はみんなと違って暴れたりするし、友達がなくなりそうで心配だ」「何で俺ばかりいやな目にあうんだ」「俺は、暴れたくない、お母さん、俺の記憶を消してくれ」。悪夢で眠れない日々を送っていた彼が話したのは、友達の悪口の意味が5年生の1学期まで分からなかったこと、それが「分かる」ようになったこと、そのため何年も前に言われた悪口を急に思い出して友達を叩いてしまう、「つらい、暴れたくなかった」という後悔でした。その後の彼は仲間や担任教師そして何よりもお母さんからの助けを受けて中学・高校時代をなんとか乗り切りました。中学時代には親友3人の冷静な対応が、彼を知らない他の小学校出身者とのトラブルの悪化を予防し、また、小学6年生からの同窓の女子Uさんの毎日の放課後カウンセリングで、学校での彼の苦しみは和らげられました。仲間たちとばらばらに進学した高校では、私学らしい柔軟な対応が試行錯誤で行なわれ、担任教師や教科担任にお母さんが何度も説明に行き、その都度問題が解決され、現在は大学で彼の望む歴史学を学んでいます。

(2)　**語用障害とは何か？（言語行為・会話の協力・文脈との関連）**

　自閉症スペクトラム障害（ASD）と読み書きの障害、音韻障害、語彙に代表される意味論の障害、文法（統語論と形態論）障害を合併するケースはめずらしくありませんが、彼らのコミュニケーション上の最大の困難はやはり語用論（大井, 2006）にあり、それが社会適応を左右します。高機能自閉症（HFASD）で幼児期に言語の遅れのある事例では、しばらくエコラリアやそれに類する奇妙な言語使用が残っていますが、4、5歳を境に急速に言語発達がキャッチアップする（Howlin, 2003）ので、学齢期以降はその特徴が見えにくくなりますが本質は変わりません。幼少期から能弁なアスペルガー症候群でも、まれにエコラリアかと思わせるような奇妙な発話（後述のQ君の「あんた誰？」が友人の攻撃行動の中止要請であるなど）があります。

さてHFASDで見られる語用障害のアウトラインをここに記しておきましょう。語用論が取り扱う言語使用現象は、ヒトの言語生活のすべてにわたるので、その障害像も多岐にわたることになります（比較的簡単な一覧は、大井, 2005）。ここではごく簡単に概観するにとどめます。語用論の臨床応用の基礎を築いたRoth & Spekman（1984）は、手際よく語用論評価の実用的な枠組みを提唱しました。そこでは、言語行為、会話の協力、文脈との関連の3つに評価の視点が集約されています。先述のQ君の3つの会話エピソードを例に順次見ていきます。彼の言語使用の失敗（よく注意しないとほとんど周囲には気づかれない）は枚挙にいとまがなく、ここにあげるのはそのごく一部です。

　第1に言語行為です。われわれは、ことばを用いることでさまざまな意図を互いに伝えあっています。「お醤油取って」というのは依頼の言語行為です。このような直接的な表現はHFASDの人にとって理解が容易ですが、間接的な表現は理解が難しいことがあります。たとえば道を歩きながら「コーヒー飲まない？」というのは「スタバに寄っていこう」という意味で用いられますが、HFASD成人でこの意味が分かりにくいという人がいます。一方、HFASDの人は、自分の意図を伝えるときに、過去の似た場面のことばを芝居のせりふのように言うことがしばしばあり、そのため相手に違和感を与えたり、意図を伝えられなかったりします。次のQ君の11歳時点の言語使用はその典型例で、筆者自身が驚いたのでした。友人R君とふざけあい、互いにボールをぶつけあったり、押さえつけあったり、首をしめあったりしている途中でQ君は次のように話しました。このとき、R君はふざけているように見えましたが、Q君はそれをやめたがっているように見えました。「勘弁してくれよ」と半ベソをかいていた直後のことです。

R君「Qじゃんけんしよう」
Q君「あんた誰？」
R君「俺、Q」
Q君「じゃあ、俺Qっていうの？」
R君「ああん？」
Q君「じゃあなんでQって呼んだの？」
R君「はあ？　何、ばかじゃねえの」

　この場面のビデオテープを見せて1人ずつインタビューしたところ、R君はQ君の下線部の発話をふざけて言っているものと考え、自分も応じてふざけたと答えました。

## A　自閉症スペクトラムの子どもの言語とコミュニケーション

　しかし、Q君の真意は自分を押さえつけたりボールを投げつけたりするのをR君にやめてほしいというものでした。驚いた筆者がQ君にボールをぶつけたとして、それをやめてもらいたいときはなんと言うのか尋ねると、Q君は「『お名前は』って言います」と答えました。丁寧さは変わるものの、既知の相手の名前を聞くことでふざけあいの中止を求める点は2つの発話に共通しています。この由来が分からないのです。Q君もどこで覚えたか「忘れた」と言っていました。おそらくコミック本の類と思われます。Q君は、時折見られた場面にそぐわない発話の出所がコミックのどの巻かを覚えていることがありました。保護者や担任教師も、彼のなかにこういう不思議な問題が潜んでいることは気づいていませんでした。ごく普通に会話しているようにしか見えないのです。しかし、このエピソードは、彼の日常言語使用に実はそれとは気づかない周囲との微妙なずれが広がっている可能性を示唆しています。

　第2は会話の協力です。われわれは話し手と聞き手の役割を互いに割り当てあい、聞き手の注意を自分に向け、話し手のことばを傾聴する姿勢を示し、これらの役割を頻繁に交代します。「京都のお祭りのことだけど」と新たな話題をはじめる合図を送り、話題が変わることも知らせます。質問には答えますし、京都の話には「祇園祭に行ったことがあるよ」と関係のある話をします。HFASDの人たちは低年齢であるほど、返事をせず無視しているように見えたり、聞き手の注意を得ないで勝手に話しはじめたり、断りなしに話題を変えたり、それまでの会話に関係のないことを言ったり、自分ばかり話し続けたりすることがあります。

　以下は、11歳時点で、居間のテレビでアニメを見ているときに出てきた「しがない」ということばの意味をQ君がお母さんに聞いたところです。説明したお母さんに対するQ君の態度は、あまり褒められたものではありませんでした。お母さんとQ君の距離は2メートルも離れていません。

Q君はテレビを見ている。
母「分かってないんでしょ、見たいんでしょ、これ」
Q君「ん？」(テレビを見ながら)
母「テレビ見たいんだ。だから聞いてないんでしょ。」
Q君は母を見て怒り「聞いてるよ！」(テレビと母のあたりを見る)
母「だったら、しがない占い師ってどういう意味だった？」

　お母さんの「聞いてないんでしょ」には話し手自身も自覚していないさまざまな心が

込められていると想定できます。Q君が文字通り「聞いていない」＝聴覚刺激を受容していないという疑念、お母さんのことばが聞こえているはずなのに、テレビに熱中しているQ君のお母さんを無視したような態度へのいら立ちなどなどであるのでしょう。これは会話の協力がQ君側で十分でないために生じているのです（「生返事」にしか聞こえないような「ん？」で終わらせている→お母さんも誤解しQ君を非難する→Q君は事実「聞いている」＝聴覚刺激を受容しているので、「聞いてるよ！」と怒りだす）。お母さんが求めているのが聞き手としてふさわしい態度であること（相手を見るとか、何かそれなりの返事をすることなど）はQ君には伝わっていません。

　3つめは言語を状況や会話の文脈と関連づけることです。HFASDの人たちはこれに失敗することがあり、聞き手が戸惑うようなことを口にしたり、話し手のことばを状況と関連づけて理解できなかったりします。

　Q君が高校2年生のときに次のようなことがありました。社会的地位関係に応じた丁寧さのコントロールの失敗例です。HFASDの小中学生のグループ活動のクリスマスの催しで、子どもたちが思い思いにフリーマーケット風の店を開きました。高校生のQ君は兄貴分として彼らの面倒を見る傍ら、品物が売れないのはかわいそうだと思ったとのことで、相当量の買い物をしたらしいのです。帰る時間になり、買い込んだ多数の品物を持ちあぐねている様子の彼を見かねた女性が「この袋使えば」とスーパーのレジ袋を差し出しました。彼は「いいです、いいです」と断り、「いいのよ。あいてる袋だから使って」と言われても固辞し続け、最後になんとこう言いました。

　「母に聞いてみないと」。

　彼のお母さんは「これって、すごいマザコンみたいよねえ。私がメチャうるさい母親みたいよねえ」と笑い話にして次のような後日談を語りました。家でお母さんが「もらっとけばいいのに、どうして断ったの？」と尋ねると、「だって○○君のお母さん（レジ袋を与えようとした女性）は他人だし、他人からものをもらってはいけない」と答えたと言います。どう考えても使い古しのレジ袋1つもらうのに「母に聞いてみる」必要はないし、断りの表現としてもあまりに大仰です。小学生が「母に聞いてみないと」と言うなら、このような品物の贈答儀礼を使いこなせていないかわいさが漂いますが、彼の年齢からすれば「あ、大丈夫です。ありがとう」くらいがちょうどであるでしょう。

　この場合、断りのことばと関連づける文脈の要素は、話し手と聞き手との社会的な地位関係にあります。断り方の丁寧さの度合いが、贈答される品物の相対的な価値と二者間の社会的地位関係との掛け算とフィットしていないから奇妙さが残るのです。ことばを関連づける文脈の要素は社会的地位関係だけでなく、他にも多数あります。会話者と

A　自閉症スペクトラムの子どもの言語とコミュニケーション

指示物との空間的・時間的な距離関係、会話中の情報の新旧関係、個人特有のあるいは共同体共有の世界知識、話し手が聞き手について想定している事柄などです。

(3) 補足

　語用論という学術用語が耳慣れない読者の方がほとんどかもしれません。言語哲学から出発したこの分野は、まず言語学、ついで心理学、認知科学、神経学などに広がってきました。その扱う言語使用現象は非常に多岐にわたります。ここで眺めたのは語用論のなかでも主要な研究分野に関連しますが、他にも重要な言語使用現象（たとえば、指示詞）がいくつもあります。しかしその多くはHFASDにとって取り扱いに困るケースとなってしまいます。語用論の初歩を学ぶには加藤（2004）があります。

**文　献**

Baird et al.（2006）Prevalence of disorders of the autism spectrum in a population cohort of children in South Thames: the Special Needs and Autism Project（SNAP）Lancet, 368, 210-15.

Baron-Cohen, S., Scott, F. J., Allison, C. Williams, J., Bolton, P., Matthews, F. E., & Brayne, C.（2009）Prevalence of autism-spectrum conditions: UK school-based population study The British Journal of Psychiatry, 194, 500-509.

Bishop, D. V. M.（2009）Genes, cognition and communication: insights from neurodevelopmental disorders. The Year in Cognitive Neuroscience: Annals of the New Yorl Sciences, 1156, 1-18.

フリス．U.（2009）新訂　自閉症の謎を解き明かす．東京書籍．

Geshwind, D, H.（2008）Autism: Many Genes, Common Pathways? Cell. 135(3), 391-395.

Gomes, E., Pedroso, F. S., & Wagner, M. B.（2008）Auditory hypersensitivity in the autistic spectrum disorder. Pr•Fono R. Atual. Cient. 20(4), 279-284.

東田陽博・小泉恵太・吉原亨・棟居俊夫（2010）オキシトシンとバゾレプシン―社会性認知行動と信頼の神経化学的基盤―．子どものこころと脳の発達, 1, 180-89.

Howlin, P., & Yates, P.（1999）The potential effectiveness of social skill groups for adults with autism. Autism, 3(3), 299-307.

Kanner, L.（1971）Follow-up study of eleven autistic children originally reported in 1943. Journal of Autism and Developmental Disorders, 1(2), 119-145.

加藤重弘（2004）本語語用論のしくみ．研究社．

北添紀子・藤田尚文・寺田信一・是永かな子・泉本雄司・植田咊佐（2009）大学生における自閉症スペクトラムの調査―the Autism-Spectrum Quotient 結果の分析―．LD研究, 18(1), 66-71.

Kopp, S & Gillberg, E.（1992）Girls with social deficits and learnig problems: Autism, atypical Asperger syndrome or a variant of these conditions. European Child and Adolescent Psychiatry, 1(2), 89-99.

大東祥孝（2006）神経心理学の新たな展開―精神医学の「脱構築」にむけて―精神神経学雑誌, 108, 1007-1028.

大東祥孝（2009）Asperger障害の神経心理学—"Infantia"仮説の検討—．日本言語聴覚学会第10回大会教育講演．

大井学（1989）自閉症にともなう言語障害とその指導．障害者問題研究，59, 27-36.

大井学（2005）語用障害：コミュニケーションにおける不適切さ．岩立志津夫・小椋たみ子編 よくわかる言語発達．ミネルヴァ書房，158-161.

大井学（2006）高機能広汎性発達障害にともなう語用障害—特徴、背景、支援—．コミュニケーション障害学，23(2), 87-104.

大井学・岡田謙（1986）自閉症児およびそれに似ている子どもの発達状態について．児童精神医学とその近接領域，27(5), 273-285.

Roth, F.P. & Spekman, N.J. (1984) Assessing the pragmatic abilities in children: Part 1. Organizational framework and assessment parameters. Journal of speech and hearing disorders, 49, 2-11.

Rutter, M., Andersen-Wood, L, Beckett, C., Bredenkamp, D,, Castle, J., Groothues, C., Kreppner, J., Keaveney, J., Lord, C., & O'Connor, T.G. and the English and Romanian Adoptees (ERA) Study Team (1999) Quasi-autistic Patterns Following Severe Early Global Privation. J. Child Psychol. Psychiat. 40(4), 537-549.

菅原和孝（1998）反響と反復—長い時間のなかのコミュニケーション—．秦野悦子・やまだようこ編 コミュニケーションという謎．ミネルヴァ書房．

若林慎一郎・西村辨作（1988）自閉症児の言語治療．岩崎学術出版社．

吉川徹（2007）二次障害 特集アスペルガー症候群—病因と臨床研究—．日本臨床1, 65(3), 464-499.

# B 自閉症スペクトラムの子どものコミュニケーションの評価

　「ニーズ」という用語は、実は親や教師など周りの大人の都合から生じた支援の方向づけであるのに、あたかもそれが子ども本人にとって必要なものであるかのように目くらましするマジックになることがあります。そんな危険性にも言及しつつ、子どものなかで「育ちつつあるもの」をニーズとしてとらえることを試みます。

## (1) 言語・コミュニケーション行動の観察
### 1) 潜んでいる評価——自分の視点に気づく

　5歳児のクラスでは誕生会が進行中です。さっきまで部屋の隅のブロックコーナーで棚に頭をつっこんで必要なパーツを探していたV君がいつのまにか子どもたちと一緒に半円形に並んだ端の椅子に座っています。「あら、参加してる!」と保育者が思った数分後、V君は席を立って廊下へと出ていきました。

　こんなV君の行動を見てあなたはどのようにV君のニーズを評価しますか？　「そんな短時間を見て評価なんてしていません!」と言われるでしょうか？　意識されてないかもしれませんが、子どもとかかわって大人がしている行為には必ず子どもに対する「評価」があります。とりわけ、加配の保育者や支援員が配置されて1対1でのかかわりが多い場合は、保育者のもつ「潜んでいる評価」が保育者の行動やことばがけを通じて子どもの行動を規制するものになります。これは、保育者集団や教師集団が学習と協議を通じて共通の子どもの見方ができている状況がもつ落とし穴でもあります。共有されることで評価は潜んだものになり、評価が独り歩きして子どもに対する処遇を決めているにもかかわらず、そのことに保育者や教師が気づかないという落とし穴です。

　V君のようにみんなから離れて好きなことをしているように見える子どもの目標には「集団参加」があげられがちです。目標に向けての「援助」としては、毎日繰り返される場面、たとえば着席の場面で「座ります」と明確なことばがけで指示することや、「みんな座ってるね」と注意喚起することがよく見られます。写真やシンボルや文字で視覚的に提示される場合もあるでしょう。集団行動が取れないことが問題なのだから、「みんなと同じように行動できる」ことが子どものニーズだと評価されているということです。ブロック遊びを見守る、あるいはV君のブロック作りを手伝うという保育者もいることでしょう。「集団参加しない」ことがV君のニーズで、その思いに寄り添う

ことが援助。真逆の方向の援助ですが、評価の視点は同じです。つまり、「みんなと同じように行動する」という視点なのです。

2）周りのニーズ、大人のニーズとのすりかえ

　保育室にブロックコーナーがあることについて考えてみましょう。「気が散りやすい子」と思われているなら「気が散らない環境」が子どものニーズで、「気が散るものは周りに置かない」が援助です。おもちゃの置き方にも担任保育者が、あるいはその園が子どものニーズをどのように評価しているかが潜んでいます。では、V君は気が散りやすい子だとは思われていないということでしょうか？　実は、このブロックコーナーはV君の逃げ場として設置されたものでした。逃げ場が必要なら部屋の外でもいいはずですが、子どもの掌握、管理という理由のもとで部屋内に設置されています。「安全に園生活を送ることが子どものニーズ」と、ことばでは子どもの側のニーズのように表現されがちですが、これは周りのニーズといえるでしょう。V君担当の支援員が配置されていたら部屋のブロックコーナーは用意されなかったかもしれません。園施設に空間的な余裕があれば逃げ場は保育室外に用意されたかもしれません。ブロックコーナーについては後でもう一度検討します。

3）子どもの行動を最後まで見届ける

　集団生活で、「気が向くと」「気分がよければ」あるいは「興味があると」活動に参加する、と言われることがよくあります。V君が椅子に座ったのは気が向いたからでしょうか？　興味をもったことがあって座ったけれど注意が途切れたから廊下に出たのでしょうか？　わざわざブロックコーナーを作ったわけですから、保育者はV君を気が散りやすい子だとは見ていないと推察されます。にもかかわらずV君の行動について先生は「気が向くと参加できるのですが……」と言います。矛盾しているのです。行動観察から子どものニーズを探るというのは、このような大人のなかの矛盾を整理していく作業となります。

　V君の行動の理由が本当に「気が向くと……」なのかを確認するにはどうすればよいでしょう。追いかけて「どこに行くの？」と訊きますか？　口調はやさしくても「どこ？」「どうして？」と行動を起こしたときに質問されると、V君は「ダメ」とストップをかけられたと受け取ることでしょう。日本の子育てではこのようなことばの使い方が多く見られます。子どもの考え、プランを知ろうとするなら、もっと有効な方法があります。それは行動の最後まで見届けることです。V君がなぜ部屋を出ようとしたのかを知りたければV君がどこへ行くかを見ていればいいのです。

　V君の動きを追ってみましょう。目的地は保育室を出たところのスイッチでした。部

B　自閉症スペクトラムの子どものコミュニケーションの評価

屋の照明のスイッチが廊下にあるのです。誕生会ではフェルトで作ったバースデイケーキに子どもの年の数だけ本物のロウソクが立てられ誕生日の子が吹き消します。そろそろロウソクがはじまるぞ！　と見て取ったV君は照明を消しに行ったのでした。クラスの活動から離れたのではなく、自らの役割をもって積極的にクラスの活動に参加しているから席を立ったのでした。椅子から立ち上がろうとしたときに止めなくてよかった、部屋から出たと思って止めなくてよかった、ということになります。支援員が配置されると子どもに応じた援助ができると思われがちですが、子どもと1対1の関係でいると、大人は子どもの行動をはじめから終わりまで見届けて意図を考えるよりも、子どもの行動を直接コントロールしがちです。その方が簡単で、子どもを指導しているように見えるからです。そうして、大人が手厚くかかわるとき、子どもは行動することで自分の考えていることを表現する機会を奪われていることがあります。V君には担当の保育者がついていなかったので、照明を消しに行ったこと、誕生会に積極的に参加していることが分かりました。1対1で先生がついていたら、席を立とうとしたところで止められ、V君のプランは見えないままで終わったかもしれません。

**4）ニーズの評価につながる謎解きの作業**

　エピソードは、V君は衝動的に動いているわけではないこと、唐突に見える行動には彼なりのプランがあることを示しています。ブロックコーナーを作ろうと考えたとき、担任保育者は「気が散りやすい子ではない」とV君のことを直感的に見取っていたのでしょう。だから、保育室にいて逃げ場として活用できるようにブロックコーナーを置いたのでしょう。その見取りは正しかったということです。では、活動に参加するかブロックコーナーに行くかはどのようにして決まっているのでしょうか？　活動内容が好きかどうか、興味があるものかどうかで参加したり外れたりしているのでしょうか？　クラスの誕生会はこの日が3回目で、1回目と2回目にはV君は着席することはなかったそうです。誕生会の流れは次の通りです。保育者が誕生日の子の名前を告げる→その子が前に出てみんなの方を向く→その子の前のテーブルにフェルトのケーキが置かれる→クラスの友達が質問し、誕生日の子が答える→ロウソクに火が灯され、部屋を消灯→誕生日の歌の合唱→ロウソクの火を吹き消す→部屋の照明を点ける。

　ブロックコーナーでブロックの組み立てに熱中しているように見えながら、過去の2回の誕生会でV君はこの流れをつかんだのでしょう。単純にケーキやロウソクといったものにひかれて着席したのであれば1回目2回目の誕生会でも参加したはずです。V君は誕生会の流れだけでなく参加の仕方も理解しています。だから、子どもたちと並んで空いている椅子に座ったのです。

違う子の例ですが、W君は「僕はカルタはしません」と言って遠巻きに離れていて、取り札を数えるときになるとすっと交じって数えます。何人もの子どもが絵札を取りに突進する状況がW君は苦手です。怖いのです。鬼ごっこにも参加しません。ゲームを見ていることさえ怖いのですが、数えるという役割があるので、出番を判断するためにゲームの様子を遠目で見ています。自閉症スペクトラム障害（ASD）の子どもたちは特異な恐怖感をもつことが多いのですが、そんな怖さを「役割」はちょっと忘れさせるようです。ASDの人たちは自分の心をとらえることも苦手ですから、おしゃべりな人でも、何が怖いか、なぜしたくないのかをことばで説明できるようになるのはかなり後のことです。その言い分と行動から周りが謎解きしていくしかありません。

5）仮説を立てて検証

　V君は、クラスで展開している活動の流れが把握でき、そこに自分の役割、出番を見つけると参加するという仮説が立ちそうです。検証しましょう。2つの進め方があります。1つはエピソードを集めることです。「あれ、これには参加してる！」「あれ、今日は参加してる！」と「あれ！」と思われた場面のエピソードを集めて検討してみればいいのです。もう1つは、仮説に基づいて援助の方法を試行し、その結果から考えるというやり方です。活動の流れが見えやすいように、たとえば行事のプログラムを構成表に作ってみましょう。文字、絵、写真、シンボル……、V君に合うものを使い、全体の流れの欄の横にV君自身のことを書き込める欄を作ります。V君と話しながら書き込みます。その過程で、彼の不安ポイントや手がかりになりそうなものも見えてくるはずです。見やすいところに貼っておいてV君が自分からプログラムを見るようであれば有効な方法だということです。いつ構成表を見るか、構成表のどこを見るかをチェックして、V君についての発見を引きだし明日につなげる。それが評価するということです。みんなと同じように動けるように構成表を作るのではありません。では、生活のあらゆる場面について構成表を作ればよいでしょうか？　誕生会のことを思い出してください。毎日の生活で繰り返し起こることについてはV君は周りの子どもたちの動きから流れをつかんでいます。先取りしてスケジュールが提示されると、子どもたちの動きから流れを理解するという彼のやり方が鍛えられる機会をつぶしかねません。それではもったいないですよね。

6）その子なりのやり方を援助する

　大切なのはV君のやり方を尊重した援助です。まず、V君が活動の流れを見取るのに必要な時間の保障です。ですから、当面はクラスの子どもたちと同じように行動することを目標としません。クラスの子どもたちのしていることがよく見える場所、位置の

### B 自閉症スペクトラムの子どものコミュニケーションの評価

確保が不可欠です。V君の場合はブロックコーナーがこの「見ている」場所として機能しています。コーナーの役割は保育者のねらいとは違ったかもしれませんが、V君は自分で使い勝手のいい場所として活用しています。子どもが「見ている場所」を自分で見つけられる環境が援助なのです。見て流れを理解しやすい活動を生活の要所要所に入れることも子どもが安心して生活できるための支援になります。新しいことや特別なことをしなくても、保育ではその園にあるものを使うことで可能です。たとえばお当番表とお当番の関係、給食の配膳の仕方、歌や体操、絵本の読み聞かせの仕方など、毎日当たり前にされていることで、パターンが決まっていて自閉症の子どもたちが安心できる図式になっているものはたくさんあります。そこに、その子の興味あるものや、その子の特別な役割を織り込めばいいのです。V君はスイッチ係という役割をみつけました。

V君らしい「参加の仕方」の尊重が援助のポイントです。V君のプランを行動から理解したら、大人がことばに置き換えます。「ロウソクするんだよね。だからV君、電気を消すんだね」といったふうにです。周りの子どもたちにも「ロウソクするからV君が電気を消しました」と代弁します。これは、V君の表現のレパートリーを拡げることばの指導ともなりますが、保育ではそれを超える効果が生まれます。V君のプランをことばに置き換えているうちに大人も周りの子どもたちもひらめき、思いつくのです。「これからは電気の係をV君にお願いしようか」「係のバッチを作ろう」「みんなのお誕生日にロウソクのマークがあって誰の誕生日かを書いた特別のカレンダーは……」。みんなのアイデアで、園生活におけるV君の出番が増えていきます。誕生会のエピソードが示すように、子どもたちのなかに自分の位置をもつことはV君の関心事です。そこを助けることによって、V君がみんなと同じように動く状況は確実に増えていきます。集団参加というのは、子どものなかに芽生えつつあるものに沿って援助すれば、結果として「あら、いつの間にか参加してる」というふうになるものなのです。

#### (2) 育ちの過程からニーズを評価する

##### 1) X君のウソ

小さいときにことばの遅れがあると、コミュニケーションがうまくいかないのはことばが足りないせいだと思われることが多く、子どもが普通の語り口調で話すようになるとコミュニケーションの問題は見逃されがちです。X君がY君につかみかかったのでY君が応戦してけんかになったことがあります。X君の言い分は「さっき、Y君が殴ったから」です。Y君は「殴ってなんかない」と言いますし、見ていた周りの子どもたちも同意します。「X君はウソをついてる！」とみんなに言われ、納得のいかないX君は人

が怖くなってだんだん話をしなくなっていきました。心配したお母さんがX君と友達に話を聞いて分かったのは、X君が「さっき」ということばを通常とは違うふうに使っているということでした。X君には1ヵ月前のことも「さっき」だったのです。Y君の姿を見かけて1ヵ月前の情景が鮮明に頭に浮かんだX君には「Y君が殴った」は真実なのですが、他の人たちには「さっき」の出来事ではないわけですから、ウソということになります。

　では、1ヵ月前は「さっき」とは言わない、ということばの意味の理解がX君のニーズでしょうか？　ことばの意味には人の感覚で裏打ちされているものが多く、自閉症スペクトラムの人たちは知的には優れていて学術論文を読んで討論できても日常の他愛ないおしゃべりでは困惑するということが起こります。「さっき」が時間的にどの範囲を指すのかは定義できるものではなく、その人その人の感覚で違うものを会話している人同士で会話のなかで暗黙に調整しているのです。今回のトラブルは、単にX君のことばの問題ではなく、背景には1ヵ月前の情景があたかも今あったように感じてしまうX君の感じ方と周りの人たちの感じ方のズレがあります。周りがX君の感じ方を理解していないと、X君も納得できる仲裁はできません。コミュニケーションに潜む「隠れた問題」を見逃すと、X君のように人に対する怖さといった二次障害も起こります。子どもが上手に話すようになると大人は自分たちがそう話すのと同じように子どもが考えているものだと思い込んでしまいますが、自閉症スペクトラムの人たちとの生活では、ズレが輻輳（ふくそう）し絡まって、何が問題なのか見えなくなっていくことが頻発します。では、自閉症の人のことばに惑わされずにそのニーズを理解するにはどうすればよいのでしょうか？　理解を助けてくれるのが、育ちの過程でその人が見せてきた姿です。

## 2）W君の暴言

　最近暴言の多いW君の場合を見てみましょう。123ページで紹介したカルタを数えていたW君です。5年生の終わり、学校の離任式の最中に「離任式はなぜあるんだ！退屈でしょうがない！」と叫びました。このような暴言がよくあります。場面に応じたことばづかいの指導が必要でしょうか？　それとも黙っているという練習が必要なのでしょうか？　幼児期からおしゃべりだったW君は2歳半でアスペルガー症候群だと診断されています。自分が昼寝している間にテレビ番組が変わっていて大暴れし、自分が積んでいる積み木が倒れて大暴れする子どもでした。1年生のときにはドラッグストアに泣きながら駆け込んで店員さんを驚かせています。メモした電話番号を店員さんに差し出してお母さんに電話をかけてもらったのですが、その内容は「パソコンが壊れた」でした。「じゃあ電源をOFFにしてごらん」とお母さんに言われるとすぐに落ち着き

## B　自閉症スペクトラムの子どものコミュニケーションの評価

「帰ります」と言って帰宅しています。パソコンに出たエラー表示で混乱し、普段なら自分でかける電話もかけられなくなり、それでも自分でお母さんの電話番号をメモして近所の店に飛び込んだというわけです。こんなふうに、W君は「なくなる」「終わりになる」「壊れる」が極端に怖いのです。離任式の日は、父親の転勤に伴う転校が決まっていたW君にとってもこの学校での最後の日でした。その怖さが先にあげた暴言となったのでしょう。育ちの過程での姿をたどると子どもの抱える問題が見えてきますし、問題をその子なりにどのように処理しようとしているかが見えてきます。1年生のときにはパニックを引き起こしたパソコンのエラー表示ではW君はもう動じません。取扱説明書を読んでたいていは自分で修復できるようになったからです。暴言についても今はそのことばはなぜ言うべきでないかを伝えておくにとどめておきましょう。社会生活における恐怖感を自分なりにコントロールする方法を見つけている発達途上で、今はそのやっとの方法が暴言なのですからもう少し長い目で待ってもいいでしょう。

### 3）育ちの記録から育ちのカルテへ

　育ちの過程で見せる子どもの姿は子どものニーズを評価するために有効なのですが、親でさえ過ぎたことは忘れて、その時々の目の前のことだけを見て対応策を求めがちです。それでは子どものニーズを読み間違えます。そうは言っても生活における記録を継続するのは大変です。そこで園などとの連絡ノートの利用をおすすめしています。連絡ノートは相手から反応が返ってくるのでエピソードも書きやすく記録を続けやすくなります。親も保育者も、記録することで子どもを見る目に距離をもち冷静に対処できるようになるという効果もあります。また、園と家庭での様子をつなぎ合わせて子どもを総合的に理解することにもつながります。療育機関などの専門家にも加わってもらうとさらに相互の子ども理解が深まります。記録したエピソードは、就学時や進学時、あるいは学年ごとの担任教師が変わる際に引き継ぎ資料としてまとめ、「育ちのカルテ」に作成します。作成の都度、過去の記録を振り返ることになって子どもの育ちを長いスパンで見るくせがつきます。小学校入学にあたって保護者と園とで作成したW君の「育ちのカルテ」を図II-3に示しました。当時、市が用意した就学のための発達調査に「これではこの子たちのような知的遅れのない自閉症のことは書けない！」とW君のお母さんたちが作り始めたものです。「気になる子」と言われる子どもたちも含めて障害をもつ子どもたちの育ちを学校に引き継ぐツールとして、親と幼稚園、あるいは親と学校の協働で今も作られているのですが、これはその第1号です。転勤の際にも教育委員会経由で県を超えての引き継ぎに使われました。

㊙ 取扱注意

育 ち の カ ル テ

小学校入学にあたって

氏 名

（　　年　　月　　日　生まれ）

医療・療育・相談の履歴

　　1歳半　　　　　　　　A市保健センター
　　　　　　　　　　　　　　乳幼児健診で指導を受ける
　　　～3歳半　　　　　　　定期的に臨床心理士による相談

　　4歳　　　　　　　　　B市こども相談センター専門相談
　　4歳2ヵ月　　　　　　C大学附属病院神経精神科診断

図Ⅱ-3　育ちのカルテ（A4サイズ4ページ）

B　自閉症スペクトラムの子どものコミュニケーションの評価

**現在の様子**

| | | 保護者から | 保育園・幼稚園から |
|---|---|---|---|
| 対人関係 | 大人に対して | ・質問が多い。内容は年齢・名前から台風・地震・死まで。相手を選んで質問しているが、予想外の反応が返ってきてパニックになることがある。<br>・新札に興味があり、「新札もっていますか？」「見せてください」「千円札は誰ですか？」と知っている人に話しかける。 | ・自分の言いたいことを一方的に話す。自分で答えを決めていることを質問する。<br>・混乱している時に自分の話題で大人と話すことで自分を落ち着かせる。<br>・ぎゅっと大人に抱きしめてもらって自分を落ち着かせる。 |
| | 子どもに対して | ・2歳下の弟と遊ぶ。自分の創造した遊びで弟に指示出しする。自分が主導権をもって遊ぶことが好き。弟に拒否されると泣きながら「遊んで」と訴える。弟に「～だよね」と言われると「うん、そうだね」と同意する。 | ・他の子どもの遊びに興味をもつようになってきた。たとえば、ぬいぐるみを使った劇場ごっこに交ざってはいないが、見てきて大人にストーリーを説明したり、勝手に脚本や劇場のスケジュールを書いている。 |
| 好きな遊び・活動 | | ・文字・数字を紙に書く（「東京で行われる訓練大会」なるもののプログラムをノートにびっしり書く）<br>・テレビゲーム（サッカー）・携帯ゲーム（インベーダー）<br>・不思議なお話遊び（例：数字のマグネットを使って「3様（サンサマ）集まって」と言いながら3を集め、「4様（ヨンサマ）がいない。4様を捜そう」と4を捜しながら「4様の生中継」をする遊びを弟といっしょに盛り上がってする）<br>・クイズ番組（IQサプリメントなど）を見る。 | ・自由遊び：大人と話す。数や時計の登場する絵本、事典、料理のレシピの本を見る。予定表やレシピを書く。<br>・設定保育：運動会のようなプログラムのある行事の取り組みが好き。行事のスケジュールを立てるのが好き。 |
| ことばについて | | ・思いついたことばを適当に言っているように見えるときでも、実は、知りたいことを相手から聞き出すために、関連する話題で会話を続けながら遠まわしに聞いていることがあるようだ（例：祖父の死のインパクトが強かったらしく、「アラファトが胃がんで死にました」など、死にかかわる話を唐突にする）。 | ・何に困っているのか、どうしたいのか、上手く伝えられず、突然に大泣きしたり、「したくない」「疲れた」「家に帰る」といった表現で訴えることがある。 |
| 文字<br><br>数<br><br>絵<br>安全<br><br>運動 | | ・字を書くのは好きだが書き順はでたらめで、字もくずれていて読みづらい字を書く。<br>・無量大数から小数まで知っている。時計、たし算にも興味がある。<br>・図式的な人は描くが動物や風景の絵は描かない。<br>・車が来れば止まるし、左右を確認して横断するが、パニック時や注意が奪われている時は突然に飛び出す。<br>・苦手。ケンケンができない。 | ・漢字や英語も読み書きできる。ただ読んだり書いたりするだけでなく、意味もおおむね理解している。<br>・2桁の加減もできる。かけ算の意味をつかんでいる。時計がわかる。<br>・自分からは描かないが「描いて」と頼むと描く。<br>・園外に出たときにふらふらっと動いてしまい、危なく感じられることがある。<br>・疲れやすい。 |
| 特徴的なことがら | | ・分かっていることを質問する。同じ質問をする。 | ・イヤなのにしてしまって混乱する。プールに入りたくなかったが水着を持ってきたために入ってしまい、翌日「幼稚園に行きません」と言い張る。「理由があれば入らなくてもいい」と自分で納得し、「熱だから」「雨が降ったから」など、理由をつけてプールに入らずに登園できるようになる。<br>・彼なりの譲れないポイントというのがある。お店屋さんごっこの値段つけで「1個10円は高すぎるから3個10円にして」と大人に言われて、絶対に譲らず「2個10円」になる。だめ理由は、3.3333…になって割り切れないからであった。 |

**これまでの育ち**

| | 保護者から | 保育園・幼稚園から |
|---|---|---|
| 生育過程で<br>気になったこと | ・会話のときに目を合わせない（1歳ころ。それまでは合った）。<br>・自分からは質問するが、相手の質問には答えない（1歳半ころから現在までずっと）。<br>・多動（2、3歳）<br>・パニックになると手がつけられないほど暴れる（2、3歳）。テレビ番組がお昼寝の間に変わっていてパニック。自分の積んでいた積木が崩れてパニック。<br>・「○○に行きたい！」と夜中に言い出したり「××が欲しい！」と泣き叫ぶ。一度思ったことを必ず実行しようとする。 | ・A市より転居して年中より入園。<br>・入園した年には、大人と会話する、本を見る、字を書いていることが多かった。自分のなかでルールになったものと違うことが起こると動揺し、大泣きすることがよくあった。例①：グループ替えは学期に1回だと思っているのに、学期の途中でグループ替えがあった。例②：「何時に終わる？」と聞くので予定の時間を教えると10分前から「もうあと10分しかありません」「あと9分です」……とカウントダウンし、予定時間に間に合わないと「ああ、もう時間がなくなってしまったあ」と大泣きする。 |

図Ⅱ-3　（続き）

## エピソード

⇒ ・あらゆる人に質問していた時期もあったが、最近は知らない人に質問することが減った。近所のドラッグストアに買い物に行き、決まった店員に話しかける。他の店員に「○○さんはどこにいる？」ときいてさがすほどその人と話すことが気にいっている。（保護者より）
⇒ ・お茶のお稽古で菓子について質問するのに、以前なら傍にいる大人に一方的に聞いていたが、最近はお茶の先生に「先生これは何？」と穏やかな口調で訊いて黙って相手の答を待っている。（園より）

---

⇒ ・数ヵ月前は数の単位に興味を持ち、調べたり質問したりしていたが今ではまったく興味がない。2歳のころは国旗にはまってすべての国旗を覚えていたが今はほとんど忘れている。
⇒ ・天気予報が好きで全国の天気をチェックしているにもかかわらず、隣県に行って大雪だったのに帰ってきて雪がないと「雪がない！ 雪はどこにいった！」とパニックになる。分かっていそうなことが理解できていない。

---

⇒ ・父とサッカーゲームをしていて、父に「今度は協力してしよう」と言われて泣き出す。「一緒にすることだよ」と説明されてさらに泣く。
⇒ ・グループ替えしたが前も同じグループだった子が1人また一緒だった。すると「グループ替えしたけど○子がいるからサクランボ（前のグループ名）グループのまま？」と担任に聞く。「くじ引きだから前に一緒だった子もまた一緒になることがあるんだよ」と言うと「じゃあイヌグループ（新しいグループ名）になった？」と確認する。「そうだよ」と答えると納得する。

---

⇒ ・突然思いついたことを行動に移すのは今も変わらない。「パソコン買う」と言い出し「高いので買えません」と母が言うと「今すぐ買いたい。お金はお年玉を使う」と言って暴れる。母が「貯金して貯まったら買いましょう」と言うと「貯金箱を買いに行く」というので買いにいって納得する。突然パソコンを買うと言い出したのは、その日、病院でパソコンに触りたかったのを彼なりに状況を理解して我慢していたようだった。それが、こういう表現になったと思われる。

図 II-3 （続き）

B 自閉症スペクトラムの子どものコミュニケーションの評価

**保護者から学校への要望**

・パニックになって暴れても、周りが彼の様子に動揺せずに冷静に対処すれば本人も落ち着き、話が聞ける状態になれると思います。落ち着いてから話せば、同じ話で納得したり、あるいは自分の考えを説明しますので、その次の話に進むことができます。
・分からないことは納得するまで大人に質問します。授業中などでも、そんなことを聞く時間ではないことが分からずに、内容的に場違いな質問をしたり、先生の発言の途中で発言することがあるかもしれません。「休み時間に答えます」「あと10分したらそのお話をしましょう」などと言えば納得するか、本人が「5分しか待てません」など交渉してくると思います。
・質問に答えてくれる大人がいるとそれで安心できることがよくあります。職員室や保健室をそのような場所にしようとすることが予想されます。

**幼稚園から学校への要望**（参考になるかもしれないこと）

参加しにくい活動
　　・お片づけや掃除
　　　一見さぼっているように見えるが、実はこういう活動では何をどうすればいいかが分からないからできないことが多い。「積木を全部、箱に入れて」というふうに具体的に行動指示すれば参加する。
　　・自分の席が決まっていなくて、「クラスの自分の好きな場所で」「自分で何を作るか考えて」といった製作。
　　・たとえばカルタ取り
　　　1つのものに向かって何人もが向かっていく事態に入れない。「僕はカルタ取りしません」と宣言して参加しなかったが誰が何枚取ったかを数える場面では参加していた。
　　・鬼ごっこ形式のゲーム
　　　カルタと同様に、人が自分をつかまえようと向かってくるという事態が苦手。

参加したくないとき
　　・「僕は～はしません」と担任に言いに来る。
　　・「～をしてきます」と用事をつくってその場から離れる。あるいは、教室は離れないで自分はこれをするのが忙しい、これをしないといけないと主張する。
　　・職員室にいって、そこにいる先生と話す。
　　・絵本コーナーで絵本を見る。
　　・自分のクラスの部屋で絵本を見る。
　　・紙に書いて架空の行事のプログラムや料理のレシピ、説明書をつくる。

図II-3　（続き）

# C 自閉症スペクトラムの子どもへのコミュニケーション支援

## 1 支援の実際

### (1) 自閉症支援の原則──科学性、専門性そして自閉症への尊敬

#### 1) 支援は必要なのか？

　自閉症は、最近の爆発的な脳科学研究の進展にもかかわらず、その本態は依然として不明で根治法は存在しません。対症療法しかありません。その主力は心理教育的・行動科学的アプローチです。この分野の各種技法はよく言えば百花繚乱状態で、「TEACCH」「SST」「SS法」「ソーシャルストーリーズ」「ソーシャルスキル絵カード」「オペラント原理の行動療法」「ABA」「フロアタイム」「DIR」「EMDR」「認知行動療法」「遊戯療法」「心理劇」「INREAL」「語用論的アプローチ」「会話分析」「社会語用論グループ」「感覚統合」「ドーマン法」「AAC」「PECS」「ファシリテーティッド・コミュニケーション」「コロロ・メソッド」などなど、専門家でない人々がめまいを引き起こしかねないほど盛りだくさんです。しかし、悪く言うと、乱立はなはだしく、効果に関する確実な科学的エビデンスがないものがほとんどで、科学的検証が一切ないものすらあります。「支援法」という美しいことばで一括りにされますが、その実態は闇と言えます。家族や当事者、あるいは保育・教育者は右往左往するしかなく、「支援法」に振り回されかねません。

　親を「支援」に煽りたてたあげく、重い自閉症の少年が自殺未遂をはかり、うつ病の地獄に追い込まれ、家族が塗炭の苦しみを長きに強いられたケースを次に示します。詳細は佐藤（2010）および大井（2010b）を参照ください。かいつまんで佐藤の論述を紹介します。

　　次男が小学３年生の時にTEACCHとAACを実践的に研究されている養護学校の先生と出会って私は「療育」に夢中になっていく……コミュニケーションブック、サポートブック、スケジュール、手順表、自立課題などに次々と取り組んだ。次男は周囲が驚くほどに変貌した。同時期、学校もTEACCHを取り入れ、次男は学校でも暴れたり泣いたりすることが激減し、離席せずに最後まで授業に参加するようになった。その変容があまりに著しかったため私は一躍「療育ママ」として注目さ

## C 自閉症スペクトラムの子どもへのコミュニケーション支援

れ、学校の先生からは「佐藤さんのお陰で学校は変わりました」とまで言われた。学研のヒューマンケアブックス『自閉症児のための絵で見る構造化 TEACCHビジュアル図鑑』の44〜46頁に紹介され私は有頂天であった……数ヵ月後、次男は睡眠リズムが乱れて昼夜逆転し、家でも学校でも「うぉ〜！」と叫びながら数十分ほど壁を叩き続けるという行為を繰り返すようになった。薬を服用するも効果がなかった。「子どもの言いたいことではなくてお母さんの言ってほしいことを言わせているだけではないの？ それはコミュニケーション支援ではないよ」という……言葉が頭をよぎり、家の中からすべてのカード類を撤収した。数ヵ月で次男は壁叩きや睡眠障害はなくなった……中学は養護学校に進学した。先生方の首には写真や絵カードが下がり、校内にはスケジュールやカード、「廊下ははしりません。あるきます」「のぼりません。おります」と禁止事項のポスター、手順表、タイマーが並んで、ビジュアル図鑑の挿絵そのもの、数年前の我が家とそっくりな状況であった……数ヵ月で次男は……エコラリアしか返さず、目の前におやつを出しても「座って」「食べていいよ」と言うまで食べないような指示待ち状態で、排泄さえトイレに誘わないとおもらしするようになった……中学2年生の夏……リビングにやってきてキッチンの包丁を手に取り、私の方を見ながら「くび、ほうちょう、ギコギコ！」と叫んで包丁を首にあてた……よく切れる包丁であったなら次男の首から血が噴出することになっていただろう。その夏休みは朝から晩まで包丁を隠す私と包丁を探す次男とのバトルが続いた。これまで描いたことのない首のない人間の絵を描いたりもした。睡眠障害も始まり、奇声や壁たたきなども増え、気の許せない嵐のような毎日であった。次男から「俺らしく生きていけないなら死なせてくれ」と言われているようで本当に辛かった……ウツ病と診断された。薬を服用して3年目になるが調子には波があり、高校1年生の現在も薬を調整しながら治療中である……自閉症の子どもたちが見通しをもつことで安心して生活できるようにカードやスケジュールやタイマーを使って視覚支援していますというのが学校からの説明だが、実際には、用意されたツールは、教師の指示に従って集団行動がとれるなどできることを増やすために使われているようにしか思えない……カードやスケジュールやタイマーを「困った行動」の管理に使っていることに教師は気づかないし、この「困った行動」が教師にとっての「困った」であることにも教師は気づかない……カードやスケジュールやタイマーは作業を先生に都合よく進めるためのツールとなり、人と人との生き生きしたコミュニケーションのツールにはなりえない……子どもは自分を表現する権利が奪われているにもかかわらず……責務だけは求められる

のである……養護学校で次男に起きたことは以前に家庭での療育において次男が体験したことの大掛かりな再現であった……養護学校の環境はかつての我が家そっくりであった。追い払った亡霊が復活したようであったのではないだろうか……どうやって耐えればいいだろう。自分を消すことである……次男が受けた心の傷はたいへんなものであったから、彼は母である私に対しても容易く警戒を解くことはないだろう。またいつ豹変するかもしれないのである。これが、次男の「壊れた」原因と経過についての私なりの理解である。

　今、「支援」業界には、高機能自閉症（HFASD）を見ればSST、ソーシャルストーリーズ、重度児を見ればPECSやTEACCHといった、機械主義が蔓延しています。科学性という観点からその妥当性をただす以前に、そもそも自閉的であることは社会のなかで尊重されるべき個人的特徴ではないのかという共生の視点がほとんど欠落していることが深刻になっています。自閉症は疾患（今日は根治が医学的に目指されはじめている）でもありますがギフトでもあります。重度児・者の芸術作品の素晴らしさ、学問の進歩に貢献している高機能者の存在を考えれば、彼らを一方的に「支援」する対象とみなすのは、自閉的特徴に対する非自閉症者の傲慢であり、人間の多様性に対する冒涜であると言えるのです。

2)「支援」に科学性はあるのか？
　自閉症の心理教育的支援の科学的検証は、日本では驚くほど乏しいのに「支援本」が山をなします。エビデンスが明確に書かれているのはABAくらいです。ソーシャルストーリーズ、あるいは「ソーシャルスキルトレーニング絵カード」などによる「支援」に、筆者はきわめて懐疑的です。隆盛を極めているSSTも、本書の藤野（142ページ参照）のような綿密かつ柔軟なやり方でないと、逆効果になりかねません。これらは大人の提示した社会的場面に関連した反応を子どもから引きだし、反応が不適切な場合に解説や修正が試みられる、という大人にとっては適切な言動を「教えた気になれる」いかにも都合のよい教材です。問題は果たしてそれが当事者の真の学習につながるのか否かです。高機能成人当事者が、ことばはいくらでも芝居のせりふのようには覚えられるが、それを現実生活で用いる上で不安が残る（泉, 2005）としばしば口にしています。綾屋・熊谷（2008）の一方の著者である綾屋紗月氏は、「（SSTで）いわれればなんでも演技はするが、それで別に満足のいくコミュニケーションが出来るわけではない」「真似をしたらその人自身になってしまうのではないか」（藤野博氏によるインタビュー）と、SSTへの疑念と不安を表明しています。

C 自閉症スペクトラムの子どもへのコミュニケーション支援

　HFASD に対する SST の有効性の証拠はほとんどないことが分かっています（Rao et al., 2008；大井, 2010a）。ソーシャルストーリーズも同様です（McConnell, 2002およびReynhout & Carter, 2006：大井, 2010a）。どちらも適用は慎重にすべきでしょう。これらは、心の内外の多要因の偶発的相互作用として生じるコミュニケーションを極端に単純化し、事前指定的行動系列（「正解」）として記憶させ、柔軟性のない記憶が、「正解」が当てはまらない類似場面で新たなコミュニケーション困難を生みだし、当事者を誤学習と混乱の二重苦に陥れているのです。「『ソーシャルスキルトレーニング絵カード』を各場面すべて丸暗記しているが、同じ場面に遭遇した場合なんら実用的なコミュニケーションに役立たず、無駄な投資であった、廃品回収に出した」というような保護者の声を耳にします。声の信頼度は慎重に検証すべきですが、そもそもが、技法の効果証明（あわせて副作用警告）責任は商品製作・販売者が果たさねばなりません。性能保証なしに商品を売りつけることは、通常の製造物では許されないのです。「支援」用品では一層の厳格さが必要です。最近の筆者らの一連の研究（矢田・大井, 2009；大井・田中, 2010；田口・大井・高橋, 2010）で、場面絵を用いた比喩や皮肉、間接発話理解に ASD の子どもと典型発達児でほとんど差がないことが分かりました。ところが現実的な対面コミュニケーションでは ASD の子どもは間接要求の受け入れが典型発達児より有意に劣っていました。「社会的場面絵」を用いる「指導」は原理的に無意味である可能性があります。なお、SST には信頼できる臨床研究もあります。英国モーズレー病院での成人グループで月1回、ロールプレイ、チーム活動、構造化されたゲーム、セッションのビデオのフィードバックにより、会話の開始と維持が有意に改善し、ジョブ面接では、不適切応答が減り、結果として、よりよい仕事に就き家庭から自立した事例が多く見られたことを示しています（Howlin & Yates, 1999：大井, 2010a）。

3）何が支援なのか？

　幼稚園・保育所へ彼らは母親との愛着形成なしか、愛着の拡大に著しい困難を抱えて入ってきます。代理愛着対象としての担任教師が彼らの集団参加の安全基地として果たす役割は大きいでしょう。多様な仲間関係と生活日課を通じた社会的学習は、自閉症児には重要な機会です。子どもの自己選択による行事などへの参加が配慮されなければなりません。幼児相談室を備えているところでは、自閉症幼児だけの小集団も取り組むことが望ましいでしょう。共通の興味、些事にこだわらない落ち着いた仲間関係をもつことでコミュニケーションへの意欲が促されます。特別支援学校では、「支援法」にとらわれる教師の視野の狭さの克服が第一義的であると言えます。長い時間をかけたその子どもらしい成長、自閉症独特の才能を生かす機会（アニメやネット、PC、芸術活動など

各種の部活的なサークルが組織できればベストです）、感覚異常にやさしい環境整備など特別支援学校ならではの本来の教育を取り戻す努力が必要です。そのためには、卒業生訪問や幼稚園保育所訪問によって（助言指導でなく、学ぶ姿勢で）、いかに特別支援学校に子どもの自然なコミュニケーションを可能とする豊かな生活が欠けているかを知るべきでしょう。また教師が「専門家」もどき（教員免許法に定める20数単位は、あくまで初歩を教えるにすぎない）になる誘惑から免れることも不可欠です。自然な会話者として、おのれ自身の豊かさを生きる人間として振る舞うことを優先すべきです。特別支援学級は、その規模の小ささを生かした仲間同士のコミュニケーション学習のよい環境となります。その条件として、子どもが家から図鑑を持ち込んだり、幼稚園保育所時代からつちかってきた興味を満たす活動（例：ビデオ再現遊びや、写メコレクションなど）を学級に導入したりすること、同時に、通常学級の子どもを積極的に呼び入れ、そうした自閉症児たちの個性的活動を共有する機会をもつことです。通級指導教室は、小集団活動の絶好の場所です。ものの貸し借り、合意作り、仲間入りなど集団内伝達技能を養うことが将来のよい適応につながります。小集団を大人が仕切ってはなりません。子どもたちの「要領や態度の悪さ」に耐え、失敗をコミュニケーションの学習機会に転化する媒介者となり、自分たちでコミュニケーション行動を応用する「おでかけ」などの活動の助言者とならねばなりません（大井, 2010a）。日戸ら（2009）はそのよい見本の1つです。通常学級での主な課題は、担任教師のASDの子どもへの柔軟な対応をクラスメイトにモデル提示し、「二重基準状態」に付随する同級生の不満へのケア、一見いじめと誤解されがちなクラスメイトの自閉症児へのかかわりのなかの友情関係を育て、小学校高学年以降は相談相手となるクラスメイトの確保、仲のよい同級生たちの知恵を活用し共有することです（大井, 2010c）。

## 2　要求の表現を育てる支援——「要求させる」支援になっていませんか？

### (1) 要求することは苦手

　自閉症スペクトラム障害（ASD）の人たちは要求を表現すること、伝えることが苦手です。外では「おとなしい子」が家では暴れて自分の思いを通すというように、場面や相手によって違う姿を見せる子も多く、場面緘黙という姿をとる子もいます。「自閉症によるパニック」「感覚過敏だから」と周りが見ているものが、実はその子ができる数少ない要求表現、要求を実現する方法である場合もあります。「それくらいはことばで言えるはず」と思われてしまうおしゃべりな子でも、暴れるという方法に頼らないと要求できない子は少なくありません。暴れたときにうまくいった経験がそのように学習さ

## C　自閉症スペクトラムの子どもへのコミュニケーション支援

せてしまったわけですが、周りの人には、暴れるから子どもの言うようにしてきたという自覚がありません。いつも「うまくいった」から身についたのではなく、むしろ低い確率で「いいこと」が起こると子どもは余計に何度も、それもさらに強く試します。大暴れに驚いた周りが思わず要求を受け入れて、学習が強化されます。ことばで上手に言っていることが本当の要求ではないことがあるのもASDの子どもの特徴と言えるかもしれません。「ねえお母さん、僕ね〇×がしたいんだ」と気持ちのこもった印象の言い回しが、自分の話を聞いてもらえる状況作りで、前ふりにすぎず、本当の要求はその後の会話に遠回しな表現で滑り込んでいたりします。暴れる子も、巧妙な言い回しができる子も、自分の要求を表現したり伝えられないという困難は共通しているのです。

### (2)　なぜ要求が苦手なのか？

　代替ツールの使用も含めて、要求の方法をもてば自閉症の子も要求の伝達はできる、聴覚的な媒体だからうまくいかないのなら視覚的媒体で……という誤解がありますが、当事者の報告にもあるように学術論文は難なく処理できても日常の何気ない要求の伝達には困惑が伴うのが自閉症の人たちです。なぜなのでしょうか？　日常生活での要求表現というのは、お金を入れてボタンを押して自動販売機で品物を手に入れるといった機械や装置を相手にする手続きとはまったく事情が異なります。要求するというのは人間関係のなかで相手の心を動かす営みです。伝わるというのは相手が心をゆさぶられるということで、典型発達の人たちは相手の心の動きに対応して細かく微調整される無意識の過程の上に伝達的行為であることばや視線などを用いています。このベースにある過程がうまく機能しないのが自閉症の人たちなので、用いられることばは正しくても、相手に効果を及ぼしにくいのです。このような負荷を超えて伝達が成立するためには、伝える内容が明確である必要があります。学術論文のように気持ちを含まない明確な内容については伝えられても、要求の表現では内容は話者の気持ち、心です。自閉症という障害については、他者の気持ちが読み取りにくいことは知られていますが、自分の気持ちを自分でとらえることにも困難があります。要求の表現、伝達は自閉症の人たちにとっては本当に難しいことなのです。

### (3)　手続きとしての要求伝達

　ですから、「自分の思いを表現できる」あるいは「自分の要求を伝達できるようになる」といった目標で指導を考えるのは無謀です。できていないことをそのまま目標にするのは教育目標の立て方ではありません。では、どこに視点をおいて目標を立て、指導

すればよいのでしょうか？　対象のお子さんには、自動販売機を操作するスイッチのように、手続きとして使っている要求伝達のレパートリーがありませんか？　それを広げる、あるいは修正して子どもが生活をやりくりしやすくなるように貢献することが指導計画になります。たとえば暴れる。当事者にも、家族や教師、友達といった周りの人にも負担が大きいスイッチです。それに替わるものがあれば当事者も周りも助かります。双方にとってメリットのある、どちらもが助かるものを探る、つまり、要求表現を育てる「ことばの指導」とは、当事者と周りの折り合いのつく手続きを周りの人と当事者が共同で作っていく過程なのです。生活の場で、生活を共有する人たちと当事者との関係で起こる共同の学習です。訓練室や支援室では生活で起きていることを分析し、生活に持ち込む作戦を立てることはできますし、それがうまく機能すれば生活の場での学習を支えるものとなるでしょう。けれど要求を伝えることを学ぶのは園や学校、そして家族との生活においてです。特別な場所での訓練が学習であるかのように誤解される方がいて、「訓練」のために普通の生活が分断されることがあります。療育の名のもとに、学びの場として日常生活が機能することが妨害されていないでしょうか？

### (4) 伝達を求めない「やさしい環境」が表現を引きだす

　自閉症の人には他者に要求を伝えにくいという特性があるのですから、伝える必要のない、なるべく自力で処理できる環境こそがやさしい環境となります。そのような環境では、当事者が要求として自覚しないままに行動によって要求は表現され、周りが自閉症の人の要求に気づくことができます。あそこであのクラスの子たちがしているダンスを見たかったのか、あの水道で水を飲みたかったのか、この音から離れたかったのか……、伝えることを周りから求められることなく、要求は理解されます。要求というのはピンポイントです。部屋を出てしたいことが要求であって「部屋を出たい」が要求ではありません。「部屋を出たい」と伝えることを子どもに求めることは要求を伝えることの指導ではありません。ピンポイントのその子らしい要求に周りが気づき、周りが受け入れやすい「手続き」に整理することが指導です。その手続きを使えば自分で動かなくても結果が手に入る、自分で動くよりももっとよい結果が手に入るという事態を周りが作りだすことができれば、子どもは手続きを受け入れ利用するようになります。子ども自ら手続きを試行し提案するようにもなります。これが、子どもと周りとで作り上げていくということです。手続きによって他者を巻き込むことができれば、自力ではやりくりできない環境でもやっていけますから、特定の人に依存せずに生活範囲を広げていくことができます。ASDの子どもたちに要求の表現を育てたいと願うのは、開かれた生活を

C 自閉症スペクトラムの子どもへのコミュニケーション支援

生きてほしいからです。ですから支援の評価は、「カードを使えるか？」「ことばで言えるか？」ではなく、「支援によってその子どもの生活は広がったか？」で見るべきなのです。

**(5) 手続きとして使えそうな要求伝達のレパートリーを見逃さない**

　Z君の事例で見ていきたいと思います。3歳児で入園したZ君は泣くことさえほとんどありませんでした。朝、お母さんに抱かれて登園し玄関で下ろされると、お母さんを見ることもなくそのまま広いホールで吹き抜けの天井を見上げ、くるくる回るのが遊びでした。ふわふわとつかみどころがない感じです。そっと背中を押したり抱き上げて保育室に入れてみます。戸が開かないと叫び声をあげるもののそばにいる大人の顔を見ることもないし、大人の手をとって戸にもっていくこともしません。戸の前で無表情に座っていて、そのうちに場所を移動し、そんなときにはよく指で数字を1から順に空中に書いていました。眠ってしまうこともしばしばでした。コミュニケーションの目標は「『人に伝えるといいことが起こる』ということを知る」とし、短期目標は「人が動くスイッチを知る」としました。方法は、彼にとって「スイッチ」になりそうなものを見つけ、スイッチと分かりやすいように提供していく、ということになります。

　Z君が天井を見上げて回っています。区切りを見計らって後方からそっと抱き上げてゆっくり数回転して下ろしてみます。大人がそのまま後方に立っているとZ君が背中を預けてきます。抱き上げて回ります。再開の要求はできるということです。しかしZ君から大人に近づいて背中を預けてはじまるというような開始はありません。じらすつもりで大人がすぐに応じないと離れていってしまいます。彼のスイッチを確立するには「すぐに反応する」が必須なようです。

　ものにかかわることの少ないZ君が靴箱から靴を取り出して玄関に置きました。「まだ帰らないよ」と教師が取り上げると、Z君は靴にも教師にも目をやることなくその場を離れました。靴を出すことを「外に行く」のスイッチにできるかもしれません。機会を待ちます。それにしてもZ君の「あきらめのよさ」は見事で、周りは息をころしてZ君の動きを見ていなければなりません。すぐに応じられないときにもう一度やってくれるとスイッチとして有効なので、「言い直しができる」を目標に加えました。数日後、再びZ君は靴を出しました。そっと近づいて彼が靴を履くのを手伝い、彼の手の近くに筆者の手を伸ばすと、Z君が筆者の指を握るように持ちました。そのまま彼のテンポに合わせて歩き、玄関扉のカギを外して扉を開け門を開き道路に出て、Z君に同行します。彼の行くところに従ってかなり歩いた後に、十字路でZ君の進路を誘導するよう

に筆者が曲がろうとしてみました。Ｚ君はそこで今まで握っていた筆者の指を離しました。「NO」と相手に伝わる表現です。もう一度、筆者の方から彼の手に指を近づけてみます。彼が握ったところで彼の進むのに任せて同行再開です。

⑹　人を動かすスイッチはその生活場らしく用意できる

　Ｚ君は音楽が好きです。彼が特に好きだったのは天気予報の歌でテレビからその曲が聞こえてくると隣の部屋からでもとんでくると聞いていました。そこで、Ｚ君のクラスでは朝のお集まりと帰りのお集まりの時間には、おはようの歌や季節の歌に加えて天気予報の歌を歌うことにしました。テレビの天気予報のオープニング画面をプリントアウトしたものも用意しました。Ｚ君が家でよく聴いているという童謡にも曲に対応した絵を用意し、絵を見せてから歌を始めたり、壁に貼っておいてＺ君が「この絵を見ている」と感じたら教師はピアノでその歌を弾き始めました。ピアノが始まると子どもたちは自然に歌い始めますから、彼が絵を見ること、絵に触れることは子どもたちの歌が始まるスイッチとして機能するように設定したのです。クラスみんなで歌っている途中であっても、Ｚ君のスイッチに反応して教師のピアノは急に変わり、子どもたちの歌も変わります。これは周りの子どもたちにとっても楽しいゲームとなりました。保育という場だからこそ用意できるスイッチです。Ｚ君が意図的にスイッチを使っていたかどうかは定かではありませんが、自分の行為と周りの人の動きの関係性に気づいていたことは確かです。

　入園当初、園生活は彼にとって意味不明の猥雑な環境だったことでしょう。当時よく眠ってしまったのは防衛反応だったと想像されます。数字の空書からも分かるようにＺ君は「勝手に字を覚えた」タイプの子です。園では、文字も混乱する周囲からの情報をシャットアウトするバリアーとなっていたようです。ですから数字の空書では大人が側でまねて空書したり、彼の書くのに合わせて読んでも反応はありませんでした。家でよく見ているというあいうえお表を園にも用意してみました。Ｚ君が指でなぞっている字を大人が音声化すると大人を見ることがあります。すでにお母さんとの間で確立していたやりとりのメニューだったことと、「あれ？　この人も言うの？」という意外性が相手を見るという行動を引きだしたようでした。彼が受け入れる意外性の範囲は狭いようで、大人が音声をつけるとあいうえお表を持って場所を移ることもありました。「NO」としての分かりやすい表現です。あいうえお表は自分で持って移動できるところが優れた点で、移動先のあちこちで通りがかる人が声をかけることになりました。保育者にとってＺ君はどのようにかかわればよいのか、きっかけを見つけにくい子どもでした

C 自閉症スペクトラムの子どもへのコミュニケーション支援

が、あいうえお表で順に文字をなぞるＺ君の動きは保育者が声をかけやすい、大人の反応を引きだす話題でした。

　こうしてＺ君は、相手を限定せずに反応を引きだせるスイッチをもちました。スイッチとしての確信ができると、Ｚ君は予想とは違う大人の反応に対して再度文字をなぞって相手の顔をじっと見るようになりました。「言い直し」するようになったのです。手を伸ばして大人の唇に触れたり、違う文字でこの人はちゃんと言うかどうかを確かめた上で先程の文字に戻って再試行したり、座り直して顔をそむけることで「NO」と表現するなど、多様な表現が生まれてきました。相手の口に触れることはＺ君が自分の手で相手の口を正しく動かそうとした動きから生まれたのでしょう。伝わりやすい身ぶりサインとなりました。彼が訂正を要求するようになって、大人はぐるぐる回しや外出のための靴でのやりとりのときの緊張から解放され、「あ」と言わずに「あ・あ・あ」と言ってみたり、「あひる」とあいうえお表に添えられている絵を音声化したり、さらには大人も紙を持ち出して「あひる」と言いながら文字や絵で描いたりと、安心して試し楽しむことができるようになりました。展開は無尽蔵です。「こんな返事はいかが？」と大人は新たなバラエティーを考えることを楽しみ、並行して子どもは「今日はこの人はどんなことするかな」と変化を期待する。役割の交替はないものの子どもと大人との関係は対等です。

　あいうえお表からの展開は卒園するまで形を変えて続き、年長の後半にはＺ君の言うものを相手が絵で描くという会話のフォーマットになりました。年中の秋から単語を発するようになった彼は、「あ」なら「あひる」というふうに順に動物の名を言って紙に文字で書きます。大人がその字の横に絵を描きます。その絵でOKなら彼は新しい紙を出して次の動物「いぬ」というふうに移っていきます。絵が下手で彼に認められない場合には新しい紙にまた同じ動物の名が書かれます。何枚描いても合格に至らず、Ｚ君が場所を変えてやりとりは中断されることもあれば、Ｚ君が簡単な絵のものに題目を変えて続く場合もあります。大人が四苦八苦していると「私が描いてみる」と参加してくる子が現れます。Ｚ君と友達との間の会話にもなるフォーマットでした。

　Ｚ君にとって、世界の多くのものが混沌としていて不安定に感じられるなかで文字は理にかない信頼できる貴重な拠りどころなのでしょう。音声よりも文字の方が注意を引くようなので、あいうえお表の遊びと並行して、文字をコミュニケーションに使うことも試みられました。教師は紙とペンを常に携帯し、彼の前で「おあつまり」と書いて見せてクラスに誘います。Ｚ君が自分から文字で書いて発信することは小学校入学以降に増えるのですが、それに先行して、幼稚園の年中時には歌の題名や歌詞を、50音表のひ

らがなを順に指さして伝えようとしていました。文字を順に指さして題名を書き、手を伸ばして大人の口に触れることでその歌を歌うようにリクエストし、大人が歌うとハミングのようにメロディーのある発声をします。彼が話しはじめる少し前の時期のことです。題名や歌詞の文字はカセットテープのラベルや歌詞カードなど生活場面で目にしているものです。映像として頭のなかにストックされていて、そのラベルの文字を端から順に50音表から探して指で押さえていく、そんなやり方のようでした。伝えたい内容は文字イメージとして明確なので、文字で書くことと相手の口に触るというサインを組み合わせて、2語文的な表現にもしました。この場面だけを見ると、口で話せないだけで文字を使えば伝えたいことはコミュニケーションできる子どもだと思われるような光景なのですが、文字を要求伝達に用いるのはあくまでも、歌をリクエストするやりとりに限ってでした。生活の他の場面で要求を文字を押さえて伝えたりはしないのです。ほどなくZ君は話しはじめます。文字で書かれた単語を映像として思い浮かべ、その文字を音に直していくような話し方でした。歌をリクエストするやりとりのなかで発語が準備されていたと思われます。Z君にとっての「話す」は、典型発達の子どもたちが話しはじめるときとはまったく異なる機序のようです。けれど、遊びのなかで自分が必要としているものが準備されていく点では、自閉症の子どもたちも典型発達の子どもたちも同じなのです。

### (7) 要求の表現は当事者よりも周りのニーズ

　会話する双方にとって負担感のない話題があれば、子どもの要求は会話のなかに紛れ込んできます。ところが、要求らしく表現してほしいと周りが要求の形に目を奪われると本当の要求は見落とされます。「要求の表現」というのは、子どものニーズであるよりも周りの大人のニーズであることが多いのです。とりわけ親には、自分は子どもに求められていると実感したいという願望が強くあります。わが子の気持ちを分かりたい、分かっていると感じたいという親の願望を、自閉症スペクトラムの子どもたちはその障害ゆえに裏切ることになります。傷ついた親は、「要求表現を育てる」プログラムに傾倒してしまい、その結果、要求することを要求され、本人には意味のない選択や要求の手続きをこなすことを求められている子どもは少なくありません。要求表現を育てる支援がそのような危険性を孕むものであることをぜひ知っておいてください。

　Z君は中学生になりました。紙とペンがあって、彼の思いに沿おうとする人には要求を伝えて生活しています。行きたいところがあればカレンダーに行き先を書きます。大

C　自閉症スペクトラムの子どもへのコミュニケーション支援

事に持っているので家族の誰かが気づきます。行ったことのない場所もガイドブックのなかから選んで記入します。音声言語で実用的に使えるのは「トイレに行きます」ということばで、すぐに誘導できるよう家族は新しい場所ではあらかじめトイレの場所の把握を怠りません。慣れた場所では、自分でトイレに行こうとすることもあって「どこいくの？」と問いかければ答えます。ビデオレンタルでは、気に入ったものを選んでかごに入れ、選び終わると戻ってきます。最近はじめたカラオケでは、紙に曲名を記入し、きょうだいと順番に歌って楽しみます。食べ物を選ぶことは今も難しく、自動販売機で飲み物を選ぶのも喉の渇きや好き嫌いで選んでいるのではなく、知っているものを選ぶというやり方のようです。要求が伝わる話題と、表現のレパートリーは広くなりました。それでも要求の表現について幼児期と比べて変わったとも言えるし変わっていないとも言えそうです。学齢期に入って生活技能や知識は著しく伸びましたから、学校ではできることが増えた分「これくらいのことはできる」と見落とされることも増えます。要求の表現はその1つで、水筒を持っていながら声をかけられないと飲み物を口にすることなく遠足から脱水状態で戻ってきます。命にかかわるかもしれません。自発的に休日の過ごし方をカレンダーに文字で書くことはできても、喉の渇きを自覚して持っている水筒を利用することはできないのです。自閉症の人たちにとって、要求の表現とはそのようなアンバランスをもちながらのやりくりなのです。

## 3　小グループのなかでのかかわりを育てる支援

### ⑴　仲間とのコミュニケーションを促進する支援の考え方と方法

#### 1）仲間作りと会話

　自閉症スペクトラム障害（ASD）の子どもたちが抱える課題の1つに友達とスムーズな会話を行なうことの困難があります。会話の難しさは子どもたちに深刻な影響をもたらします。同年代の仲間との友人関係は主に会話を通して築かれますが、それがうまくいかなくなるからです。友人関係とは特定の人との一定期間持続する互恵的な人間関係で、興味や活動や経験などの共有に基づく情動的な絆です。友人はソーシャルサポートの源になり、社会生活で孤立することのリスクに対する保護要因にもなります。さらに、友人をもつことは相手の視点に立って考える態度を育て、他者の欲求・意図・感情などの心的状態の理解や社会的認知の発達を促進するとされています（Bauminger et al., 2008）。

　本節では、同年代の仲間との友人関係を築き、ポジティブな相互作用の経験を積むことを目標としたコミュニケーション支援の方法について、特に子ども同士の会話に焦点

をあてて紹介します。

2）会話スキルのトレーニング

　ASD の子どもは、話を開始するときの適切な言い方、分からないときに分からないことを相手に伝えること、返答したり話に割り込んだり話題を変えたりする方法、共感するときの言い方、などに関する会話のスキルを学ぶ必要があります（Attwood, 2006）。まず、そのための個別指導を行ないます。さらに子ども2人をペアにして会話の練習をします。以下にその指導法の例をいくつか紹介します（詳細については藤野ら［2010］をご参照ください）。

　**聞き方上手になろう**：話しかけても聞いているのかどうか分かりにくい子どもや、話している人に注目するのが難しい子どものための指導です。聞くときは相手の顔を見る

★じょうずにきく ポイント★
**あいての かおを みよう！**

①あいてが はなしかけてきたときは…

②**ぼく**は、はなしている あいての **かおを** みます。

③**ぼく**が、しっかり あいての かおを みると、あいては、うれしいきもちになります。

★じょうずにきく ポイント★
**ちゃんと きいてるよの あいず「うんうん」**

①あいてが おはなしを しています。

②あいてが はなしをしているときには、**ぼく**は、「うんうん」と うなずきます。

③**ぼく**が、「うんうん」と うなずくと、あいては、たのしく はなしが できます。

図II-4　聞きかた上手になろう

C 自閉症スペクトラムの子どもへのコミュニケーション支援

ことと、相手の話にあいづちを打つことが目標となるスキルです。相手の目を見ることが苦手な子どもには無理強いせず、相手の方を向くだけでもよく、相手の口元を見るなどの方法もあることを伝えます。

まず図Ⅱ-4のガイドを読みます。そして、相手に質問し話を聞く場面を作り、リハーサルします。子どもが達成できた行動に対しては「うんうんって聞いてくれたから、○○君は嬉しかったと思うよ」などと言語化してフィードバックし称賛します。受け手の気持ちを伝えることは他者の感情理解の促進もねらっています。

**呼びかけ上手になろう**：人に話しかけるのが苦手な子どもや突然、一方的に話しはじめてしまう子どものための指導です。相手の名前を呼び相手の注意をひくことと、話したい話題を伝えることが目標とするスキルとなります。

図Ⅱ-5 呼びかけ上手になろう

まず図II-5のガイドを読みます。そして、うしろを向いている人に対して呼びかけ、話したい内容について伝える場面を作ってリハーサルします。そして、呼びかけの2つのポイントができているかの振り返りをします。リハーサルを行なう前に、だれにどんな話をするのか、どんな会話になるのかをあらかじめ作戦を立てておくと子どもたちは安心して取り組めるでしょう。

**かわりばんこ上手になろう**：交互に話す会話の順番交代のルールが分かりにくい子どもや一方的に話しすぎてしまう子どものための指導です。「○○君はどう思う？」の合図で、話す人と聞く人が交代します。

まず図II-6のガイドを読みます。リハーサルではペアの相手と会話をしますが、「話す人」と「聞く人」の役割交代を意識しながら会話を進めます。相手と会話をするとき、自分だけが一方的に話をするのではなく、相手にも話すチャンスを与えることがポイントです。この練習の際に糸電話などを使うと、話し手と聞き手の役割が視覚化されるため分かりやすくなり、また子どもたちにとって面白いものとなるでしょう。

3）集団ゲームのなかでの子ども同士の会話の支援

仲間との会話とコミュニケーションの促進につながる集団ゲームの例を1つ紹介しま

図II-6　かわりばんこ上手になろう

C 自閉症スペクトラムの子どもへのコミュニケーション支援

す。たとえば、2人ペアでチャレンジするビンゴゲームなどがあります。これは共通の好きなものを通じて仲間と目標を共有し、一緒に期待感を抱いたり達成感を感じたりしながら協働活動を行なうことがねらいです。

ゲームへの興味を高め、ペアの相手との相互交渉が起こるよう、子ども自身が好きなアイテムを取り入れ、次のように進めます。①アイテムのなかから2人が共通して好きなものを話し合って9枚選びます。②3×3のマスの好きなところにアイテムカードを貼ります。③アイテムが読まれたら、そのマスに丸をつけます。④縦か横か斜めに3つ丸がそろったらビンゴです。そのときは手を上げて「僕（私）たちが好きなものは、○と○と○です」と発表します。子どもの好きな食べ物、遊びなどのアイテムカードをたくさん用意します。

2人で好きなアイテムを話し合うときに、「呼びかけ上手」や「かわりばんこ上手」などの会話スキルを意識させることもできるでしょう。支援者はなるべく子どもから距離を置き、必要なときだけ声かけをするなどの配慮をし、子どもたち主体の活動になるよう心がけます。

### 4）スナックタイムでの自由会話の促進

スナックタイム、つまりおやつの時間は、仲間同士の自由会話とコミュニケーションを促進するための格好の場になります。大事なことは座席の配置の工夫です。趣味が合いそうな子、その日の活動でペアになった子など、共通の話題で話せそうな子どもを近くにするなど、配慮の視点はさまざまです。

そして、大人とではなく子ども同士の会話を促すため、支援者は子どもから距離を置きます。支援者のかかわり方として大切なことは、子どもの会話や問題解決のきっかけ作りをしてあげることです。子どもの近くにいる支援者は、全体に話題を投げかけたり、「○○ちゃんが話しかけているよ」などと声をかけて、子ども同士のつなぎ役となったりします。支援者の介入は最小限にします。子どもが友達に話しかけて会話がはじまったら口は出さず、子ども同士の会話を見守ります。図Ⅱ-7に子どもの特徴と座席の配置のイメージを載せました。

**おやつを話題にして会話する**：同じ数、同じ種類のおやつを用意し、一緒に話すきっかけを作ります。話す内容はおやつに関することだけでなく自由です。形もおせんべいのような丸型だけでなく棒状のものなど幅広く選びます。

支援のポイントとしては、会話練習で学んだことを実践できるように、プロンプト（促し）したり、実践できていたらすぐにフィードバックして称賛します。プロンプトとしては、たとえば「○○ちゃんにこのおやつ好きか聞いてみたら？」「『ねぇねぇ○○

図中のラベル：

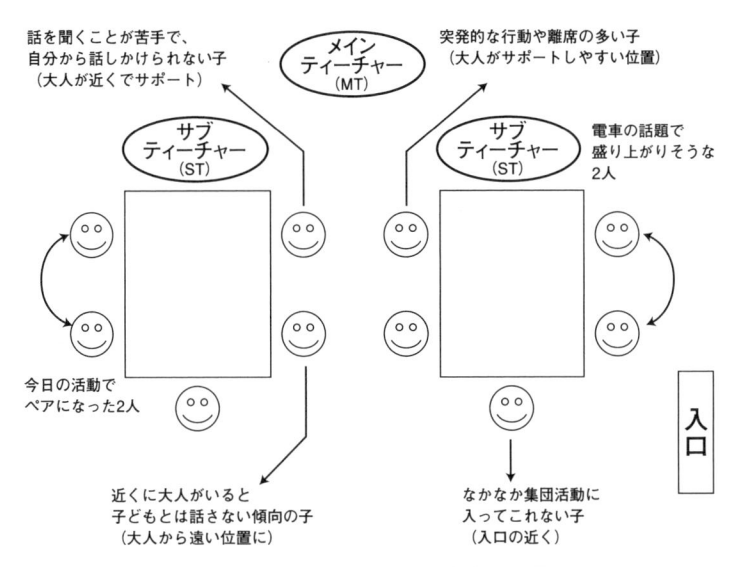

- 話を聞くことが苦手で、自分から話しかけられない子（大人が近くでサポート）
- メインティーチャー（MT）
- 突発的な行動や離席の多い子（大人がサポートしやすい位置）
- サブティーチャー（ST）
- サブティーチャー（ST）
- 電車の話題で盛り上がりそうな2人
- 今日の活動でペアになった2人
- 近くに大人がいると子どもとは話さない傾向の子（大人から遠い位置に）
- なかなか集団活動に入ってこれない子（入口の近く）
- 入口

図Ⅱ-7　子どもの特徴と座席の配置

ちゃん』って話しかけてみたら？」などがあります。

**お菓子を分けたり交換したりなどの交渉をする**：何が入っているか分からないお楽しみ袋を使います。1つの袋のなかには同じお菓子だけがたくさん入っています。そして同じお菓子を持っている仲間は誰もいません。これは仲間に話しかけて交換のための交渉を行なうことをねらった状況設定です。

おやつ場面では子ども同士の自発的な会話を促進するためのさまざまな演出ができます。おやつ場面での子どものコミュニケーションの変化の例を1つあげましょう。1年間の小グループ指導に参加した自閉症スペクトラム障害の小学校3年生aさんのケースです。

某年5月：aさんがお茶を飲みはじめると、隣に座っていたb君が「まだ食べちゃいけないんだよ」と特にaさんに向けてというわけでもなく発言しました。aさんはb君の方をちらりと見ましたが応答はしませんでした。また周囲の様子をうかがうこともせず、黙ってお茶を飲み続けました。

同年9月：おやつに出された動物型のビスケットの形や袋をよく見ていました。向かい側に座っていたc君も同じように見ていました。支援者がc君に「何見てるの？」と尋ねると、aさんはc君の方を見てから、隣にいたd君のお菓子を覗きこみました。

同年12月：お菓子の袋に描かれている絵に興味をもったようで、その絵を見ていました。e君もそれを見ていました。e君が同じテーブルのf君に「うしろに何か描いてあ

C 自閉症スペクトラムの子どもへのコミュニケーション支援

る?」と質問すると、aさんはf君に近寄り、3人で袋の絵を見ました。その際にaさんは、e君の目を見ながら「亀って、しっぽあったっけ?」と質問したり、e君の発言に笑ったりしました。

### (2) 会話とコミュニケーションの支援事例

　小学2年生のgさんは通常の学級に在籍する自閉症スペクトラム障害の女の子です。会話場面での問題点として以下の4点があげられました。①周りの人が困惑するようなことも配慮せずに言ってしまう、②相手の話を途中でさえぎって自分の興味のある話をしてしまう、③話したくても自分から会話をはじめることがなかなかできない、④場面に不適切な声の大きさで話してしまう。

　gさんの長期目標は人と会話を楽しむ経験をすること、短期目標は特定の友達と共通の話題を見つけて会話することができることです。以下のことを指導の目標にしました。①相手の方を見て話を聞く。②相手の方を見て発言する。③これから話したい話題を先に述べてから会話をはじめる。④適切な声の大きさで話す。⑤相手の話が分からなかったら明確化の要請をする。⑥会話を続けるために話題に沿った質問をする。個別指導を行なった後に、hさんとペアになって会話の練習を行ないました。

　先にあげた会話スキルのトレーニングやペアでの会話練習などを一定期間行なった後に、次のことが達成されました。まず、お話シートに話したいこと(相手に質問したいこと)がうまく整理でき、さらにあらかじめ考えた質問を紙を見ずにもすることができました。話題を維持し会話を続けるために話を発展させたり、相手に関係することを質問したりすることが援助なしで自発的にできるようになりました。また、相手の顔を見て話すこともできるようになりました。そして、支援の後期には、hさんと好きなアニメキャラクターやゲーム機などの話で会話が長く続き、休み時間にも話をしようという約束をする場面も観察されました。また関連するエピソードとして、会話の練習が終わって、gさんが机を元の位置に戻そうとしていたときにhさんが来て手伝ってくれたのですが、その際に「ありがとう。hさんが手伝ってくれて、私、本当に嬉しかった」などパートナーの相手に向けたポジティブな情動を伴う発言が見られました。

　話すことについての自己効力感に関するアンケートを支援の前後に行なって比較したところ、「話すのは簡単ではないと思う」という質問項目で「はい」だったのが「どちらでもない」に、「私は思ったことをうまく話せる」という項目で「どちらでもない」だったのが「はい」に、「話すよりも書く方がいい」という項目で「はい」だったのが「いいえ」に、「人に自分から話しかけるのは得意だ」という項目で「いいえ」だったの

が「どちらでもない」に支援後に変化しており、話すことに対する自己効力感が向上した様子がうかがえました。

## 4 行事への参加に向けた支援

### (1) "非日常的"な行事

　行事には、入園・入学式から、運動会や球技大会、発表会やバザー、遠足、お泊まり会や修学旅行などさまざまな種類があり、ものによっては練習段階も含めある一定期間、日常とは異なる特別な日程で、なじみのない音や保護者参観などさまざまな非日常的な刺激のなかで行なわれます。高機能自閉症（HFASD）の人にとって特にはじめて経験することは見通しがもちづらく、何を手がかりにどのタイミングで何をすればよいか、自分の居場所はどこかも含めさまざまな不安材料があります。また、音声言語のみの指示では理解しづらいことが、何か活動に誘われてもスムーズに参加できないことの要因になることもあります。誘っても必ずはじめは「しない」と拒否をしてみて、その後のやりとりで少しずつ理解していけば参加できる、という方略を取っているパターンもめずらしくありません。さらに、子どもに感覚の過敏やこだわりがある場合には、どうしても苦手な刺激は避けられるようにしたり部分参加にするなど調整ややり方の工夫が必要になります。「必要な配慮」は当然一人ひとり異なります。どんなやり方だと理解しやすいか、誰がどのタイミングで子どもに伝えるか、どのような形でその行事に参加するか、困ったときはどうするかなどを本人とも話し、周囲の人が理解しておくことが大切です。そのためにも、日ごろのかかわりと理解、事前準備が重要なポイントとなります。

　筆者のかかわっているHFASDの人の仲間活動でも、仮装大会やクイズ大会、たけのこ掘り、料理、電車での遠出、クリスマス会、フリーマーケットなどさまざまな行事が行なわれます。その中で子どもたちは、仮装したものになりきって演劇に発展させたり、電車好き同士おしゃべりを楽しんだり、店員として呼び込みを頑張り売り上げに大喜びしたりと活き活きと参加しています。これらのことも含め、HFASDの人の行事への参加への支援について考えます。

### 1）初めて経験する行事に際して

　HFASDの人の仲間活動では、毎年夏合宿を行なっています。小学2年生のiさんは、初めて参加する合宿での係り分担をなかなか決めることができませんでした。iさんは、普段の定例活動では、iさんが知っているさまざまな声かけを他のメンバーにしてみては皆の反応を得て満足そうにするという様子がありました。そこで、活動の始めに皆に

## C 自閉症スペクトラムの子どもへのコミュニケーション支援

声をかける号令係を勧めてみました。事前の話し合いでは「分かりました、号令係がんばります」と言いましたが、その後「やっぱりヤダ」「しません」と言ったりもしていました。他のことでも、初めてのものには、まずは「しない」と言ってみて、皆の様子をみてやり始めることが多かった i さんですが、今回は迷っているようにも見えました。支援者からは、活動の始めに皆を誘って欲しいこと、たとえば何と言えばよいか、普段 i さんがしてくれているようにすればよいことなどを事前に伝え、ご家庭でも合宿の予定表を見ながらいつといつ、どう言えばよいか、困ったらだれに言えばよいかなど本人と相談していただきました。いざ当日の朝、支援者が「そろそろ切符買いに行こうか」と i さんに声をかけると、「先生、僕は号令係しませんよ」と言いつつもすぐに、「みんな行くよー」と自ら皆に号令をかけ、合宿での彼の役割を果たしました。本当のところ、i さんにとっては「号令係」と普段の行動は別物だったかもしれません。それでも、i さんの声かけでメンバーが活動を開始したり移動したりを見ている i さんは満足そうで張り切った様子でした。

　役割分担の選択をする際に、選ぶのが苦手というお子さんも多いです。選択肢になっているものがそれぞれよく理解できずに選べないこともありますし、理解できていても選択することが苦手なこともあります。普段の様子から本人の得意なところを活かせるものを提案したり、追い詰めない形で誘ってみたりして、本人にとってプラスの経験となるように工夫したいものです。

　ところで、事前準備をしておくことは大切ですが、本番に予定通りにいかなかったときに、固まって動けなくなるケースもあります。小学校6年生の j 君は、仮装大会で衣装を作る材料は持ってきているものの、製作を中断して本を読みはじめてしまいました。理由を尋ねると「別のもの予約しちゃった、どうしよう」とつぶやきます。家でお母さんと相談をして何を作るか決めてきていたのですが、実際には別のものを作りはじめてしまってから約束を思い出し、はたと止まったのでした。支援者がいくら「変更しても問題ない」というようなことを伝えても動けず、お母さんに電話をし、変更することについてお母さんと直接話すことでやっと納得し、続きを作ることができました。「そんなことで」と周囲が思うことがひっかかっていて次に進めないということがあることを知っておくこと、そしてそれを否定しないことは、できそうでなかなかできないことかもしれません。また有効な手段を利用することで、周囲からいらぬ遅れをとらないようにすることもときには必要です。

### 2) 恒例の行事と長期的な視点

　幼稚園・保育園で、1年目の年少時代はまったく行事に参加しなかったお子さんが、

年中時には部分的に参加したり手伝ったりし、年長ではすべてに参加した、という話はめずらしくありません。たとえば、列から外れてフラフラしているだけで、とてもそのように見えないのですが、実は離れたところからみんなのしていることを眺めていて、家ではやってみていたりするお子さんがいます。遠巻きに見ることで全体の動きを把握できることに気づいて、そんな方略で理解しようとしているのです。クラスで行なう活動に始めからは参加できなくても、クラスの外に出してしまわずに、クラスの中で過ごしやすい環境を作ると、皆の様子を見ることができ、自分もやってみようと思えたり、やりたいことを見つけたりするチャンスが生まれます。あるHFASDの会の活動では、毎年春にたけのこ掘りに出かけます。小学校中学年時に初参加したkさんは、少し遠巻きに皆の様子を見てはいるものの、自信がもてないのか自分ではまったく掘りませんでした。支援者からの誘いがあると顔がくもり、ふいっと避けて行ってしまいます。しかし皆の様子はとてもよく見ていて時々は笑顔で過ごし、家に帰ってからはお母さんに細かく報告をしていたそうです。高学年になると、少しだけたけのこを掘りますが、支援者に促されても、鍬で最終的に掘ってもらうために大人を呼ぶことがなかなかできず、ただ、他のお子さんがするのと同じような声を出してまねてみることはしていました。中学生になると、自発的にシャベルで掘り、得意の英語を交えたりして大人を呼び、たけのこの収穫だけではなく、たけのこ掘りを通してやりとりを楽しむようになりました。「たけのこを掘る」だけが目的となるわけではなく、周囲が期待する形ではなくとも、本人としてはその年その年でたけのこ掘りのさまざまな面を体験していたことがうかがわれ、毎年恒例の行事には、長いスパンでの変化が見られるという側面があります。

　lさんも幼稚園で、年少時には、集団活動には入らず職員室で多くを過ごし、1年目の行事はすべて、先生に手をつながれてその場にいるという過ごし方でした。年中時には落ち着いてきて、運動会本番は練習も含めなんとか参加できました。しかしそのころから、家の玄関、幼稚園の玄関、教室の入り口で、自分で決まりを決めて、「1、2、ちがーう、1、2、3、できなーい」と何回も繰り返し入室できず泣いてしまう、ということが続きました。先生たちは気長に待ってくれたり、切り替えてパンと手を叩いて入るのを手伝ったりしてくれました。さらに家庭では、朝家族のなかで1番に起きて両親のめがねを両親に渡すという行為にこだわりました。行事には、練習期間があってその間かなり無理をして過ごす場合も多く、それに気づかずに「うまくできているから次ももっとうまくできるように」と課題をさらに高度なものに設定していくと、がんばりが本人を苦しめてしまうこともあります。lさんの場合、運動会のストレスがあるようだと周囲も認識し、運動会ができたから今度はこれもできるはずというふうには考えな

C　自閉症スペクトラムの子どもへのコミュニケーション支援

いようにして接しました。この時期に、たとえばつらいから休むなどしてしまうと、不登園になる可能性もあったかもしれませんが、原因は運動会で溜めたストレスと分かっていたので、対応を間違えずにすみました。お子さんによってストレスの現れ方も違いますし、園や学校と家庭との連携によって現在お子さんがどのような状態にあるか共通認識をもてるように心がけておくことが必要不可欠です。また1度で完璧に覚えるタイプのお子さんもおり、何度も同じことを繰り返し行なわれる練習期間がとても苦痛な場合もあります。

### 3）教示の仕方やペアの組み方

　HFASDの人とのやりとりでは、コミュニケーションがずれることがしばしばあり、直前の会話で話していた場所を指した「そこへ行って取ってきて」の「そこ」がどこか分からなかったり、頼まれごとをいますぐすべきと思わず、早くしろと文句を言われてしまったり、「分かりました」と言いながら周囲の予測のつかないところで分からなくなり困っていたりします。周囲がおかしいと感じたときには何が伝わっていなかったか確認したり、本人が分からなくなったときにどうするか知っておくと、ズレても修正できます。また次の行動に移る際にさりげなく誘ってくれたり、サポートしてくれる存在は貴重ですが、上からの指示的な言い方をされたり、安心して話を聞ける相手ではない人に言われたりすると、同じことばでも伝わったり伝わらなかったりします。同様に、グループ活動やペアを組む活動では、うまの合う相手や本人が安心できる相手、あるいは対等にかかわれる相手と一緒にするなど、状況やねらいに応じて決めることができれば、より意義のある参加が望めるのではないでしょうか。さらに、修学旅行など長い期間ずっと一緒に過ごす行事では、本人も周囲も互いに不満が溜まっていくことがあります。話を聞いてくれる教師と個別に話す休憩時間を途中どこかで設けることで最後まで安心して過ごせる場合があります。

### (2) 多様な参加、楽しみ方

　行事というものは、特に周囲の大人は「せっかくだからここでしかできない経験をぜひみんなと同じように参加させたい」とつい力が入ってしまいがちです。その行事のなかでの役割は何か、何回目の参加か、また本人はその行事をどうとらえているのかなどにより、参加の仕方はさまざまです。一人ひとりにとって、その行事をどう体験するか、次にどうつなげるかを意識して支援すること、そして支援の形がうまく整わず参加するメリットよりいやな経験ばかりを積むと考えられる場合は割り切って欠席することもときには必要でしょう。過去に筆者の経験したいくつかの自治体合同のHFASDの青年の

合宿は、大勢のHFASDの人が一同に会し、われわれ支援者の方が"少数派"を味わう貴重な機会でした。鉄道の話から一発芸まで、何人もの芸達者なメンバーが入れ代わり立ち代わり前に出て得意分野で仲間と盛り上がる様子は圧巻でわれわれ支援者に入り込む隙はほとんどありませんでした。普段の地元でのHFASDの小集団活動でも、支援者は一緒に活動はしますが、なるべくHFASDメンバーたちの主体的な活動になるよう心がけると、われわれ典型発達者だけではそうはならないなという面白さの発見があり、メンバー同士もとても楽しそうです。その人らしさについての理解なしに行事への参加の支援はありえないと考えます。彼らとも共有できるやり方を探ったり、内容を工夫することで、行事自体の面白さもより幅広くぐっと深まるのではないでしょうか。

## 5　家庭での配慮

　母親である私の体験を振り返り、自閉症スペクトラムの子どもの育ちにおける「家庭での配慮」について考えてみたいと思います。P（110ページ参照）はあまり泣かない、よく飲みよく食べよく寝る、おもちゃを出して置けば延々と遊んでいる手のかからない子どもでした。1歳半健診でことばの遅れを指摘され医療機関や相談機関を紹介されましたが、私が一番動揺したのは未就園児を対象とした親子教室でのPの行動でした。絵本の読み聞かせや手遊びが始って他の子どもたちが先生の近くに集まる中で、Pだけが無関心でした。3歳6ヵ月で自閉症と診断され、療育機関から毎週親に宿題が出されるようになり、宿題があることでPとかかわることが増え、できなかったことが1つずつできるようになって、Pとのつながりや子育てのやりがいを感じることができました。その一方で「障害があっても立派な子を育てよう。やればやっただけの成果が出るはず。成果を出すためには、とにかくやらなきゃ。障害児をもったかわいそうな母ではなく、障害をもっている子がいても立派な母と思われるようになろう」という目標が日増しに大きくなりました。

　保育園では、距離を置いてではあるものの子どもたちのしていることを見てまねることが増えました。それでも年齢相当にできることは少なく「やってみましたができませんでした」と言われることばかりで、友達に追いつくこと、迷惑にならずにみんなのなかに交ぜてもらう方法ばかりを考え、家で翌日の予行練習をするという毎日でした。就学後、学校の先生から聞くPの話に納得がいかずPの「本当の姿や、正しいかかわり方」を求めてインリアルの分析を受けました。「要求を出せない。すぐ諦めてしまう、それは自閉症だから」と思っていたPの行動をビデオで一つひとつ見ていくと、Pの考えていることは身体の動きや表情に表れていること、Pは身近にあるものを用いて発信

## C 自閉症スペクトラムの子どもへのコミュニケーション支援

していることが分かりました。それまで要求をあきらめているように見えた行動はPが混乱している姿で、混乱のきっかけは私のことばや行動でした。Pが非言語で発信していることを手助けする環境が必要だと考えた私はAACに取り組み始めました。当初は嬉しそうに使っていた機器やグッズを突然Pは使わなくなりました。AACの効果に夢中になった私がカードやコミュニケーションブックを、Pなりの使い方をしていることに気がつかず、Pに言ってほしいことばばかりを集めたAACになっていたからでした。

　2回目のインリアル分析を受けた私は、Pは私たちと同じもの、方向を見ているようでも見ているポイントが違うことを知りました。見ているものだけでなく、感じ方も、理解の仕方も違っていて、会話が成立しているように見える場面でも、Pと私とでは話している内容は全く別のことでした。Pは私が思っている以上に周りの事柄に深い知識をもっていて、母である私に対しても「さっきと話が変わっている。え〜っと、こっちのパターンになったんだな」と合わせる「対応マニュアル：母用」をもっているようでした。やっとPの姿が理解できたように感じました。私が手を貸さなくてもPは自力で考えることも発信することもできると分かって色んなことをPに任せて見ようと思えるようになりました。Pを1人で留守番させることも増え、Pは私の束縛から解放されたかのように行動範囲を広げていきました。1人で買い物を楽しみ、友達の姿を追って公園、児童館へと居場所を増やしていきました。自ら話題を提供し、私のリアクションが面白くてからかうようにもなりました。高校生の今も発話は不明瞭ですが、伝え方は多様で、紙に書いたり携帯電話のディスプレイを使うなど今まで身につけた方法を駆使して家族や友達を相手に試し、楽しんでいます。

　自閉症児の親の多くが、子どもの乳幼児期を、周りの子どもとの違いに傷つき健診での専門家のことばに傷つき、「私のかかわり方が悪いから？」と不安におびえながら子育てしています。そんな親に療育プログラムは子どもとのつながりや子育ての喜びを与えてくれます。反面、「自閉症の正しい育て方」があると信じ込ませ、熱心に取り組む自分に陶酔したり成果に夢中になるという落とし穴におちいることもあります。「落とし穴」とは、「正しい」にこだわり、子どもが自分なりにしていることや、その子なりのやり方が見えなくなることです。心の底では「普通の子のようであること」を望んでいるのが多くの親ですから、一般的な子どもの姿とは異なる自閉症児の「自分なり」に対しては「見ないでおこう」という規制が働いてしまいます。

　子どもの「自分なり」を受け入れるには、親が自分の行動とその裏にある自分の心を直視する必要があります。これは、支え手が無いと難しい作業です。私の場合はインリ

アル分析をしながら展開していたピアサポートが支え手となりました。障害児の親たちのグループで、子どもとのかかわりのズレを笑いあり、時には一緒に泣きながらの分析でした。期待や不安や見栄といった自分の心や、「子どものことを一番理解しているのは母である私」という思いあがりにも気づきました。自分の気持ちに気づいて期待や見栄を横に置いておけると、子どもの「自分なり」のもつ価値が見えてきます。子どもは予想外に、たくさんの力を秘めていることに気づかされます。

「家庭での配慮」というと何か特別なものを用意したりするイメージがありますが、子どもの「自分なり」を受け入れるようになると、特別なことをしないといけないという焦りがなくなります。この「しないこと」が、我が家にとっては有効的な配慮となりました。

## 文　献

Attwood, T. (2006) The Complete Guide to Asperger's Syndrome. JKP, London.

Bauminger, N., Solomon, M., Aviezer, A., Heung, K., Gazit, L., Brown, J., & Rogers, S. J. (2008) Children with autism and their friends: A multidimensional study of friendship in high-functioning autism spectrum disorder. Journal of Child Psychology, 36, 135-150.

藤野博編著 (2010) 自閉症スペクトラム　SSTスタートブック—チームで進める社会性とコミュニケーションの支援—. 学苑社.

泉流星 (2005) 僕の妻はエイリアン—「高機能自閉症」との不思議な結婚生活—. 新潮社.

日戸由刈・萬木はるか・武部正明・片山知哉・本田秀夫 (2009) 4つのジュースからどれを選ぶ？—アスペルガー症候群の学齢児に集団で「合意する」ことを教えるプログラム開発—. 精神科治療学, 24(4), 493-501.

大井学・大井佳子編 (2004) 子どもと話す　心が出会うINREALの会話支援. ナカニシヤ出版.

大井学 (2010a) 高機能自閉症スペクトラム障害の語用障害と補償：伝え合えない哀しみと共生の作法. 子どものこころと脳の発達, 1(1), 19-32.

大井学 (2010b) 佐藤論文を読んで：療育現場における専門性・日米文化差・科学哲学, 子どものこころと脳の発達, 1(1), 60-68.

大井学 (2010c) 少年期・青年期における高機能広汎性発達障害者へのコミュニケーション支援. 秦野悦子編著　生きたことばの回復とコミュニケーション. 金子書房, 133-157.

大井学・田中早苗 (2010) 高機能自閉症スペクトラムのある子どもの多義的表現の理解. コミュニケーション障害学, 27(1), 10-18.

佐藤良子 (2010) 「療育プログラム」が自閉症児のわが子の「心を壊した」のではないか？　子どものこころと脳の発達, 1(1), 45-59.

田口愛子・大井学・高橋和子 (2010) 伝達条件の違いが高機能広汎性発達障害児の間接発話理解に及ぼす影響, コミュニケーション障害学, 27(3), 168-177.

矢田愛子・大井学 (2009) 高機能広汎性発達障害の関節発話理解に対する検討. LD研究, 18(2), 128-137.

## コラム2　支援の専門性──日米比較から

　日本の幼稚園・保育所から学校まで、アメリカに見られるような学校外専門家の、学校訪問によるサポートはないに等しいと言えます。STや学校心理士も配置されていません。日本の類似各種資格は、アメリカとはその養成レベルが雲泥の差です。心理学系は日本が4年ベース（臨床心理士はなんと学部が心理学専攻でなくても2年でとれる！）に対して米国最長10年（臨床心理系は学部と大学院での博士号プラスインターン1年、学校心理系は7年）、各種療法系は日本が2年から4年に対し米国7年（学部4年と修士2年プラスインターン1年）です。教育委員会─学校の外部社会に対する閉鎖性（非教員身分の職種を対等な関係では学校に受け入れない）も支援の障壁です。専門性にかかる日米格差は、支援の大前提である子どもの発達評価・能力評価のシステムにもあります。標準化された心理学系、感覚運動系、言語系、認知系などの発達・能力検査の種類数が日米で2つほど桁が違うという問題もさることながら、心理学的検査（Wechsler系など）の購入自体が米国では企業と職能団体の厳しい監視下に置かれています。これは英国でも、またアジアでは香港と台湾でも同様です。日本の専門家の信用度は低く、英米の法人からは購入が許されない検査があるのです。筆者自身も売ってもらえない検査がいくつもあります。日本ではお金さえ払えば誰でも何でも翻訳版を買うことができます。そして医療界や教育界では心理学の専門教育（筆者が少なくとも必要と思うのは学部4年プラス修士2年）がゼロに近い人々が平気で検査を実施しています。教育職、看護職、保育職、各種療法職、そして医師などです。何年もの心理学のトレーニングを受けていない人が、心理学的検査を実施したり解釈したりするのは「あり得ない」話です。

　また、学校教育における専門性の日米システム格差も大きいと言えます。1974年に連邦議会を通過した公法94─142（いわゆる全障害児教育法）にはじまる各種特殊教育法制のなかでできあがった米国のシステムの充実ぶりは日本では想像できないでしょう。そればかりか、アジア近隣でも英国モデルの香港や、米国モデルの台湾などに比べて、日本のシステムははるかに見劣りします。米国では、どこに子どもがいようが、特別な教育ニーズがあれば、学校に精神科医・小児科医・心理職・各種療法職がやってきて子どもを長時間観察します。検査も彼らが専門に応じて行ないます。IEP（個別教育計画）はこうして作られます。日本の教育界がはじめた教師の書く「個別支援計画」「個別の教育計画」はこれらの模造品と言えます。その専門性の欠如が子どもに及ぼす影響は想像

するにあまりあります。米国での特別な教育ニーズに応じたサービスは、それぞれの専門職またはその助言のもとに教師が行ないます。教師は子どもの幅広い学校生活を知り、アカデミック・スキルを教授する専門家としては尊重されますが、発達評価・能力評価・専門的指導では脇役となります。筆者は米国のシステムを手放しで礼賛するつもりは毛頭ありませんし、日本のシステムのすべてが無意味というほどに悲観論者でもありません。しかし、なんとかしなければ、131ページで紹介した佐藤氏のような事例が再生産され続けてしまいます。これは発達障害者支援法の理念を具現化する国政と地方政治の課題でもあります。米国では保護者や教師向けの書籍で、アスペルガー症候群へのソーシャルストーリーズ適用について、「この指導法をアスペルガー症候群の子に行なうことを支持する研究はあるか？」「あなたの子どもで見られるのと似た問題にこの指導法を使うことを支持する研究はあるか？」「あなたの子どもが必要としているスキルを、この指導法が形成するという証拠はあるか？」「もしこの指導法についての十分な研究がない場合、この分野でエキスパートである個人がそれを有用とみなしているか？」「この指導法は自分の子どもに害を為さず、他の指導の努力を邪魔しないと安心できるか？」を問うように求めています（Bolick, 2005）。日本国内で出版されているあまたの「支援本」でこういう警告におめにかかったことはありません。支援の倫理問題検討課題として関連学会などがイニシアチブを発揮すべきでしょう。

**文　献**

Bolick, T.（2005）Supporting elementary school students. In L. J.Baker & L.A. Welkowitz.（eds.）"Asperger syndrome: Intervening in schools, clinics, and communities. LEA, New Jersey.

# III

# 読み書きの発達とその障害

# A 読み書きの発達

## 1 仮名文字の習得

　子どもたちは小学校に入学後、おおむね1学期間をかけて平仮名の読み書きを1文字ずつ丁寧に指導されます。けれども実際には、多くの子どもたちが就学前に平仮名の読みを覚えています。一定水準以上の識字率を達成した国では、子どもたちは幼児期から周囲にある文字の存在に気づき、遊びを通じて表記についての理解を深めていきます。子どもたちがどのように文字に気づき、平仮名の読みを習得していくのか、本節で見ていくことにしましょう。

### (1) 萌芽的読み書き能力

　子どもたちは実際に文字の読み書きができるようになる前から、遊びのなかであたかも読み書きができるかのように振る舞うことがあります。たとえば、気に入った絵本を繰り返し読んでもらうことですっかり文章を覚えてしまい、それぞれのページを一字一句間違えずに「読んで」くれる子どももいますし、文字（のようなもの）を「書いて」もってきて、それを「読んで」くれる子どももいます。このように、まだ実際に読み書きができる前の子どもたちが遊びのなかで示す、あたかも読み書きができるかのように振る舞うさまざまな活動のことを萌芽的読み書き（英語では emergent literacy、あるいは preliteracy）と言います。

　子どもたちは、3歳から4歳ごろから、文字と絵が異なる表現手段であることに気がついているようです。たとえば図Ⅲ-1のように、ドラえもんの絵を描いた子どもがその横に「ドラえもん」と名前を書いてくれることもよくあります。もちろん実際には文字になってはいないわけですが、そこにはどこかしら文字らしい特徴が見られることも確かです。ただし、自分の名前もドラえもんも同じ表現をするように、対象によって書き分けることはあまりありません。この点は、子どもの絵が、大人から見れば同じように見えるものであっても、子どもなりのやり方で描き分けているらしいことと比べると大きな違いがあります。したがってこの時期の子どもたちは、文字と絵が異なる表現手段であることは理解していますが、異なる対象に対しては異なる文字表現が対応するということは理解できていないように思われます。

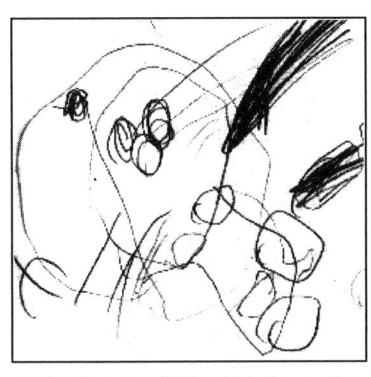

①ドラえもんの絵描き唄を歌いながら

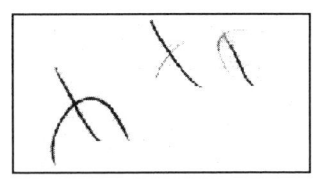

②「ドラえもん」と言いながらドラえもんの名前を書く

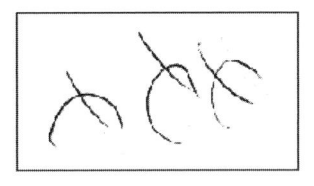

③「ももちゃん」と言いながら自分の名前を書く

図Ⅲ-1 「文字」による表現のはじまり（2歳0ヵ月）

## (2) シンボル機能の発達

　子どもたちが文字の読み書きを習得するためには、その前提として、文字や絵などのシンボルが、対象を表現したものであることを理解できている必要があります。子どもたちは0歳代の後半から、写真やビデオに映っているものに接近し、手を伸ばして触ったりつかもうとするようになります。けれども1歳代の後半になると、実物とそのシンボル（写真やビデオ）を混同したこうした行動はなくなっていきます。同時にこの時期には、積み木をおにぎりに見立てたりするような、見立て遊びをさかんにするようになります。これも、シンボル（積み木）で対象（おにぎり）を表現することが理解できていることを示した行動です。この時期の子どもはまだ自分で意味のある絵を描くことはできませんが、親にウサギの絵などを描くように求めるなど、絵（シンボル）によって対象を表現できることは理解しているようです。こうしたシンボル機能の発達が、**図Ⅲ-1**に見られるような、文字による表現を可能にしていると考えられます。

　ただし、子どもの初期の文字理解は、大人の文字理解の仕方とは異なっているようです。たとえば4歳児に、ネコの絵カードの下に「ねこ」と書いた文字カードを置き、それが「ねこ」と読むことを説明した後で、その文字カードを別の絵カード（たとえば椅子の絵カード）の下に置くと、文字カードを「いす」と読んでしまう子どもがいます。なかには、文字カードだけ見せられれば正しく読むことができても、文字カードとは一致しない絵（椅子の絵）の下に置かれると絵の方に引きずられて「いす」と読んでしまう子どももいるのです。このように、子どもの初期の文字理解は、文字表記（シンボル）とそれが指し示す対象との結びつきが緩やかなものであることが特徴です。シンボ

A 読み書きの発達

ルと対象の結びつきが安定するためには、子どもたちは文字が音韻と結びついていることに気づく必要があります。

### (3) 音韻意識と読みの習得
#### 1) 音韻意識とは

子どもたちが読み書きを覚えるには、ことばが何ものかを指し示すだけでなく、音の組み合わせでできあがっていることに気づく必要があります。話されていることばについてその意味だけでなく、音韻的な側面にも注意を向け、その音を操作する能力を音韻意識（phonological awareness）と言います。たとえば「『えんぴつ』の最後の音は何？」と聞かれたときに「つ」と答えられるかどうかで音韻意識の有無を知ることができます。日本語ばかりでなく、さまざまなことばで音韻意識が読み書きを覚えるための前提となることが繰り返し確かめられてきました。

#### 2) 音韻意識の単位

音節は母音を核とした音素の組み合わせでできあがっています。日本語の音節は大部分が子音＋母音でできており、数え方にもよりますが、約140種類あります。一方、英語やドイツ語の音節はずっと複雑な構造をしており、数千もあると言われています。また、音節に似た音の単位としてモーラ（拍）があります。モーラは話しことばのリズムの単位です。音節とモーラは多くの場合一致し、しかもそれは平仮名1文字とも対応しています。「さくら」は3音節・3モーラ・3文字で構成されています。けれども、これらの対応がくずれるものが一部にあります。「きって」「たんす」「おうさま」の下線部は1音節ですが、日本語を母語とする成人は「き・っ・て」「た・ん・す」「お・う・さ・ま」のようにリズムを刻むのが一般的であり、1音節＝2モーラ＝2文字という関係になっています。また、「きしゃ」の「しゃ」は1音節＝1モーラ＝2文字、「やきゅう」の「きゅう」は1音節＝2モーラ＝3文字という関係にあります。これらの、音節・モーラ・平仮名の間の対応関係が崩れたものを特殊音節（モーラを中心に見れば特殊モーラ）と呼びます。

さて、音韻意識を測る場合には、何を単位とするかによって難しさはずいぶん異なります。「『えんぴつ』の最後の音は？」と聞かれたときに、「つ」と答えるのは音節、あるいはモーラを単位としたものです。日本語を母語とする子どもたちの場合、音節（モーラ）を単位とする音韻意識があれば平仮名の読み書きを覚えることは可能です。けれども英語などでは音節よりももっと細かな、音素に近い単位での音韻意識が必要であると考えられています。音韻意識という点から見たとき、平仮名を習得するのは英語

に比べるとずいぶん容易であることが分かります。

3）特殊音節（特殊モーラ）の習得

一定の音韻意識をもった子どもたちは、1つの文字が1つの音節（モーラ）に対応していることに気づくと、清音・濁音・半濁音のような対応が規則的な平仮名は急激に読めるようになります。そのため、たとえば幼稚園の年中児を対象に読字数を調べると、ほとんど読めないか、大部分の字が読めているかに二分され、中間レベルの子どもはあまりいないことになります。それに比べると、特殊音節の読みの習得は規則的な文字に比べると遅れ、ゆっくりと進みます。また、読み書きの習得につまずく子どもの場合は、特に特殊音節の習得でつまずきやすいことが知られています。

4）音韻意識の測り方

音韻意識を調べる課題はいろいろ考案されています。「さくら」の最後の音は？と尋ねる抽出課題、「すべりだい」と言いながら音節ごとに手を叩いて拍子を取る分解課題、「たいやき」の「い」を「こ」に変える置き換え課題、「つくえ」を逆さから言う逆唱課題などが代表的です。一般に、置き換えや逆唱のように短期記憶（作業記憶）のなかで音を操作する必要がある課題の方が難易度は高くなります。読み書きの習得につまずく子どもの場合は、とりわけこうした種類の音韻意識の成績が悪いことが多く、読み書きの習得には音韻の操作能力が大きくかかわっていることが分かります。

5）ことば遊びと音韻意識

しりとりやなぞなぞ、だじゃれ、さかさことば、てあそび歌、替え歌など、子どもたちの周囲には多くのことば遊びがあります。こうしたことば遊びは音韻意識と関係があることが知られています。子どもたちは音韻意識が十分でない時期からこうした遊びに親しむことを通じて音韻意識を育てています。

(4) 鏡文字の出現

文字を覚えて間がない幼児はしばしば左右が反対になった、いわゆる鏡文字を書くことが知られています。このことは日本語だけに限られる現象ではなく、英語や中国語、アラビア語などでも見られます。国立国語研究所（1972）の調査によれば、幼児の書き誤りのうち、「も」では75％が、「の」「く」「き」「し」では約60％が鏡映の誤りでした。なぜ鏡文字が生じるのかはっきりとしませんが、現在のところ、2つほどの理由が考えられています。1つは感覚運動的な要因によるものです。右利きの子どもたちにとって自然な運筆の方向は上から下、左から右、時計回りであるのに対し、鏡映の誤りが多い文字はそれとは異なった向きに手を動かす必要があるので、優位な手の運動に引きずら

A 読み書きの発達

れることによって鏡文字が生まれる可能性です。もう1つの理由は、左右の認識が幼児の場合は年長の子どもや大人とは異なっており、子どもたちは形の区別をする際に、左右の別をあまり重視しないため、結果的に鏡文字が出現しやすくなるという説です。子どもの書く鏡文字は興味深いものですし、いまだはっきりと理由が説明できていない点も興味をひかれますが、大部分の子どもたちにとっては一時的な現象であり、次第に鏡文字は見られなくなっていきます。

## 2　漢字の習得

　平仮名については、多くの子どもが小学校入学前に基本的な文字（清濁音）を読むことができるようになりますが、漢字を読むことができる幼児はほとんどいません。現在では漢字は小学校入学後、学校教育を通じて習得するものとなっています。

### (1)　学習指導要領上の扱い

　小学校学習指導要領の付録にある学年別漢字配当表によって、小学校の学年別に学習する漢字が定められています。これを一般に教育漢字と呼んでおり、子どもたちは小学校の間に1,006字を学習します（1年生：80字、2年生：160字、3年生：200字、4年生：200字、5年生：185字、6年生：181字）。学習指導要領では、それぞれの学年で、これら各学年配当の漢字の読み書きができることが目標とされています。中学校では教育漢字の読み書きができるようになっていることに加え、その他の常用漢字も読むことができるようになることが目標になります。常用漢字は全部で1,945字あります。この他、3、4年生では漢字のへん、つくりなどの構成についての知識をもつこと、5、6年生では漢字の由来、特質などについて理解することも目標とされています。

### (2)　漢字の構成

　平仮名は文字が音韻に対応する表音文字であり、基本的には1文字が1音節に対応する音節文字であるのに対し、漢字は文字が語や意味の最小単位である形態素に対応する表語文字（logogram）と呼ばれます。漢字は表意文字であると言われることも多いですが、これは適切ではありません。表意文字は意味だけを表しているので、読み方は決まっていませんが（たとえば携帯電話のメールで用いられる絵文字は意味を表しますが、どういう読み方をするかが決まっているわけではありません）、表語文字では決まった読み方（発音の仕方）があり、意味との対応だけでなく、音韻との間にも対応があります。ただし中国語の場合とは異なり、日本語の漢字は1つの漢字に複数の読みがあり、それが

文脈によって変わりますから、音韻との対応関係は平仮名に比べればずっと複雑です。

漢字はその構成から大きく次の4種類に分けられます。①象形：日や月のように文字がものの形に直接の起源をもつ。②指事：上や下のように位置や状態などを表したもの。③会意：象形や指事を組み合わせて新しい意味のことばを作るもの。信や武など。④形成：へんとつくりのように、2つ以上の漢字の要素を組み合わせて作った漢字で、一方が音声を表し、他方が意味を表す。銅、草など。このうち、形成が漢字全体の7～8割を占めると言われています。

(3) 漢字の学習過程

子どもたちの（大人である私たちも同様ですが）ことばの意味の理解は、「知らない」と「知っている」に二分されるようなものではありません。たとえば「発見する」ということばは小学校1年生でも多くの子どもが知っています。けれどもどういう意味か尋ねると、「穴から掘り出すこと」などと答える場合も多く、子どもたちは「発見する」ということばの意味をまったく知らないとは言えないけれども、十分正確に知っているとも言い切れないこともしばしば起こります。このようにことばの意味の理解には幅があり、子どもたちは時間をかけながら、より正確な理解にいたります（13ページ参照）。一方、漢字の学習の場合にはそうした中間の段階はありません。非常に明確に「知らない」か「知っている」に二分されます。**図Ⅲ-2**は小学校1年生～3年生を対象として「おんがく」に当てはまる漢字を選択させたものですが、1年生では半数が「学」を選んでいたものが、2年生になると100％近くが正しく「楽」を選ぶようになります。「学」は1年生の配当漢字、「楽」は2年生の配当漢字なのでこうした結果になるわけです。また、**図Ⅲ-3**の「きそく」はどの学年の子どもも5つの選択肢のなかからでたら

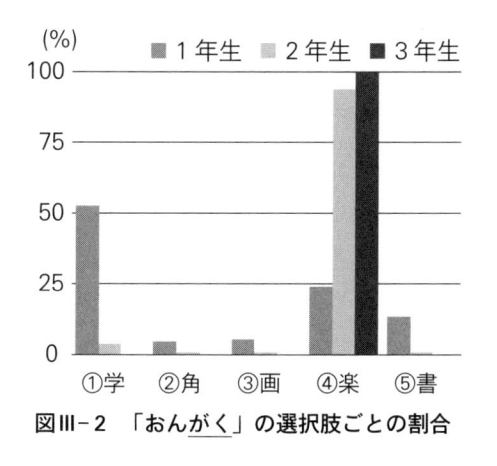

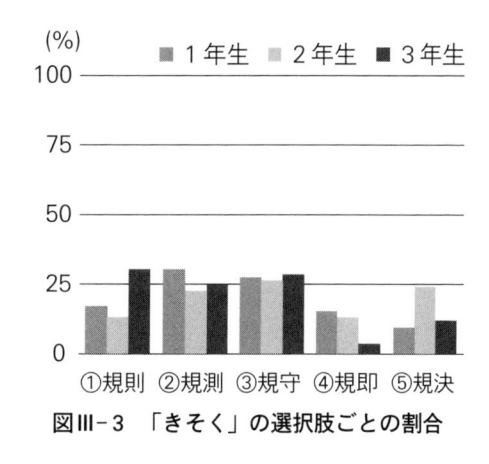

図Ⅲ-2　「おんがく」の選択肢ごとの割合

図Ⅲ-3　「きそく」の選択肢ごとの割合

A 読み書きの発達

めに答えを選んでいるようです。「則」は5年生の配当漢字ですから3年生までの子どもには答えられません。「習っていないことは答えられない」というのは当たり前のことのようですが、こうした事実は、ことばの意味の場合とは異なり、子どもたちが漢字を、学校教育を通じて極めて画一的な順序で学んでいることを示すものです。

また、習得状況は読みと書きとで異なっています。各学年で学習する漢字の、次年度1学期における読み書きの成績は次のようになっています（総合初等教育研究所, 2005）。読みについては、90.3%（1年生）、92.8%（2年生）、90.1%（3年生）、89.7%（4年生）、88.3%（5年生）、85.4%（6年生）と、全体を通じて80%以上の正答率ですが、書く方（書き取り）に関しては、91.0%（1年生）、85.1%（2年生）、69.0%（3年生）、65.6%（4年生）、61.4%（5年生）、57.8（6年生）となり、3年生以上では60%台に下がってしまいます。書き取りに関しては、調査によってはもう少し高い正答率となっているものもありますが、いずれにしても読みに比べれば書くことを習得するのは困難であることが分かります。

それでは書き誤り（誤字）にはどのようなものが見られるのか、少し詳しく見てみましょう。表Ⅲ-1にさまざまな誤字のタイプをあげています。点が多かったり棒が突き抜けていたりといった、字形そのものの誤りの他に、他の漢字を当てる誤りは大きく次の3種類に分かれます。①「はんたいのいけん」に「体」と書くような、読みが同じの

表Ⅲ-1　漢字の誤りのタイプ

| 誤りの種類 | 字形 | 問題例 | 例 |
|---|---|---|---|
| 字形の誤り | 誤り | あさから（あめ）がふっている。 | 雨 |
| 同音異字（読みが同じで異なる字） | 正しい | はん（たい）のいけん。 | 体 |
| | 誤り | （とく）いなスポーツ。 | 続 |
| 字形類似（字形だけが似ている字） | 正しい | か（ぞく）とくらす。 | 放 |
| | 誤り | プレゼントを（つつ）む。 | 包 |
| 意味類似（意味だけが似ている字） | 正しい | （さん）すうのじかん。 | 計 |
| | 誤り | ちからいっぱい（はし）る。 | 赤 |

| 誤りの種類 | 字形 | 問題 | 例 |
|---|---|---|---|
| 同音異字＋字形類似（読みが同じで字形も似ている字） | 正しい | ふゆやすみの（か）だい。 | 果 |
| | 誤り | こっ（き）をかかげる。 | 旗 |
| 同音異字＋意味類似（読みが同じで意味も似ている字） | 正しい | ともだちと（わか）れる。 | 分 |
| | 誤り | （あたた）かいみなみのくに。 | 温 |
| 字形類似＋意味類似（字形と意味が似ている字） | 正しい | あさから（あめ）がふっている。 | 雪 |
| | 誤り | （ぎん）いろのかみ。 | 鉄 |
| 無関係な字（読みも形も意味も関係のない字） | 正しい | しあいに（か）つ。 | 行 |
| | 誤り | みずを（あ）びる。 | 紗 |

異なる漢字を書く同音異字、②「かぞくとくらす」に「放」と書くような、字形が類似した漢字を書く字形類似、③「さんすうのじかん」に「計」と書く、意味の類似した意味類似です。さらに、これらが組み合わされた誤り、またそもそもどういった関連があるのか不明の誤りも見られます。それぞれの誤りのパターンのなかには字形も誤っているものもあります。こうした誤りのなかでは、同音異字の誤りが一番多く、その割合は学年が上昇するにしたがって高くなっていきます。高学年になれば知っている漢字が増えるので、その分、音が同じ漢字の候補が増えるということなのでしょう。いずれにしても、こうした多様な誤字を見ると、子どもたちは正確な漢字を思い出すことができないときに、さまざまな手がかりを使っていることが分かります。

### (4) 漢字の習得と語彙

　文章を正確に理解するために必要な読解の能力はすべての教科学習の基礎であり、非常に重要なものです。読解の能力には語彙が強く関連しています。つまり、ことばを豊富に知っているほど読解の能力も高いのです。また、学童期には語彙は読書などの言語活動を通じて豊富になっていきます。語彙が読解を助け、読解の能力が多様な読書を可能にし、そうした読書を通じて語彙が増えていくというように、語彙と読解の能力・読書との間には循環的な関係があります。

　漢字の知識も語彙と関連があります。英語圏の研究では、子どもたちは小学校高学年になれば、1つの単語の語幹の意味を知ると、そこから派生するさまざまな単語の意味を推測できるようになることが知られています。漢字の場合も、1つの漢字を学習することで、それを用いた熟語の意味がある程度推測可能になると考えられます。したがって、漢字を学習するということは、単に文字が読み・書けるようになるというだけでなく、語彙を豊富にする役割も果たしていると言えます。

### (5) 読み書きのつまずきと漢字

　平仮名の読みの習得には、音韻意識で測定されることの多い音韻的な処理がかかわっています（162ページを参照）。音韻意識が十分に育っていないとなかなか読めるようにならない、読めたとしてもスムーズに読めるようになっていかない、さらに、清濁音のような表記と音韻の関係が規則的な文字は読めるようになっても、今度はその関係が単純でない特殊音節の読み書きの習得につまずくことが知られています。また、そうした子どもたちも多くの場合、時間をかけて平仮名の読み書きを習得していきますが、今度は漢字の読み書きの学習でつまずくことがしばしば生じます。漢字は表語文字であり、

## A 読み書きの発達

平仮名と同様、文字が音と結びついており、漢字の読み書きの習得や処理にも何らかの意味で音韻的な処理過程が含まれているため、そこでつまずくためであろうと考えられます。また、こうした子どもたちの他に、漢字の書字にもっぱらつまずく子どもたちがいるという指摘もあります（Song, Goto, Koike, & Ohta, 2007など）。こうした子どもたちは図形の形態の処理であるとか、あるいは視覚—運動的な記憶に問題がある可能性があります。なお、音韻的な処理でつまずいている子どもと形態的な処理でつまずいている子どもでは、脳の異なる部位で機能低下が起こっているという指摘もあります（宇野ら, 2002）。このあたりのことについてはまだまだ分かっていないことが多く、明確な結論を得るためには研究の蓄積が必要です。

### 3 アルファベットの習得

アルファベットとは、子音や母音などの音素に文字が対応する表音文字のことです。通常はローマ字（ラテン文字）のことを指しますが、この他、ギリシア文字やキリル文字（ロシア語などの表記に用いられます）、アラビア文字、ヘブライ文字などもアルファベットの一種です。ここではローマ字の習得に焦点を当てて見ていくことにしましょう。

#### (1) ローマ字の指導の実際

英語を中心とする外国語の学習は小学校5年生からはじまりますが、小学校段階はコミュニケーション活動が中心であり、読み書きも含めた学習は中学校になってからということになります。ただし、日本語のローマ字表記については従来から小学校で指導されてきました。ローマ字で表示される標識を見る機会は多く、コンピュータを使う機会も増えたことにより、ローマ字は子どもたちにとって身近なものとなっています。このことを踏まえ、平成22年4月から先行実施された新学習指導要領では、これまで4年生で指導されてきたものを、3年生で導入することになりました。日常使われている簡単な単語について、ローマ字で書けるようにすることが目標とされています。

国語教科書を出版している光村図書や東京書籍が指導計画例を出しています（光村図書, 2010；東京書籍, 2009）。これらを参考にすると、指導はおおむね次の順序で行なわれます。①導入、②ローマ字表（平仮名の五十音図に対応するローマ字を加えたもの）を参考にしながら平仮名の清音・濁音・半濁音のローマ字表記を学ぶ、③特殊音節の表記を学ぶ、④訓令式だけでなく、ヘボン式表記があることを知る、⑤発展としてパソコンを使ったり、ゲームなどをして興味を高める。このうち、②③④が指導の中心になりますが、それぞれの段階で習得につまずく原因はだいたい共通しています。

## (2) ローマ字の習得につまずく要因

「仮名文字の習得」の節（162ページ）で説明したように、平仮名は基本的に音節（モーラ）と対応した文字であり、子どもたちも音節を単位とした音韻意識をもっていれば、清濁音など基本的な平仮名の読み書きを習得することは可能です。このことは、日本で育つ子どもたちが、言語音が音節（モーラ）よりも小さな単位である音素に分解できることに気づくことは少ないことも意味しています。英語の場合には、読み書きを覚えるために必要とされる音韻意識の単位はむしろ音素に近いものなので、日米の小学校低学年の子どもに音素を単位とする音韻意識を測る課題を実施すると、日本の子どもの方が成績が低いことが知られています（Mann, 1986）。ローマ字の学習は、子どもたちが、日本語の音節が、より小さな単位である音素からできあがっていることを知るきっかけとなります。しかも、五十音図を用いて指導することにより、五十音が子音と母音の規則的な組み合わせによってできていることを知ることにもなります。逆に言えば、音韻意識の弱い子どもたちは、表記と音素の間にある規則性を理解することは難しい課題になると思われます。また、読み書きにつまずく子どもたちは、とりわけ特殊音節の読み書きの習得が困難ですが、そうした子どもたちにとっては、拗音・促音・長音・撥音などの特殊音節のローマ字表記も、音素レベルでの処理が清濁音などの場合よりもさらに精細に求められるため、習得は容易ではありません。

もう1つローマ字の指導を混乱させるのは、私たちの日常生活における日本語のローマ字表記には、訓令式（表記の規則性重視）とヘボン式（発音との対応重視）が混在し、正書法と呼べるようなものがないということです。訓令式では、タ行は ta, ti, tu, te, to と表記しますが、街で見かける道路標識などでは Chiba、Matsumoto のようにヘボン式で表されることが一般的です。こうした齟齬を解消するため、小学校では、五十音の規則性に依拠した訓令式で学習した後に、ヘボン式を導入することになったものと考えられます。対応としては現実的ですが、その一方で、ローマ字で日本語を表記する際の規則性（訓令式・ヘボン式それぞれのなかにある規則性）が子どもたちに分かりにくくなっているように思われます。

## (3) 字形の学習

ローマ字も平仮名同様、初期には鏡文字が出現しやすくなっています。pとq、bとd、Lやjの向き、Nなど、筆順も含めて指導しないと、運筆の方向（右利きであれば上から下、左から右、時計回り）と対応しない場合には鏡文字となりやすくなります。ただし、筆順の指導が行なわれるのは中学校に入ってからであり、この点も小学校のロー

A　読み書きの発達

マ字指導には中途半端さが残ります。

### ⑷　英語と日本語のローマ字表記

　日本語のローマ字表記は、あくまで日本語を表記するためのものですから、英語の発音とは一致しません。たとえばtimeをローマ字読みすればチメ、mountainはモウンタインになります。実際、小学生でそのように読む子どもたちは少なくありません。その一方で、日常生活で英語に触れることも多いことから、英語の読みについての知識も子どもたちはもっており、gameを正しくゲームと読む子どももいます。ローマ字の学習は日本語の音韻構造の理解を深め、ローマ字に対する関心を高めるものですが、英語との違いを知ることで、英語の表記についての規則を知るきっかけともなっていきます。

**文　献**

国立国語研究所（1972）幼児の読み書き能力．東京書籍．
Mann, V. A.（1986）Phonological awareness: The role of reading experience. Cognition, 24, 65-92.
光村図書（2010）移行期関連資料「ローマ字の学習」（http: //www. mitsumura-tosho.co.jp/kyokasyo/syogaku/kokugo/shiryo/　2010年9月1日閲覧）
Song, K., Goto, T., Koike, T., & Ohta, M.（2007）Visual memory of motor imagery in children with specific disorders of kanji writing. The Japanese journal of special education, 44, 437-449.
総合初等教育研究所（2005）教育漢字の読み・書きの習得に関する調査と研究．
東京書籍（2009）平成22年度新編新しい国語3年移行資料「ローマ字」（http://ten.tokyo-shoseki.co.jp/downloadfr1/htm/eky70916.htm　2010年9月1日閲覧）
宇野彰・金子真人・春原則子・松田博史・加藤元一郎・笠原麻理（2002）発達性読み書き障害―神経心理学的および認知神経心理学的分析―．失語症研究，22, 130-136.

## B 読み書きの困難

　知的障害がないのに、「正確にあるいは流暢に読む」ことが苦手な子どもたちがいます。そのような子どもたちは、成人の脳血管障害後の読み障害と区別するために、「発達性読み障害（発達性dyslexia）」と呼ばれ、わが国では0.7～2.2%の有病率（疑い含む）と報告されています（細川, 2010）。また、「読むこと」と「書くこと」は本来別々の活動ですが、文字が読めない場合は書けない障害も伴うことが多いため、「読み」と「書き」の両方の障害を含めた意味で「発達性dyslexia」と呼ぶ場合もあるので、注意が必要です。

### 1　仮名文字を読むこと・書くことの困難

> 　m君は通常学級に在籍している左利きの男の子でした。1年生の3学期になっても、平仮名の読み書きが数文字程度しかできず、カタカナはさらに困難でした。担任教師は、黒板を写すのがとても遅いことや学習が定着しにくいことも気になっていました。なお、小さいときから発達の問題を健診などで指摘されたことはなく、人懐こく、温厚で友達関係も良好、また手先はとても器用な子どもでした。読み書きの苦手さについては言語聴覚士のいる小児科クリニックを紹介されて受診しました。医学的には学習障害とADHDの疑いと診断されました。

**(1) 言語の実態把握の結果（言語聴覚士による言語評価の結果）**

　①知的側面：WISC-Ⅲ（6歳10ヵ月時、1年生の10月に実施）：言語性IQは84、動作性IQは103、全IQは92。言語性下位検査の結果から語彙力の低さと聴覚的記憶の保持の問題、動作性下位検査の結果から物語の時間的配列の苦手さなどが明らかになりました。

　②読み書きスクリーニング検査（宇野ら, 2006）（7歳2ヵ月時、1年生の3月に実施）：1年生の平仮名1文字の音読は、20文字中3文字正答、カタカナ1文字の音読は20文字中1文字正答。聴写（書き取り）では平仮名・カタカナともに1文字も書けませんでした。

　③フロスティッグ視知覚発達検査：斜め線が苦手な面はありましたが、特に大きな問題は認められませんでした。

B 読み書きの困難

④音韻意識：3モーラ（モーラについては162ページ参照）の無意味語のモーラ削除課題では、10個中3個のみ正解で、反応時間も著明に遅延しており、典型発達児に比してかなりの未熟さが認められました。

⑤その他の側面：K-ABC（7歳0ヵ月時、1年生の1月に実施）の結果、継次処理は82、同時処理は97、習得度は68、継次処理よりも同時処理が優位であり、その強みが学習に生かされていないことが明らかになりました。また、絵画語い発達検査（7歳2ヵ月時、1年生の3月に実施）では、語彙年齢は5歳0ヵ月と2歳程度の語彙発達の遅れも認められました。

(2) 言語の実態把握のまとめ

上記の①と②より、知的障害が認められないにもかかわらず、読み書きの障害があることが明らかになりました。このことから、言語病理学的には発達性dyslexia（発達性読み書き障害）と診断されました。また、③と④より、視覚認知の側面に比して音韻意識の未熟さが認められましたが、このことは平仮名の読み書きの苦手さの原因が、主として音韻面にあると解釈できました。⑤からは、指導には得意な側面である視覚認知や同時処理の課題を用いると効果が期待できること、および指導に使用する語彙は就学前の語彙レベルを意識して選択することが指導効果につながると予測されました。

(3) なぜ平仮名が読めない（音読できない）のか

平仮名の読みの獲得、つまり音読の学習は、いくつかのプロセスを経て成り立ちます（図Ⅲ-4）。このプロセスのなかのどこにつまずきがあっても、「平仮名が読めない（音読できない）」という結果となって表れます。m君は、読みの認知的基盤として最も重要とされている音韻意識の発達が未熟でした。そのため、単語を構成する一音一音を音の粒として意識することが難しく、結果として一音を1文字に結びつける学習が成り立ちにくかったと考えられます。その上、m君は聴覚的な記憶、つまり耳から聞いた音を覚えておくこともあまり得意ではありませんでした。ですから、文字を音に変換するルールを1度覚えてもすぐに忘れてしまっていたのです。主としてこの2つのことが原因で、仮名1文字の音読（たとえば「と」という文字の形を/to/という音に変換する；文字記号を音に解くことなのでdecoding（デコーディング）と呼ばれます）が難しくなってしまっていたと考えられます。

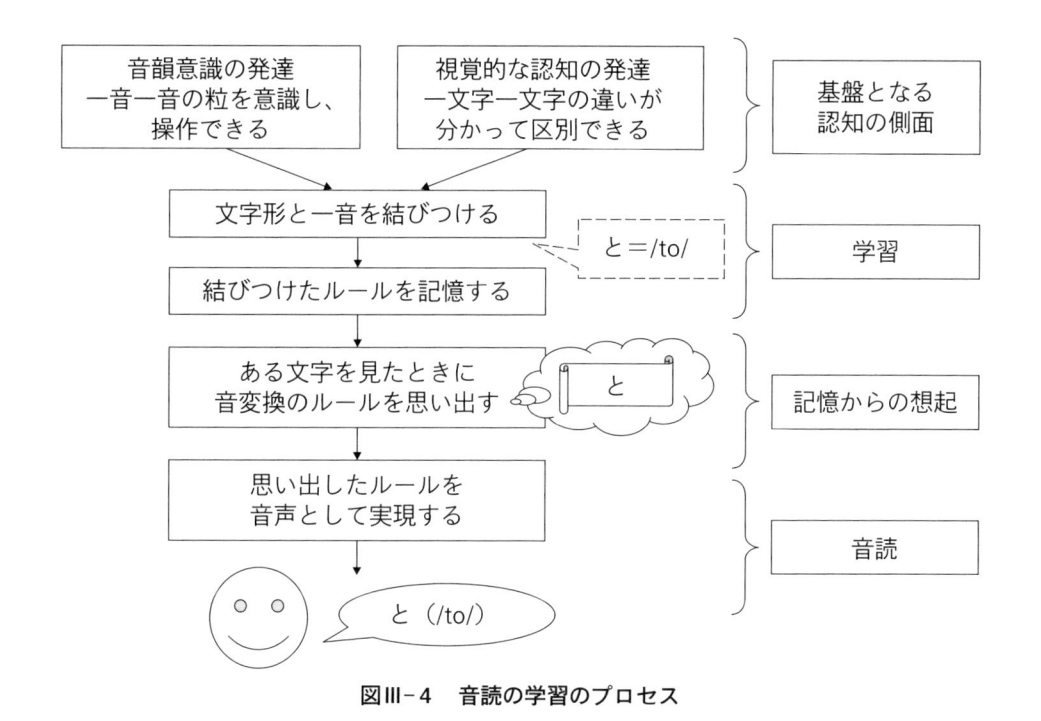

```
┌──────────────────┐  ┌──────────────────┐
│ 音韻意識の発達    │  │ 視覚的な認知の発達│    ┐
│ 一音一音の粒を意識し、│  │ 一文字一文字の違いが│   ├ 基盤となる
│ 操作できる        │  │ 分かって区別できる │   ┘ 認知の側面
└────────┬─────────┘  └────────┬─────────┘
         └──────────┬───────────┘
                    ▼
         ┌──────────────────┐
         │ 文字形と一音を結びつける│ ┄┄ と＝/to/  ┐
         └────────┬─────────┘                 ├ 学習
         ┌──────────────────┐                 │
         │ 結びつけたルールを記憶する│              ┘
         └────────┬─────────┘
         ┌──────────────────┐
         │ ある文字を見たときに │  と        ┐
         │ 音変換のルールを思い出す│            ├ 記憶からの想起
         └────────┬─────────┘              ┘
         ┌──────────────────┐
         │ 思い出したルールを │              ┐
         │ 音声として実現する │              ├ 音読
         └────────┬─────────┘              ┘
            ◡‿◡  と（/to/）
```

**図Ⅲ-4　音読の学習のプロセス**

### (4) なぜ平仮名が書けないのか

「書く」ということには、「聴写（書き取り）」と「自発書字（心のなかで思い出して書く）」の2種類があります。どちらにしても、そのプロセスは**図Ⅲ-4**と逆の道を辿ります。たとえば、「と」と聞いてその文字を書く聴写（書き取り）の場合、プロセスは①「『と』と聞いてその音に結びつく文字の形を思い浮かべる」→②「思い浮かべた文字を、手を動かして紙の上に実現する」ということになります。m君は平仮名を模写して書くことはとても上手でしたので、手を動かして文字を紙の上に実際に書くことにはまったく問題がありませんでした。そのことから考えると、①が苦手であったことが原因で、平仮名1文字が書けなかったのだと考えられました。その苦手さの理由は、おそらく音と文字を結びつけるルールの学習が十分ではなかったからであったと思われます。その証拠に音読が上手になってくると、書くこともだんだん上手になっていきました。つまり、音読が上手になるということは、心的に音と文字を結びつけるルールがしっかりと獲得されたことを示しており、それにつれて「文字→音に変換」というプロセスの逆のプロセス「音→文字に変換」も容易になったと考えられました。

B　読み書きの困難

### (5) 特殊音節をどのように教えたらよいのか

　特殊音節とは、促音（つまる音「っ」で表される）、撥音（「ん」）、長音（伸ばす音、平仮名の場合は前の音節の母音をそのまま表記することで表される）、拗音（い列の音に「ゃ、ゅ、ょ」を付けて表される）などを指します。m君もそうでしたが、音韻意識の未熟な子どもは、特に特殊音節を書くことが苦手です。その理由は、単語をモーラに分解した際に特殊音節の音を一音と数えることができないからと考えられます。特殊音節の部分を一音分として明確に意識できないので、その部分に文字を当てはめることができないのです。たとえば「ペット」は3モーラですが、誤って「ペッ」「ト」と2モーラに数えてしまうと、書くときには「ペト」となります。このようにモーラを数えることが難しい理由の1つに、モーラが目に見えないということがあげられるとすると、可視化して1つの音として意識することを促せば、問題は解決するのではないかと考えられます。

　そこで、たとえば促音の場合は、口でことばを言いながら促音のところでうさぎのぬいぐるみを大きくジャンプさせてつまる音の部分を意識したり、長音の場合はリボンをギューッと引っ張って伸ばす音の部分を意識するなどが考えられます（森重ら, 2009）。その場合、子どもにぬいぐるみやリボンを自分で操作してもらえれば、より主体的に促音や長音の感覚を身につけることができることでしょう。

## 2　漢字を読むこと・書くことの困難

　前節で述べた読み書きの問題は、平仮名に比べて文字形が複雑で読み方も複数ある漢字では、より出現しやすくなります。漢字の読み書きが苦手な子どもは、もともと文字学習の基盤が弱い子どもたちであり、平仮名はなんとか覚えても、漢字になるとそのつまずきが顕著になってしまうことが多いようです。漢字が読めない原因は平仮名の場合と同様、漢字がもつ音と文字形を結びつけることが難しいためと考えられますが、語彙力が未熟なため、熟語で表される抽象語の意味と読みが定着しないことも少なくありません。さらに、漢字でつまずいてはじめて視覚的認知が弱い側面が明らかになる場合もあります。また通常は、読めない漢字は書けないのですが、読めるのに書けない子どももいます。

n君は小学校4年生の右利きの男の子で、通常の学級に在籍していました。3年生になったころから漢字を書くことの苦手さが目立ち、4年生の3学期に特別支援教育センターに相談に訪れました。本人の話では、「漢字は覚えないといけないから苦手」とのことですが、保護者の話では道順や出来事などはよく覚えており、記憶力が悪いと感じたことはないとのことでした。行動の問題などを指摘されたことはなく、友達も大勢います。漢字の書きの苦手さについて言語聴覚士のいる小児科クリニックを紹介されて受診し、医学的には学習障害と診断されました。

## (1) 言語の実態把握の結果（言語聴覚士による言語評価の結果）

　①知的側面：WISC-Ⅲ（10歳9ヵ月時、4年生の3月に実施）：言語IQは86、動作性IQは82、全IQは82。言語性下位検査間の差はなく、動作性下位検査の「符号」で、符号を誤って書き写したり顔を歪めて苦しそうにする様子が認められました。群指数は言語理解85、知覚統合90、注意記憶88に対して処理速度が72と、処理速度の低下が認められました。

　②読み書きスクリーニング検査（10歳11ヵ月時、5年生の5月に実施）：4年生の平仮名・漢字・カタカナの音読は、すべて正答でした。一方書くことは、聴写（書き取り）で平仮名一文字は20／20の正答、カタカナ1文字は17／20、平仮名単語は18／20でした（典型発達児の平均範囲内）。単語レベルになるとカタカナ単語は14／20、漢字単語は7／20と、特に漢字単語に苦手さが認められました。そのときの漢字の書字の誤りは

表Ⅲ-2　n君の書字の誤りの種類と例

| 誤りの種類 | 問題 | 解答 |
|---|---|---|
| 無反応 |  | （考えこんでいる） |
| 意味を介した誤り（意味の似た漢字を書く） | 作文 | 文書 |
|  | 湖 | 水地 |
| 形が似ている誤り（形の似た漢字を書く） | 歯 | 㐂 |
|  | 宿 | 宿 |
|  | 駅 | 馬定 |
|  | 世界 | 世単 |
| 同音の漢字を当てはめる誤り | 司会者 | 指会社 |

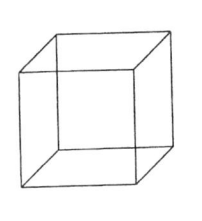

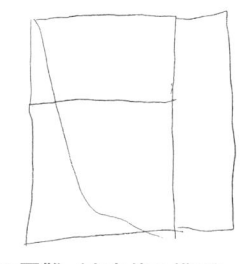

図Ⅲ-5　書くことの困難（立方体の模写）

読み書きの発達とその障害

### B 読み書きの困難

**表Ⅲ-2**の通りで、「思い出せない」「意味を介した誤った漢字を書く」「形は似ているけれど実在しない文字を書く」など、さまざまな種類の誤りが認められました。なんとか書けても、文字の形は偏とつくりが離れたり上下がアンバランスだったりと構成の苦手さもあると考えられました。

　③フロスティッグ視知覚発達検査：5年生という年齢もあり、この検査の範囲内では大きな問題は認められませんでした。

　④音韻意識：3〜4モーラの無意味語のモーラ削除課題は全問正解で、学年相当のレベルでした。

　⑤その他の側面：視覚認知面の掘り下げ検査を行ないました。「ベントン視覚記銘力検査」では、図形全体のおおまかな記銘は可能ですが、遅延再生時に形の歪みや上下の位置関係の誤りが認められました。また、「レイの複雑図形」の模写で図形全体の左右の逆転が認められ、途中まで描いてからやっと気づいて訂正するということも観察されました。さらに、「立方体の模写」では3次元の図形を描くことが困難でした（**図Ⅲ-5**）。

### (2) 言語の実態把握のまとめ

　上記の①と②の結果から、知的障害は認められませんが、漢字を書くことが特に苦手であることが明らかになりました。このことから、言語病理学的には発達性dyslexia（発達性読み書き障害、特に書く面の障害の問題が大きい）と診断されました。また③と④および⑤の結果からは、音韻的側面は問題がなく、視覚的認知の側面の問題が大きいこと、特に複雑な図形の認知とそれを記憶することが苦手であることが明らかになりました。

### (3) なぜ漢字が書けないのか

　n君の漢字の書けなさにはさまざまな症状がありますが（**表Ⅲ-2**）、このことは書けなさの原因もさまざまであることを意味しています。まず、「どのような字か思い出せない」「まったく書けない」という場合は、習った漢字がもともと覚えられなかったか、覚えたとしてもうまく想起できないという視覚的な記憶に問題がある状態と考えられます。

　「作文」を「文書」というように似た意味の漢字を書いてしまう場合は、「さくぶん」と聞いてその意味は分かるのに「さく」という音を正しい漢字に結びつけられないので、「文を書く」という意味の近い漢字を書いてしまったと思われます。このような誤りが

見られる場合は、漢字の書けなさを意味で補っていると考えられるので、意味の働きは悪くないことを示唆しています。そしてこのことは、その後の指導の手がかりとして重要になります。

あるいはまた**表Ⅲ-2**に見られるように、「歯」や「駅」を実在しない似た形の漢字で書く場合は、視覚的な記憶の曖昧さが疑われます。全体の形はとらえられているのですが、細かい部分まで正しく覚えることが苦手なため、一部を誤って書いてしまうのだと考えられます。さらに、音が同じ漢字を当て字のように当てはめて書くということは、書くことだけに一生懸命で、書いた文字がどのような意味をもっているかまで注意が及ばない状態であると考えられます。

このように、「漢字が書けない」といってもそのつまずきの原因はさまざまです。指導は一つひとつの原因に合わせたアプローチが必要です。

### ⑷ 書けない子どものその他の典型的症状

若宮（2010）によれば、書けない子どもの症状はn君のような症状の他にも、「文字形態が崩れている」「文字の構成要素の大きさの比率がおかしい」「文字や文がはみでる」「歪む」などがあるとされます。しかし、このような場合は、書くという言語活動の本質的な問題というより、手や腕を協調的に上手に動かすことや、注意の問題（細かい部分に注意が払えない）あるいは空間認識の問題（紙の上のどこに鉛筆をおろしたらよいかが分からないなど）などであると考えられます。このような場合は、いかに運動を上手にスムーズに行なえるようにするかの工夫（例：マス目の大きさを子どもが一番書きやすい大きさにする）、漢字の細かい部分にまで注意がいくようにする工夫（一番間違えやすいところの色を変えて見本を提示する）など、それぞれのつまずきに合わせた手立てを工夫することが大切です。

B　読み書きの困難

## 3　文章による書記表現が難しい子ども

> 中学1年生のo君は、現在通常学級に在籍しており、特別な支援は受けていません。小学校6年生の時に実施したWISC-Ⅲの結果は、全IQが79（言語性IQは76、動作性IQは87）と、境界線の領域にあります。日常会話はスムーズで、一見困難を感じることはありませんが、会話の内容が深まっていくと、会話の継続が困難になります。国語は読み書きともに苦手で、特に文章による表現が難しく、作文を書かせると、400字詰め原稿用紙の半分程度しか文章を書くことができません。o君は、作文を書くときに、「何を書いたらいいのか分からない」「書くことを忘れた」「作文を書くのがしんどい」などと言います。字を丁寧に書くことが苦手で乱雑です。また、文中には小学校中学年程度の漢字が使用され、作文の構成は起承転結がなく、内容もおおまかで詳細に欠けます。

### (1)　文章産出をする際の認知モデル

　Flower & Hayes（1981）のモデル（図Ⅲ-6）は、文章産出をする際の認知モデルとして、多くの文献で紹介されているものです*。Flower & Hayesは、経験豊富な書き手の実際の行動を明らかにするために、その行動を文章産出におけるタスク環境、上位処理過程（例：執筆計画、文章化（翻訳）、校正・再検討）、下位処理過程（例：目標設定、内容の整理、読み、編集）、そして長期記憶に分類し、フローチャートに表しました。

　タスク環境とは、書き手がどのような書記課題**（題目や読み手、感情、社会的背景）を与えられ、文章を産出したか、といった実際に文章を産出させる際に不可欠な作業環境のことを指します。上位処理過程とは、執筆計画、文章化（翻訳）、校正・再検討、自己モニタリングを指し、下位処理過程とは、執筆計画段階における書くべき内容やアイデアの産出、内容の整理、目標設定、それから校正・再検討段階における読み、編集

---

\* Hayes（1996）は、この1981年に発表されたモデルを、認知・情動・記憶の個人的側面と社会的・物質的環境とを一体化させた課題環境とからなる個人―環境モデルとして修正していますが、本節では文章産出過程の概念として理解しやすい1981年のモデルを取り上げています。
\*\* 書記課題の要素について、Flower & Hayes（1981）は題目と読み手のみあげていましたが、Bizzell（1982）、Brand（1987）、Faigley（1986）らにより、他にも要素として感情や社会的背景が重要であるとの指摘がなされていることから、本節ではこのモデルの書記課題の要素として、感情や社会的背景をあげるとともに、図Ⅲ-6の一部を改変しました。

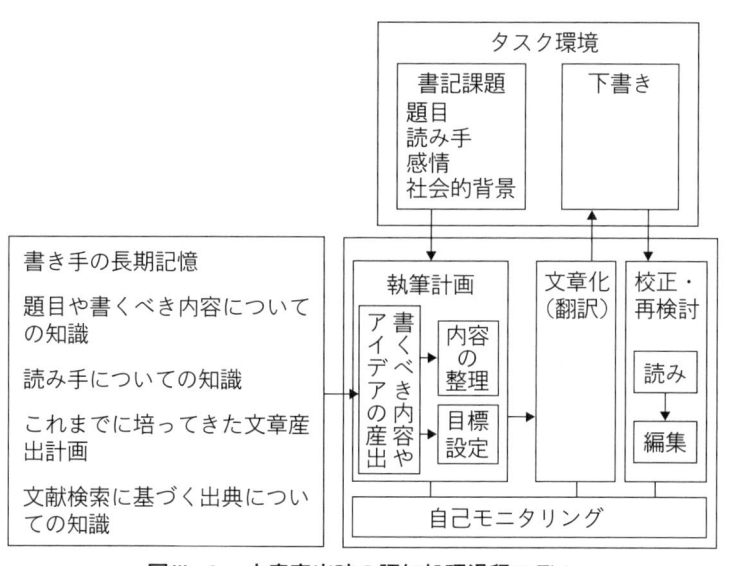

**図Ⅲ-6　文章産出時の認知処理過程モデル**
（Flower & Hayes, 1981を一部改変）

のことを指します。また、長期記憶とは、比較的長期間保持される記憶のことで、文章産出の際に必要となる情報源となります。

　文章産出を行なう際は、特定のタスク環境のもと、長期記憶として保存されている知識や経験をもとに（知識や経験のない内容については文献検索をしながら）書くべき内容やアイデアを出しながらそれらをまとめ、目標を設定することにより、文章の計画を立てます。次に、その計画に基づいて頭のなかやメモに書かれてある整理された執筆計画を文章化（翻訳）します。そしてとりあえず現段階で文章化された下書きを読み返し、編集することにより、より優れた文章へと校正・再検討していくわけです。なお、執筆計画、文章化（翻訳）、校正・再検討の上位処理過程では、書き手は常に自己モニタリングを行ないながら、文章産出処理の調整を行なっています。

## (2) 文章による書記表現が難しいとはどういうことか

　経験豊富な書き手は、執筆準備段階、執筆段階、編集段階の従来的な文章産出過程を、状況に応じて順番に、逆順に、あるいは同時にこれらを導入しながら文章を産出します。一方、文章表現が困難な子どもたちは、執筆準備段階、執筆段階、編集段階をうまくつなげ、関連づけられなかったり、これらの段階をまったく無視したりします。こうなると、子どもたちは、執筆する目標を再確認しながら書くべき内容（題目）からずれていないか、などをチェックしなくなったり、下書きを終えた後に文章の内容や書き方が読

B 読み書きの困難

**表Ⅲ-3　文章による表現（書記）の困難が起こると考えられる原因**
（平山, 1994, 平山・福沢, 1996）

①書くべき内容の欠如・選定の困難
②題名に関する困難
③文の構成の困難
④書字（漢字など）に関する困難
⑤段落・行の処理の困難
⑥書き出しの困難
⑦ことばや文で表すことの困難
⑧句読点の付け方の困難
⑨書き終わりの困難
⑩記憶（再生）の困難

み手のニーズに合致しているかを確認しなくなったりします。また、文章の全般的な再校正をしたり、新たな節や段落を書き足したりするといったような編集ではなく、単語の変更や句読点の打ち方だけといった限られた編集しかしなくなります。Flower & Hayes（1981）のモデルをもとに述べると、こうした子どもたちは、熟考された計画なしにとりあえず文章を産出し、その後適切な校正・再検討を行なわずに課題を提出してしまう傾向があります。これでは上位処理過程における自己モニタリングができていないため、文章産出の本来的な目標を達成できず、文章全体の論理的なつながりができなくなってしまいます。また、書き手は漢字や送り仮名、句読点の打ち方の誤りなど、比較的単純な誤りの訂正のみに神経をとがらせるため、文章産出によって何か新しい考えやひらめき、知識を表現することはできません。もちろん単純な誤りの訂正も重要ですが、それだけでは子どもたちの創造性や論理的思考を文章産出という作業によって鍛えることはできません。

　平山（1994）や平山・福沢（1996）は、子どもが文章産出の困難を示すパターンを具体的に10の項目にまとめています（**表Ⅲ-3**）。①書くべき内容の欠如・選定の困難とは、「書くことが思いつかない」「書くことが決まらない」などの状況を指します。②題名に関する困難とは、「題目を決められない」などの状況を指します。③文の構成の困難とは、「文を組み立てられない」「文をつなげられない」などの状況を指します。④書字（漢字など）に関する困難とは、「習った漢字が書けない」「文字をきれいに書けない」などを指します。⑤段落・行の処理の困難とは、「段落わけができない」などの状況を指します。⑥書き出しの困難とは、「書き出しのところを、どうやってはじめるか迷ってしまう」などの状況を指します。⑦ことばや文で表すことの困難とは、「自分では分かるけど、読み手に分かるように文に表すにはどのように書いたらよいかが分からない」などの状況を指します。⑧句読点の付け方の困難とは、「句読点を文章中のどこにうてばよいのか分からない」「句読点を付け忘れる」などの状況を指します。⑨書き終わりの困難とは、「最後の段落や結語をどのように書けばよいかが分からない」などの状況を指します。⑩記憶（再生）の困難とは、たとえば遠足に行ったことを作文にする場合、遠足での出来事を思い出しながら文章産出しなければなりませんが、そのような

場合、「経験した当時のことを思い起こせない」などの困難が認められることを指します。これらのパターンは、Flower & Hayes（1981）のモデルを参照することで、具体的に文章産出過程のどこに課題があるために、このような困難を示すのかを理解することができます。

### (3) Levine（1998）のモデル

一方 Levine（1998）は、文章産出の困難を引き起こす原因として、①注意の問題、②空間の秩序の問題、③時系列の問題、④記憶の問題、⑤言語能力の問題、⑥高次認知機能の問題、⑦書字運動、と7つの問題をあげています。Levine のモデルは、Flower & Hayes（1981）の文章産出モデルと比較すると、注意や空間認知、時系列、高次認知機能など、脳の高次機能や微細運動と文章産出およびその困難との関係についても言及しています。ここでは Levine が指摘している文章産出を困難にさせる問題について詳しく解説します。

①**注意の問題**：注意の問題がある子どもたちは、注意散漫で衝動的な可能性があります。こうした子どもたちには、以下のような行動が現れる可能性があります。
- 書記課題をはじめることが難しい。
- 書記課題をしている間、すぐに集中が途切れる。
- 書記課題をしている間、すぐに疲労する。
- 文字が読みやすいこともあれば読みにくいこともある。
- 文章を書くペースが乱れやすい。
- 不注意による誤りがたくさんある。
- 計画性に乏しい作文やレポートを書く。

②**空間認知の問題**：空間認知の問題がある子どもたちは、文字や単語、文章の空間や間隔を整えることに注意が向きません。こうした子どもたちには、以下のような行動が現れる可能性があります。
- 紙の罫線やマス目をうまく利用できず、文字がそこからはみでる。
- 文字や単語、文章の整理ができない。
- 文字間の間隔が不均衡になる。
- 多くの誤字脱字が認められる。

③**時系列の問題**：時系列の問題がある子どもたちは、文字や文を書くための作業過程で、考えを順番に表現したり、それらの順番を時系列に維持させたりすることに困難があります。こうした子どもたちには、以下のような行動が現れる可能性があります。

B　読み書きの困難

- 書き順が覚えられない。
- 文字の転位や書き飛ばしが認められる。
- 文をつなげて書くことが難しい。
- 文の内容に起承転結のような推移が見られない。

④**記憶の問題**：多くの文章産出過程が自動的かつスムーズであるためには、高い作動記憶能力が鍵となります。記憶の問題がある子どもたちは、正確な漢字や送り仮名、文法、句読点のルールを思い出すことに困難があるかもしれませんし、書いている間、これまでつちかってきた知識や経験を参照することに困難があるかもしれません。また、自分の考えをうまく整理することに困難があるかもしれません。こうした子どもたちには、以下のような行動が現れる可能性があります。

- 語彙能力が低い。
- たくさんの漢字や送り仮名のミスがある。
- 句読点や文法の誤りが認められる。

⑤**言語能力の問題**：優れた書記スキルは、子どもの全般的な言語能力が少しずつ向上することによって身につくものです。言語能力の問題がある子どもたちには、以下のような行動が現れる可能性があります。

- 語彙能力が低い。
- 表現力に乏しく、文法に則らない文章を書く。
- 口語体を不適切に文章に組み込む。
- 単語を適切に並べたり、文章を適切に並べたりすることに困難がある。
- 自分で書いた文章を後で読み返すことに困難がある。
- 単語の読みや意味理解に困難がある。

⑥**高次認知機能の問題**：高次認知機能の問題がある子どもたちは、文中に健全な議論を表したり、洗練された抽象的な考えを表したりするために、書記言語を使用することに困難を示します。こうした子どもたちには、以下のような行動が現れる可能性があります。

- 自分の考えを表し、それを詳しく記述することに困難がある。
- 書く内容についてのアイデアを着想し、それをまとめることに困難がある。
- 自分の意見や考えの欠如や読み手の立場に立った記述ができない。
- 創造性や批判的思考を必要とする文章産出に困難がある。

⑦**書字運動の問題**：書字運動に困難のある子どもたちは、ペンや鉛筆を保持するための微細な筋肉の調整に困難を示します。特にタスクの長さが増えるとこうした子どもた

ちには、以下のような行動が現れる可能性があります。
- とても短い文章しか書けない。
- 一所懸命努力をするが、書くのがとても遅い。
- 鉛筆のもち方が不器用である。
- すらすらと文字を書くことができない。
- 丁寧な文字を書くのが困難である。

(4) まとめ

　さまざまな学習面の問題と同じく、文章による書記表現の困難は、子どもの学習意欲や自尊心を大きく損なう可能性があります。年齢が上がるにつれて、子どもたちは何を知っているか、何を学んでいるか、どのような意見や感想をもっているかなど、さまざまなテーマについての知識や経験、意見などを文章によって表現することがより多く要求されるようになります。もし子どもが文章産出に必要な基本的な技術を身につけ損ねたとしたら、その子どもはこれらの要求が増加するにつれて、一般的な子どもと同様のスピードと流暢さで適切に文章を書くことがさらに困難になるでしょう。

　Levine（1998）が指摘しているように、通常、文章産出の困難は単独では起こりません。特に運動能力や脳の高次機能が問題の根幹にある場合、子どもは他の学習面の困難も持ち合わせている場合がほとんどです。ですから全般的な子どもの困難や苦手な部分を分析し、さらにその分析によって判明したそれぞれの困難について、どの段階でつまずいているのかを詳細に把握することにより、子どものニーズに応じた支援をしていくことが重要になります。特にさまざまな認知処理過程を必要とする文章産出においては、子どもが抱える困難の状況によって指導方針や内容が大きく異なります。ですから子どもへの適切な支援には、具体的かつ詳細なニーズの把握が必要不可欠です。

**文　献**

Bizzell, P.（1982）Cognition, convention, and certainty: What we need to know about writing. A Journal of Rhetorical Theory, 3. 213-43.

Brand, A. G.（1987）The why of cognition: Emotion and the composing process. College Composition and Communication, 38, 436-43.

Faigley, L.（1986）Competing theories of process: A critique and a proposal. College English, 48, 527-42.

Flower, L, & Hayes, J. R.（1981）A cognitive process theory of writing. College Composition and Communication, 32, 365-87.

## B　読み書きの困難

Hayes, J. R. (1996) A new model of cognition and affect in writing. In M. Levy & S. Ransdell (Eds.), The science of writing. Erlbaum, Hillside, NJ.

平山祐一郎 (1994) 小学校高学年児童の作文に対する意識調査. 日本心理学会第58回大会発表論文集, 875.

平山祐一郎・福沢周亮 (1996) 児童の作文に対する困難感に関する探索的研究. 筑波大学心理学研究, 18, 53-57.

細川徹 (2010) 疫学. 稲垣真澄編集代表　特異的発達障害診断・治療のための実践ガイドライン. 診断と治療社, 34-37.

Levine, M. (1998) Developmental variation and learning disorders (2nd ed.). Educators Pub Service, Cambridge, MA.

森重佳子・嘉陽陽子・石坂郁代 (2009) 促音・長音の指導効果に関する事例研究―ある学習障害児の場合―. 福岡教育大学特別支援教育センター研究紀要, 1, 53-63.

宇野彰・春原則子・金子真人・T, Wydell (2006) 小学生の読み書きスクリーニング検査―発達性読み書き障害 (発達性dyslexia) 検出のために. インテルナ出版.

若宮英司 (2010) 臨床症状. 稲垣真澄編集代表　特異的発達障害診断・治療のための実践ガイドライン. 診断と治療社, 39-41.

---

「1　仮名文字を読むこと・書くことの困難」「2　漢字を読むこと・書くことの困難」謝辞：事例提供にご協力いただきました平谷こども発達クリニック（福井市）の平谷美智夫医師と高井雪帆ST、伊波みな美STに深謝いたします。

# C 読み書きの評価

"読み書き"は、非常に複雑でさまざまな能力を必要とするため、そのつまずきを把握するには、評価すべき領域が多岐に渡ります。ここでは、"読み書き"のつまずきを把握するために評価すべきさまざまな領域とそれらを評価するための方法を紹介いたします。

## (1) 読み書きにかかわる能力の評価

### 1) イマージェント・リテラシー発達

就学し読み書き指導がはじまるまでの時期に、"読み書き"そのものは含みませんが、"読み書き"の獲得に必要不可欠な、誕生した瞬間から少しずつ育んでいく基本的かつ前駆的な能力をイマージェント（萌芽的な）・リテラシー（emergent literacy）と言います（Adams, 1990）。これには、乳幼児期によく見られる絵本の読みまねをしたり、わらべ唄・指遊びを楽しんだり、いたずら書きをしたりというような行動が含まれます。イマージェント・リテラシー発達の遅れは後の読み書き獲得に影響を及ぼすため、本書のⅠ章と発達指標（表Ⅲ-4）を参考に、児童の弱い点、または現在の発達段階を把握していきましょう（Snow et al., 1998）。

### 2) 手先の（微細・巧緻）運動発達

通常発達においては6歳までに、書字だけではなく、着替え、食事などがきちんとできるように手先の運動能力が発達します。しかしながら、言語そして読み書き発達を苦手とする児童の多くに手先の運動発達困難が見られます。発達指標（Folio & Fewell, 2000）（表Ⅲ-5）を参照に、児童の手先の運動能力を把握しましょう。そして書字にかかわる手先の運動発達について何か気になることはないか保護者の意見を聞きましょう。

## (2) 読むことの評価

### 1) 文字レベルの読み

その児童が1文字のレベルでどれくらいの読み能力があるかを評価します。文字を一つひとつ提示し、児童に口頭で読んでもらい、その読み能力を評価しましょう。平仮名の清音のように、1つの音（音韻）を表す文字が1つしかない1音1文字（例：/ka/→

C 読み書きの評価

表Ⅲ-4　イマージェント・リテラシー発達

| 8ヵ月から12ヵ月 | ・絵本に興味をもちだし、眺めたりする。<br>・大人が絵本のなかのものの名前を言うと、短い間眺めたりする。 |
|---|---|
| 1歳 | ・大人が絵本のなかのものの名前を言うと、眺めたり、指さししたりする。<br>・わらべ歌などに反応し、声を出したり一緒に歌ったりする。 |
| 1歳から2歳 | ・複数のページを一度にめくる。<br>・絵本のなかのものを数個、ポンと叩いたり、指さしたりする（特に大人が絵本のなかのものの名前を言うと）。<br>・短いお話に興味をもちだす。<br>・絵本のなかのものの名前を言い出す。 |
| 2歳から3歳 | ・書きことばに意味や目的があることを理解しだす。<br>・大人が絵本のなかのものの名前を言うと、指をさしてその名前を言う。<br>・お気に入りの本を何回も読んでもらいたがる。<br>・同じフレーズが何回も出てくる絵本を楽しむ。<br>・座って絵本を眺めるようになる。<br>・絵本の読みまねをする。<br>・ページを1枚ずつめくれるようになる。<br>・本には前と後ろがあることを理解する。<br>・文字を読む方向性を理解する（横書きは左から右、縦書きは上から下）。<br>・5〜15分間、読み聞かせを楽しむことができる。<br>・自分の名前の文字など、特定の文字に興味をもちだす。<br>・なぐり書きが文字のような形になり、絵と区別できるようになる。 |
| 3歳から4歳 | ・身近なレストランのロゴや、お菓子パッケージの名前、交通標識などを気づくようになる。<br>・書き文字には異なる文体とそれに伴う目的があることを理解する（例：手紙）。<br>・遊びのなかで手紙を書いたり（書きまねを）する。<br>・絵本を読むということは、絵本のなかの文字を読むということを理解する。<br>・本と読むことに興味をもつ。<br>・本を読んでもらうと、そこからの情報と内容を自分の実際の経験に関連づける。<br>・本の内容に対して質問をしたりコメントしたりする。 |
| 5歳 | ・身近な単語を読む。<br>・絵本を読んでもらうときや、自分が書いた文字を読むとき、文字を目で追うことができる。<br>・知っている本を読みはじめる（必ずしも文字通りにではない）。<br>・読んでもらった本の内容についての質問に正しく回答できる。<br>・絵本のなかの絵や、内容の一部から次に何が起こるか予測をすることができる。<br>・自分の知識を使って単語を綴ろうとする。<br>・自分の名前と仲がよい友達の名前を書く。 |

表Ⅲ-5　手先の（微細・巧緻）運動発達

| 12ヵ月から18ヵ月 | ・クレヨンをグーでもって（親指は上）使う。 |
|---|---|
| 18ヵ月から24ヵ月 | ・縦線や円形の線をまねして描くことができる。<br>・両手をつかったりして、はさみを開けたり閉めたりチョキチョキすることができる。<br>・2歳ごろまでに利き手が定まってくる。 |
| 2歳から3歳 | ・指をすべて紙の方に向けてクレヨンをつかんで描（書）く（2歳ごろ）。<br>・複数の指の先で筆記用具をつまみ描（書）く（2歳半ころ）。<br>・はさみで紙を切ることができる（前方に進めないが）ようになる。<br>・親指、人差し指、中指の3本の指で筆記用具を支え描（書）く（35ヵ月ごろ）。 |
| 3歳 | ・紙を線に沿って切ることができる。<br>・大きなボタンをはめたり、外したりできるようになる。 |
| 4歳 | ・縦・横の線をなぞることができる。<br>・紙を動かしながらはさみで切ることができる。<br>・着替えが自分でできるようになる。 |
| 5歳 | ・正しく鉛筆が持てるようになる。<br>・自分の名前、簡単なことばが書けるようになる。<br>・線の内側を色塗りできるようになる。<br>・いろいろな形をはさみで切りだせるようになる。<br>・箸を大人の持ち方で使えるようになる。 |

か）の規則がはっきりしている文字ほど読むのが容易で、1音1文字の規則が適応されない文字（例：/kya/→きゃ、/sora, kara など/→空）ほど読むことが難しくなります。また、使用頻度の高い文字（例：か，し）ほど読み獲得が早く、低い文字（例：ヲ）などは遅くなる傾向があります。

①**平仮名**：清音・撥音・濁音・半濁音が読めるかどうか評価します。50音表を暗記している場合があるので、50音表ではなく、ランダムに一文字一文字見せて読ませるか、平仮名が順不同に並んでいる表などを使用しましょう。

②**カタカナ**：清音・撥音・濁音・半濁音が読めるかどうか評価します。平仮名と同様、50音表を暗記している場合があるので、50音表ではなく、ランダムに一文字一文字見せて読ませるか、カタカナが順不同に並んでいる表などを使用しましょう。

③**数字**：数字が正しく読めるかどうかを評価します。10以下の数字を読む能力は、平仮名を読む時期より早く、3歳くらいで獲得されますが、その児童の学年の算数で使用される複数桁の数字が読めるかどうかも評価しましょう。時間がある場合は、その児童

C　読み書きの評価

の学年の算数で使用される数式文字（＋、－、÷、＝）や単位（cm、㎡）なども読めるかどうか評価しましょう。

　④**漢字**：その児童の漢字読み能力がどの学年相応レベルであるか評価しましょう。学年別の漢字テストなどを利用し、漢字を1文字ずつ口頭で読ませます。漢字には複数の読み方があるので、同じ漢字でも他の読み方を知っているかどうか、また、訓読みした場合、その漢字の読み仮名と送り仮名の区別ができているかどうかも評価しましょう。

2）単語レベルでの読み

　文字がつらなって単語になった場合、どれくらい読めるかどうかを評価します。ただ、文字レベルの読みで著しい困難が見受けられた場合は、この単語レベルでの評価に至らないケースもあるでしょう。

　①**平仮名の単語**：平仮名で構成され、しかも児童にとって身近な単語が読めるかどうか評価しましょう。特殊拍である促音（例：きっ て）、撥音（例：ほん）、長音（例：おねえさん）、拗音（例：でんしゃ）、拗長音（例：きゅうり）の読みができるかどうか、また、助詞の「は」・「へ」は短文を使用して（例：わたしは、あるく）読めるかどうか評価しましょう。

　②**カタカナの単語**：平仮名の単語同様、児童にとって身近な単語を使ってよめるかどうかを評価します。特殊拍である促音（例：ヨット）、撥音（例：キリン）、長音（例：スカート）、拗音（例：チャ）、拗長音（例：ミャー）なども読めるかどうか評価しましょう。

　③**漢熟語**：1文字レベルの漢字の読み評価で、すでにその児童が何学年レベルの漢字が読めるかどうかが想定できると思います。1文字レベルで読めた漢字と、その児童がすでに履修したと思われる漢字を組み合わせて、漢熟語がどれくらい読めるかどうか評価しましょう。児童がその漢熟語が読めた場合、その熟語の意味が何であるか説明できるかも評価しましょう。読みが苦手な児童は話しことばにも問題がある場合が多いので、熟語の意味を知らなかったり、説明できなかったりする場合も多いと思います。漢熟語を読めても、意味が理解できていなかったら、読んで理解したことにはなりません。文字を読むことイコール読んで理解することではないことを念頭に入れて、この点も評価しましょう。

3）音読

　児童がいかにその文章を正しいイントネーションで、すらすらと、淀みなく、容易かつ自動的に読めるか（読みの流暢性：fluency）（Meyer & Felton, 1999）に着目して評価します。この読みの流暢性が確立されていないと、つまり、拾い読みをしているようでは、たとえ一文字一文字を読み上げることに成功したとしても、それらがつらなって構成す

るものを"ことば"として認識することに失敗し、従ってことばの意味を理解することに至らず、効果的な読解にはなりません。

　まず、音読評価に使用する文章ですが、これまでの文字レベル・単語レベルでの児童の成績から音読可能な文章を国語の教科書などから選びます。音読する文章は、できれば児童が履修を済ませていると思われる平仮名・カタカナ・漢字が含まれていることが理想です。なぜなら、履修済みの文字を一文字・一文字を読み上げるのとは異なり、それらの文字がつらなり文章として表れたとき、児童がいかに自分の知識を瞬時かつ自動的に利用し、流暢に音読できるかを評価できるからです。単語のリストを読ませるのではなく、その児童が音読できると思われる文章を読ませてください。文章を読ませることによって、イントネーションが自然か、書きことばのルールである句読点を意識して音読できているか、助詞の「は」「へ」を認識し読み分けができているか、行をとばさずに読めているかなどを評価することができます。

　次に実施方法ですが、児童に音読の文章を渡し、「できるだけすらすらと間違えずに読んでください」と指示し、音読させます。その際に、後に児童の読み間違いを分析するために児童の音読を録音し、ストップウォッチで児童が文章を最初から最後まで読み終わるまでの秒数を計測します。児童が音読している最中は、児童が音読している文章のコピーに、読み間違いを記入し、後に録音内容と照らしあわせます。読む速さですが、以下のデータ（**表Ⅲ-6**）を参考にされるといいでしょう（国立国語研究所, 1955）。

　ただ、**表Ⅲ-6**のデータはかなり古いもので、小学4年生の平均文字数がなぜか3年生より少なくなっていたりします。筆者の最近の調査では、幼稚園年長児のおよそ8割が、音読をすることができ、1分間の音読平均文字数は60字でした（句読点を含めず）(Kobayashi et al., 2005)。そして小学1年生は117字、2年生は249字、3年生から6年生が260字前後という結果となりました（句読点を含めず）(Kobayashi et al., 2007)。ちなみに、1分間に280字読む速さを、日本速記協会では"すらすらとよどみなく朗読する速さ"としています（句読点を含める）（日本速記協会, 2008）。音読の速さは学年が上昇していくとどんどん速くなるというわけではなく、次第に話しことばの速さに近づいていくため、ある程度の速さまで達すると速さの上昇がゆるやかになります。指導目標として、小学校中学年以上は1分間に250～260字の速さで音読できるようにすることが適当

表Ⅲ-6　1分間の音読平均文字数（句読点を含めず）

| 学年 | 1年 | 2年 | 3年 | 4年 | 5年 | 6年 |
|---|---|---|---|---|---|---|
| 文字数 | 70 | 182 | 197 | 167 | 194 | 219 |

C　読み書きの評価

でしょう。

　最後に、読み間違いを分析します。文字が読めない、飛ばし読み、おきかえ読み、付け加え読み、繰り返し読み、読み間違えた文字を自己修正するなどの読み間違いが文章の総文字数の何%であるかの数値を出しましょう。さらに、誤読のパターンを分析することによって、その児童が使用している・していない音読ストラテジーと指導目標が見えてきます（Wiederholt & Bryant, 2001）。

　**①一音一文字の規則・特殊拍の表記・漢字の読み方に関する知識と利用**：ある文字または文字集団がまるごと読めない、飛ばし読み、おきかえ読みがまったく意味のない語になる場合は、一音一文字の規則、特殊拍とそれを表記する文字集団との関係、漢字の読み方などに関する知識がない場合と、知っていてもその知識を自動的に利用できない可能性があります。また、注意力・集中力やタイミングよく文字を追う力が弱いため、単純に文字・文字集団をとばして読んでいる場合もあります。

　**②意味の類似**：児童が文意を理解しながら音読しているか、読み間違いを分析します。

```
音読文　　　水を　のみに　きます。
児童の音読　水を　のみに　いきます。
```

　児童は、"い"を付け加えて音読しましたが、"い"を付け加えたとしても、元の文の意味が劇的には変わらないので、この児童はある程度文意を理解しながら音読していることがうかがわれます。

```
音読文　　　ペットボトルの　中身が　空に　なった。
児童の音読　ペットボトルの　中身が　そらに　なった。
```

　このケースでは、児童は、"そら"とおきかえ読みをしましたが、この場合は文意がかなり変わるので、文意を理解できずに音読している可能性と、"空"の他の読み方の知識がないか、それを瞬時に思い出せなかった可能性があると思われます。

　**③語句機能の類似**：児童が正しい文法知識を活用しながら音読しているか、読み間違いを分析します。

```
音読文      ゆきこさんは  いいました。
児童の音読   ゆきこさんが  いいました。
```

　児童は、助詞の"は"をおきかえ読みをし、"が"と読み間違いをしましたが、"は"も"が"も助詞であり、文法的には妥当な判断をしながら音読していることがうかがわれます。反対に、助詞の"「は」「へ」を/ha//he/とおきかえ読みをした場合、これは、「は」「へ」を助詞として認識できずに音読している可能性と、「は」「へ」が助詞で使用された場合の正しい読み方の知識がないか、それを瞬時に思い出せなかった可能性があると思われます。

　**④文字形体・音韻の類似**：児童のおきかえ読みが、音読文の元の文字・語句と類似した文字形体・音韻の特徴をもっていないか分析します。

```
音読文      父は  待った。
児童の音読   父は  持った。
```

　児童は、"待"に文字形体が似ている"持"におきかえて読み間違いをした可能性がうかがえます。

```
音読文      ジャングルで  動物が  生きていくためには、
児童の音読   ジャングルで  植物が  生きていくためには、
```

　児童は、"動"を"植"におきかえて読み間違いをしましたが、これは、"動"の後の"物"が同じである語句を連想して読み間違いをした可能性があります。

　**⑤自己修正**：児童が自分の読み間違いに気づき、自分で正しく修正できるか否かを分析します。

```
音読文            じょうずに  できないのも  あります。
児童の音読（1回目） じょうずに  できないも
児童の自己修正     じょうずに  できないのも  あります。
```

　まず、児童の読み間違いを分析します（この場合は、おそらく注意不足による飛ばし読

C　読み書きの評価

み）。児童は、"できないも"は文法的に不適切で、文意が通らないことに気づき、結果的に自分で正しく修正することができました。この場合、児童は音読しながらも文法的知識を活用し、自分の理解度をチェックしている可能性を示唆しています。

　ほとんどの読み間違いには複数の要因がかかわっていると思いますが、音読指導を通して、①のカテゴリーに入る読み間違いや、文意を劇的に変えてしまうような読み間違いを徐々に減らし、自己修正ができるように導くことが重要です。

4）読解

　読むことの究極の目標は読んだものを理解すること、つまり読解です。読解の評価には、市販の読解テストを使用してもよいでしょう。読解テストを使用する上で注意することは、児童がどれくらい文章を理解し設問に解答できるのかを評価するためには、筆記解答による設問が多いものではなく、選択式（マークシート方式）の解答が多いものを使用することです。なぜなら、読むことを苦手とする児童のほとんどが書くことも苦手としています。解答が分かっていても書字困難から、自分の読解力に相応しない解答しか書けない場合もあるからです。適当な読解テストが見つからない場合や、児童の書字困難が著しい場合は、児童に解答を口頭で答えさせ、読解力を評価することもよいでしょう。もちろん、選択式の設問ですと、あてずっぽうで答える可能性もあります。そのため、児童の誤答を分析することが重要になります。

　児童の読解問題に対する誤答の分析にはQAR（Question and Answer Relationship：問いと答えの関係）の4つのカテゴリーを参考にすると、児童がどのような設問に対して解答することが得意あるいは苦手であるか明らかになっていきます（Buehl, 2001）。

　① In the Book　（答えは本・本文中にある）

　設問に対する答えは本文にあるため、児童が、本文・設問を読んで理解し、本文を使用して解答できているかどうかを評価できます。

　"Right　There"（答えはすぐそこにある）：設問に対する答えは、本文中の1ヵ所にあり、1つのことばか1つの文です。

```
例：　設問　うさぎの友達は誰ですか？
　　　解答　たぬき
```

　このような設問に解答できていない場合は、その児童は本文・設問をまったく読めていないこと・理解していないことがうかがわれます。

　"Think and Search"（考えて探しましょう）：設問に対する答えは本文中に見つかるの

ですが、読んだ内容を理解し、読んだ事柄を自分でまとめる必要があります。答えは、本文中の数ヵ所に点在しており、児童が本文を読みながら"think 考え"て"search 探す"ことができるかどうかを評価できます。

> 例： 設問　うさぎはなぜ悲しくなったのですか？
>   　　解答　うさぎの友達が引っ越すから。

　このような設問に解答できていない場合は、その児童がもちろん本文・設問をまったく読めていない・理解していない可能性もありますが、本文をスキャンすることが苦手で解答につながることば・文を見つけることができない、個々のことば・文の意味を統合することができない、読んだ内容を覚えていることが難しいなど、さまざまな要因がかかわっていることがうかがわれます。

　② In My Head　（答えは自分の頭のなかにある）
　"Author and You"（筆者と自分）：このレベルの設問に解答するためには、児童は自分がすでにもっている背景知識や経験、そして本文を理解して得た知識の両方を使う能力が必要とされます。このレベルからかなり高度な読解能力が必要とされます。

> 例： 設問　うさぎが隣の森でたぬきにばったり出会ったとき、どのような気持ちになりましたか？
>   　　解答　たぬきに長いこと会えなかったので、嬉しい気持ちになった。

　自分の言語能力よりも高い読み能力を発揮するハイパーレクシアの傾向がある児童も、このような設問から解答することが難しくなっていきます。なぜなら、文章から得られる情報を自分の知識・経験と照らし合わせ、登場人物の感情を想像したり予測したりするなど、高度の思考能力が必要とされるからです。

　"On Your Own"（自分自身で）：設問に答えるには、児童が自分の背景知識と経験に基づいて答える必要があります。文章を読んでもこのような設問に答えることはできないかもしれません。

C 読み書きの評価

> 例： 設問　あなたの一番の友達が遠くに引っ越してしまうと、あなたはどんな気持ちになりますか？
> 　　　解答　友達と会えなくなるので、悲しい気持ちになります。

　QARは、読解の設問には大きく4つのカテゴリーがあり、これらを児童に明確に指導し理解させることによって、児童自身が読んでいる文章を客観的に考え、文章を超えた読解ができるように援助する読解ストラテジーです（Raphael & Au, 2005）。そして、この4つのカテゴリーの視点から、児童の読解の誤答を分析すると、児童の強いところ・弱いところがはっきりし、読解指導の出発点が明らかになってくると思います。注意する点は、単語を読む能力が年齢相応に発達している児童の10％に著しい読解困難があるということです（Cain & Oakhill, 2006）。読む速度が遅く、読み間違いが多い児童は発見されやすいのですが、単語ならすらすらと正しく読める児童の読解困難に周囲が気づくことは難しいようです。しかしながら、QARの4つのカテゴリーに照らしあわせて、児童の読解パフォーマンスを分析すると、このような児童の苦手な点も把握することが可能と思われます。

### (3) 書くことの評価

　"読めない"児童のたいていは"書けない"ことがほとんどなのですが、指導によって、または恵まれた読書環境によって、そこそこ読めるようになった児童も書字困難をもっていることがあります。なぜなら"読むこと"以上に"書くこと"は複雑でさまざまな能力を必要とし、運筆、文字知識、文字をつなげて単語を表出する能力、文法知識、句読点などの基本的なスキルを自動的に駆使しながら、自分の書く文章が、主題にそっているか、全体の構成がまとまっているか、ことばは適切であるか、読者にメッセージが伝わるかどうかなどを配慮しながら書かなければならないのです。

　"読み"の評価と同様、文字レベルからはじめ、単語、文章（作文）と異なったレベルでそれぞれ評価します。児童が読めた文字・単語を口頭で言い、それらが書けるかどうか評価しましょう。また、市販の数字・ひらがな・カタカナ・漢字のワークブックなどを利用して、現在の書字能力が何歳または何学年レベルかの把握に努め、さらに数字・平仮名・カタカナ・漢字のそれぞれのどのレベルから指導が必要か見極めるように努力しましょう。その際に、①文字の正確さ、②文字のきれいさ、③文字の大きさ、④書き順、⑤児童の運筆能力、⑥鉛筆の持ち方、⑦消しゴムの使い方、⑧筆圧、⑨書くと

きの姿勢などを評価します。

　文章レベルの書字（作文）の評価で注意する点は、書かせる内容を児童にまず口述させ、「今言ったことを書いてください」と指示し、その口述内容をどのように書字で表記できるかを評価することが重要です。したがって、児童と検査する側がお互い知っている事柄（例：昔話）について、まず、児童に口頭で説明させ（録音して後に書字表出したものと比較分析します）、それらを書くように指示してください。書字を特に苦手とする児童の多くは、自分の言ったことをそのまま書くことが難しいため、書いた内容が口述内容よりも貧弱になることが多く、話しことばでなら表現できた事柄のうち、どのようなことが書字で表現できなかったかを分析しましょう。原稿用紙に書かせてもよいですが、無地の白い紙に書かせると、児童の紙の使い方（余白を適度にとるか）、文字の大きさは年齢相応であるか、文字をほぼ同じ大きさでつなげて書くことができるか、文字をまっすぐつなげて書けるかどうかなども評価できます。文章レベルの評価では、前述した①〜⑨の点に加え、⑩文法の正確さ、⑪1文あたりの使用語数、⑫使用語句の適切さ、⑬かぎかっこ・句読点の使い方、⑭全体の内容と構成、⑮主題に沿った内容か、⑯話しことばと書きことばの違いに気づいているか（例：話しことばでは「言ったけど」が許されるが、書くときは「言ったけれども」に変更する）、⑰読み手を意識しているか、などを評価しましょう。原稿用紙を使用した場合は、原稿用紙の使い方を理解しているかも評価しましょう。

### (4) 音韻意識の評価

　音韻意識（もしくは音韻認識：phonological awareness）とは、話しことばは、それらがもつ意味とは別に、母音や子音、あるいは音節やモーラ（拍）などのさまざまな音韻によって成り立っているという洞察力であり（Snow et al., 1998）、またそれらの音韻が操作可能であるという理解も含みます。話しことばは、文から単語、単語から音節もしくはモーラへと徐々に小さい単位に分けることができます。音韻を操作できるということは、ことばの最初の音を削除したり、しりとりをしたり、逆さまことばを楽しんだりすることが含まれます。幼児が、話しことばはそれよりも小さいモーラという単位に分けられ、またそれらをつなげてことばが構成されることを理解し、それに一音一文字の知識を使えるようになると、ことばを読むことができるようになるのです。このような関係から、幼児期の音韻意識がその後の読み能力を予測することがこれまでの研究において明らかになっています（Liberman et al., 1974）。音韻意識を評価する目的として、主に以下の2つがあります。

C 読み書きの評価

表Ⅲ-7 音韻意識の発達

| | |
|---|---|
| 4歳 | ことばを音節そしてモーラに分解できるようになる（Amano, 1970 ; 天野, 1988）。<br>逆さまことばで遊べるようになり、そしてしりとりができるようになる（Mann, 1986）。 |
| 5歳 | まず、ことばの語頭の音韻、そして語尾の音韻、最後に真ん中の音韻が何であるか分かるようになる（Amano, 1970 ; 天野, 1988）。 |
| 小学1年 | 5モーラ以内のことばであれば（例：プレゼント）、語中の、ある1つのモーラを削除して、その残りの音韻をつなげて表出できるようになる（例：「プ」を削除した場合、「レゼント」）（Kobayashi et al., 2005）。 |
| 小学2～3年 | 5モーラ以上のことばでも（例：フライドポテト）、語中の、ある1つのモーラを削除して、その残りの音韻をつなげて表出できるようになる（例：「ト」を削除した場合、「フライドポテ」）（Kobayashi et al., 2005）。 |

①読み書き発達に困難を生じると予測される幼児を早期に発見する。
②音韻意識を含めた読み書き指導を受けている児童の音韻意識の発達を定期的に評価する。

音韻意識は段階的に発達するため、以下の音韻意識の発達指標と幼児・児童の年齢（**表Ⅲ-7**）を比較し、今どの発達段階にいるか把握することが重要です。

音韻意識を評価する際注意することは、音韻の操作能力を主に評価することを目的としているため、他の能力（例：文字を書く、複雑な手作業）を含まない課題を使用することです。また、たとえ、幼児・児童が年齢相応の音韻意識課題を正しく行なうことができたとしても、その課題の取り組み方、行なう速度（処理速度）にも着目することが重要です。読みが弱い幼児・児童は、強い幼児・児童に比べて、例を示しても音韻意識課題をすぐに理解できかなかったり、試行錯誤を繰り返しながら行なったり、正答するまで時間がかかったりする傾向があります（Catts et al., 2002）。

### (5) 視覚認知について

読むということは非常に複雑でさまざまな能力を必要としますが、まず文字を見ることからはじまるため、これまでに読み書きと視覚との関係についてさまざまな研究がされてきました。結論から述べますと、現在のところ、読みにかかわる視覚認知についての評価方法と、その結果が読み書き能力の何に関係しているのか、その結果に基づく指導方法、視覚認知を改善する指導によって読み能力が向上するかどうかについては、まだ十分に研究がされていないと言えると思います（Badian, 2005）。

鏡文字ですが、読み書き獲得に困難をもつ児童が鏡文字を書く要因についていろいろ

と研究がされたところ、文字に対する視覚認知には問題がなく、つまり、文字が左右反転して見えているわけではなく正しい形体で認知されており、鏡文字を書いてしまう児童も模写だと問題なく文字を正しい形体で書けることが報告されています（Velutino et al., 1975）。よって、読み書き習得に困難な児童は、文字の認知ではなく、文字の順番や方向性を記憶していることが難しいのではないかということで、文字を処理する（orthographic processing）能力についてさらなる研究が行なわれています。この能力を評価する方法として、実在しない語と、実在する語を見せ、どちらが本当に実在するかを選ばせる課題や、文字列のなかから左右が反転している文字を選ばせる課題（Badian, 2005）などが使用され、この文字を処理する能力が読み獲得を予測することが報告されています。しかしながらこの文字を処理する能力は、文字と音韻との関係を理解している児童ほど文字を読み、処理をする機会が多くなり、より発達した文字処理能力をもっているため、音韻を処理する能力に強く左右されているのではないかとも指摘されてもいます。それでもなお、この文字を処理する能力は、音韻を処理する能力とは独立して読み書き能力にかかわっているという研究結果もあり、現在読み書き獲得をもつ児童の文字処理能力と読み書きの関係についてさかんに研究が行なわれている最中です。

　ちなみに、これまでの研究結果を分析・評価した結果、米国小児科学会が声明を出していますが（American Academy of Pediatrics, 1998）、①（二重焦点のメガネやプリズムメガネを使用・未使用での）筋肉の運動、追跡眼球運動、トラッキング運動を含む視覚トレーニング、②脳神経を組織化するトレーニング（大脳半球の左右差に関するトレーニング、ハイハイする、バランス・ボードの使用、感覚的トレーニング）、③色つきのレンズの使用などによって、読み書きを含む学習上に困難をもつ児童の学力が向上するという科学的エビデンスは十分ではないそうです。

### (6) 知能検査

　知能検査を通して、児童がどのような課題を得意・不得意としているか、どんな問題解決方法をするか・しないか、学習のくせ、注意力、記憶力などが把握することに努めます。注意するべきことは、WISC-Ⅲの言語性下位検査の解釈です。広く標準化されている言語検査があまりないため、WISC-Ⅲが学校現場などではよく使用されるようですが、これらの下位検査はあくまでも、児童の言語行動のいくつかの側面を評価している検査であり、これらの検査結果が、そのまま児童の実際の言語行動のレベル、またはコミュニケーション能力を示しているわけではありません。

C 読み書きの評価

知能検査の結果が一体読み書き能力の何に関係しているのかは、現在のところ検討されている最中です。読み書き獲得に困難がある児童が、言語、言語に関する記憶、言語を処理する速度などが遅いため、知能検査で低いスコアをとるケースもあれば、平均からそれ以上のスコアをとるケースもあります。さらに、知能検査の結果が低いからといって読み書き能力が必ずしも低いとも限りません。知能検査の結果よりも、話しことばの能力（聞いて理解する・話す）の方が、後の読み書きを予測すると報告されています（The International Dyslexia Association, 2009）。

(7) 学科パフォーマンス

児童が実際にどのような学力を有するか情報収集します。児童のとったノートからは、児童が果たして授業に参加しながらノートがとれるのか、ノートの使い方・まとめ方、書字能力、文字の正確さ・読みやすさ、句読点の使い方、かな文字と漢字の比率などを分析します。作文からは、児童のノートから得られる情報以外に、年齢相応の語彙選択能力、概念的なまとめ方、文・文章の質、自分の主張をどのように発展させているか、起承転結性、文法構造、句読点の使用、原稿用紙の使い方、首尾一貫性、1文に使用されている語数などを把握します。また、担任教師からは、国語をはじめとする読み書きが必要とされる学科でのその児童の様子、授業中の音読、そしてその児童はクラスのなかでどれくらいの位置にいるのかの情報を得ます。実際に、読み書きを必要とする授業での児童の様子を観察することは非常に有効と思われます。児童のテスト答案からは、前述のQAR（Question and Answer Relationship：問いと答えの関係）の4つのカテゴリーを参照し、どのような設問には解答可能・不可能か、筆記問題とマーク・テストでの正答率の差などに着目します。その児童が標準化された学力テストを受けている場合は、その結果を分析します。

**文 献**

Adams, M. J. (1990) Beginning to read: Thinking and learning about print. MIT Press, Cambridge, MA.

Amano, K. (1970) Formation of the act of analyzing phonemic structure of words and its relation to learning Japanese syllabic characters (kanamoji). Japanese Journal of Educational Psychology, 18, 76-88.

天野清（1988）音韻分析と子どものliteracyの習得. 教育心理学年報, 27, 142-164.

American Academy of Pediatrics (AAP) Committee on Children with Disabilities, American Academy of Ophthalmology (AAO), and the American Association for Pediatric Ophthalmology and Strabismus (AAPOS). (1998) Learning disabilities, dyslexia, and vision: A subject review. Pediatrics. 102 (5), 1217-1219.

Badian, N. (2005) Does a visual-orthographic deficit contribute to reading disability? Annals of Dyslexia, 55, 28-52.

Buehl, D. (2001) Question-Answer Relationships. In Classroom strategies for interactive learning (2nd ed., pp.106-108). International Reading Association, Newark, DE.

Cain, K., & Oakhill, J. (2006) Profiles of children with specific reading comprehension difficulties. British Journal of Educational Psychology, 76, 683-696.

Catts, H. W., Gillispie, M., Leonard, L. B., Kail, R. V., & Miller, C. A. (2002). The role of speed of processing, rapid naming, and phonological awareness in reading achievement. Journal of Learning Disabilities, 35, 509-524.

Folio, M. R. & Fewell, R. R. (2000) Peabody Developmental Motor Scales, 2nd Edition. Pro-Ed, Austin.

Kobayashi, M., Haynes, C., Hook, P., & Kato, J. (2005) Effects of mora deletion, nonword repetition, rapid naming and visual search performance on beginning reading in Japanese. Annals of Dyslexia, 55 (1), 105-128.

Kobayashi, M., Haynes, C., Hook, P., & Macaruso, P. (2007) Effects of phonological analysis, rapid naming, and visual search performance on 5$^{TH}$ grade reading in Japanese. コミュニケーション障害学, 25, 9-21.

国立国語研究所（1955）読みの実験的研究―音読にあらわれた読みあやまりの分析.

Liberman, 1. Y., Shankweiler, D., Fischer, F. W., & Carter, B. (1974) Explicit syllable and phoneme segmentation in the young child. Journal of Experimental Child Psychology, 18, 201-212.

Mann, V. A. (1986) Phonological awareness: The role of reading experience. Cognition, 24, 65-92.

Meyer, M., & Felton, R. (1999) Repeated reading to enhance fluency: old approaches and new directions. Annals of Dyslexia. 49, 283-306.

日本速記協会（2008）速記技能検定問題集（第9号）.

Raphael, T. E. & Au, K. H. (2005) QAR: Enhancing comprehension and test taking across grades and content areas. The Reading Teacher, 59, 206-221.

Snow, C. E., Burns, M. S., & Griffin, P. (1998) Preventing reading difficulties in young children. National Academy Press, Washington, DC.

The International Dyslexia Association (2009) Testing and Evaluation. Published by the IDA Information Services Committee.

Vellutino, F. R., Smith, H., Steger, J. A., & Kaman, M. (1975) Reading disability: Age differences and the perceptual-deficit hypothesis. Child Development, 46, 487-493.

Wiederholt, J. L. & Bryant, B. R. (2001) Gray oral reading tests (4th ed.). PRO-ED, Austin, TX.

# D 読み書きへの支援

## 1 支援の実際

読み書きへの支援における究極の目標は、児童が①読んだ内容を理解できるようになること、②文字を使用して表現できるようになることです。この2点を着目しながら支援の原則について説明していきます。

### (1) 全般的な配慮

#### 1) 早期に指導を開始する

幼児・児童の典型的な読み書き発達に照らしあわせ、少しでも読み書きの遅れ、もしくは読み書き能力を予測する音韻意識の発達に遅れが認められたら、できるだけ早期に指導を開始しましょう。読み書きができないため学校で落ちこぼれになるというということは、その後のその児童の自尊心、社会的発達、進学、そして意味のある就労に多大な影響を与えるため、早期に指導を開始することは大変重要です（Lyon, 2003）。

#### 2) 個別の指導目標をたてる

読み書き獲得に困難がある児童のニーズは多種多様で、一人ひとりに独自の指導目標を設定する必要があります。指導目標は、"目当て"、"手立て"とも異なり、児童が確実に達成できる具体的な内容であり、かつ期限があり、その達成度が客観的に測定できる必要があります。逆に言えば、指導者は、その期限までに児童がそのゴールを達成できるように導かなければなりません。したがって指導目標には、児童が、"誰によって（その指導目標を達成させる責任者は誰か）""いつまでに（指導目標を達成する期日）""どこで（学校、セラピー・ルーム、家庭のうちのどの環境で）""何を（読み書きの何のスキルか）""どれくらい（そのスキルの習得率）"できるようになるか、を明記しなければなりません。つまり、「音読が上手にできるようになる」のような指導目標は具体性に欠け、音読がどれくらいできれば指導目標を達成したことになるのかが不明であるため、指導目標としてふさわしいとは言えません。たとえば、小学1年生の児童を、3学期後半の時点で評価したところ、平仮名はほぼ読めるようになったもののカタカナがまったく読めなかったとします。この場合の指導目標を、「2年生の3学期の終わりまでに、ことばの教室内で、カタカナの清音が含まれた1年生レベルの文章を、80％の確率で正しく

音読する」と設定すれば、その児童が2年生の3学期になったときに、児童の音読パフォーマンスを評価すれば、実際に指導目標に達したかどうかが分かります。また、指導目標を設定した時点で、児童の苦手な点・得意な点を含めた児童の現在の能力を具体的に保護者に説明します。これは、保護者が、児童の現在の能力、そして今取り組むべき課題を客観的に理解し、さらに今後の指導の効果を実感するためにも重要な作業です。もちろん、指導目標も児童の理解能力にあわせて、「2年生の終わりまでに、カタカナが入っている文章を間違えずにすらすらと読めるようになるように頑張りましょうね」などと、教えます。児童自身にも"何を"向上させるために指導を受けるかを理解させ、目的意識をもたせると、児童の取り組みがより熱心になると思われます。

### 3）定期的に指導効果を評価する

児童の個別指導目標に照らしあわせ、児童の指導による達成度を定期的に評価することが重要です。また、児童の達成度を児童、そして保護者にも定期的に報告しましょう。児童の学習が順調に進展しない場合は、指導方法、指導内容、指導目標、指導頻度を見直す必要があるでしょう。

### (2) その他の配慮

#### 1）アコモデーション（配慮・便宜）の実施

読み書き獲得に困難をもつ児童が通常学級に在籍している場合は、アコモデーションと呼ばれる配慮もしくは便宜の実施が、その児童の学習参加を促進する鍵となります。アコモデーションとは、読み書き困難をもつ児童が他の児童と同じように学習参加ができるように、環境、指導方法、課題の出し方などに工夫を施すことです。以下がアコモデーションの例です（Carter et al., 2008）。

##### ①環境調整

- 教室内は整理整頓、すっきりと
- 座席は指導が届きやすい位置へ

##### ②指示・教授方法

- 指示は、口頭と書字の2通り以上の方法で出す
- 指示は短く簡潔にそして繰り返す
- マルチセンソリー（多感覚）・アプローチ（Multisensory Structured Language approach: MSL）を使用しての指導（Gillingham & Stillman, 1969；コームリー, 2005）：MSLアプローチは、元来、言語獲得が困難な児童に言語指導するために開発されたOrton-Gillinghamアプローチから派生した指導法ですが、基本は次のようにな

D　読み書きへの支援

　　ります：ⓐ視覚・聴覚・触覚・運動感覚など多感覚を通して教える、ⓑ聞く・話す・読む・書く、そして記憶を助けるさまざまな方法（語呂合わせなど）を通して学習させる、ⓒ新しい文字や読み方は毎回１、２個に限り、少しずつ教える、ⓓ色・絵・写真など視覚にうったえる方法を最大限に利用して指導する。つまり、通常の講義形式の教え方からできるだけ離れ、五感をフル活用できるように指導することが、読み書きを苦手とする児童には効果的であるということです。
- 板書・プリントに使う文字は大きく
- 事前にノート・授業に関する資料のコピーを渡す
- 授業の音声録音の許可

**③児童の授業参加**
- 書字の代わりに口頭による回答を許可
- 一度の課題量を減らす

**④時間**
- 宿題・試験の時間もしくは期限延長
- 頻繁に休憩をとることを許可する

2）コラボレーションの重要性

　**①個別の指導目標の文書化・共有化**：個別の指導目標を、児童とその保護者に知らせる重要性は前述しましたが、児童に関わる教師もすべて、その児童の個別の指導目標を理解し、その内容を共有することが重要です。

　**②引き継ぎの重要性**：読み書き困難をもつ児童の保護者から寄せられる意見の多くに、学年が変わったり、特別支援担当教師が変わったりすると、児童の支援内容が引き継がれないということがあります。学年が変わるたびに支援が中断されたり、また新任者が児童の学習上の困難の特徴を理解するまで、数ヵ月から数学期かけてしまったりすることが多々あるようです。児童の学びを継続的・長期的に支援するためには、文書化された個別の指導目標をもとに、きちんと引き継ぎをするシステムを学校内で構築する必要があります。

　中学以降は、各科目の担当教師が異なり、それぞれの児童の個別の指導目標を共有化することも、引き継ぎをすることも、非常に難しくなります。特別支援コーディネーターを中心に、校内でこの２点を確実に実施する校内委員会を発足・強化していく必要があると思われます。読み書きに困難をもつ児童は、読み書きだけでなく、話しことば、社会面、感情面にもさまざまな困難をもつことが多いです。児童が参加する部活動の顧問も含め、学校全体で児童を支援していく体制を整えることが大変重要です。

## 2　仮名の書字の支援

　平仮名の書字の指導をする場合、そのつまずきの原因にそって課題を組み立てます。どの課題を行なうにしても、それぞれの子どもに合わせて学習時間、分量、刺激（教材）の呈示の仕方、使用する単語など細やかなに調整することが、子どもの学習への意欲を持続させることにつながります。ここでは、音韻意識、視覚認知、運筆のそれぞれの弱さへ取り組みについて紹介します。

### (1)　音韻意識の弱い子どもへの支援
#### 1)　音の弁別から音―文字変換へ

　苦手な部分について訓練する場合は、小グループであっても、個別指導であっても、子どもの注意をひく仕掛けをすることが、単調になりがちな練習への意欲を持続させます。音の弁別（音の区別）の課題には以下のようなものがあります。プリント教材としては、市販されている『読み書きが苦手な子どもへの〈基礎〉トレーニングワーク』（村井, 2010）が音韻意識を取り上げた課題を多く用いているので利用しやすいでしょう。

　①ターゲットの音の有無を確認する：単語のなかにターゲットの音があるかないかを、子どもに判断させます。はじめは語頭にターゲットの音がくるようにしますが、慣れてくると語中、語尾にターゲットの音がくるようにします。聞きながら、どの音を探しているのかを意識させるために、カードでターゲットの文字を示すとよいでしょう（図III－7）。

　②ターゲットの音の単語内の位置を確認する：次にターゲットの音がどこにあるか、文字としても意識させるために図III－8のように、文字カードを単語のなかに置く練習を行ないます。指導者が単語をゆっくり音読した後、ターゲットの音がどこにあったか、文字カードを置いて確かめます。運筆が苦手な子どもや、きれいに書くことにこだわる子どもに書く作業を入れてしまうと、本来の目的である単語内でのモーラの位置確認への注目が弱くなってしまうので、カードを使います。

　③ターゲットの音を含むことばで1文字を書く：音―文字変換の意識をさらに進めるために、単語のなかでターゲットの文字を書かせる課題を行ないます。文字の書きの負担を軽減するために、まずはなぞって書けるようにしますが、文字の書き順にしたがって色分けをしておくことで、書き順への意識や線のつながりが明確になります（図III－9）。このときに使う単語は2モーラから4モーラまでとし、子どもの名前を含めて、できるだけ身近な単語を用います。

D 読み書きへの支援

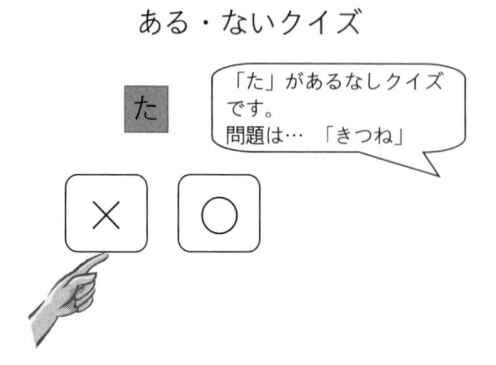

図Ⅲ-7　音の有無の確認課題例

図Ⅲ-8　単語内での音の位置

図Ⅲ-9　単語内に1文字を書く

図Ⅲ-10　ひらがなキーワード法の例

　④キーワードを利用する：子どもに区別が難しい音がある場合（例：ら／だ、れ／で、ひ／し、き／ち　など）や、文字と音が一致しにくい場合には、一音だけではなく単語として意味的な手がかりを与えて区別させ、記憶させる方法としてキーワードを用います（**図Ⅲ-10**）。すべての清音にキーワードを作成することも、区別や想起がしにくい文字だけにキーワードを当てはめることも可能です。キーワードは、絵にしやすく子どもに身近であるか、子どもが好きなものとし、決めたら簡単に変更をしないようにします。たとえば/k/を/t/と置換して発音する構音障害のある子どもでは、「ことり」と書くのに「ととり」と言いながら書いて表記も誤ることがありますが、「こまのこ」を書こう、というヒントが正しい文字の表出を促進させます。キーワードを定着させるためには、絵―単語―語頭音の結び付きを強化させるための繰り返し練習が必要です。

2）単語を書く

　書きとりや自分で想起して「すいか」と書くためには、**図Ⅲ-11**のようにまず音を正確に聞き取れること、そして「すいか」が3モーラのことばであることが分かることで

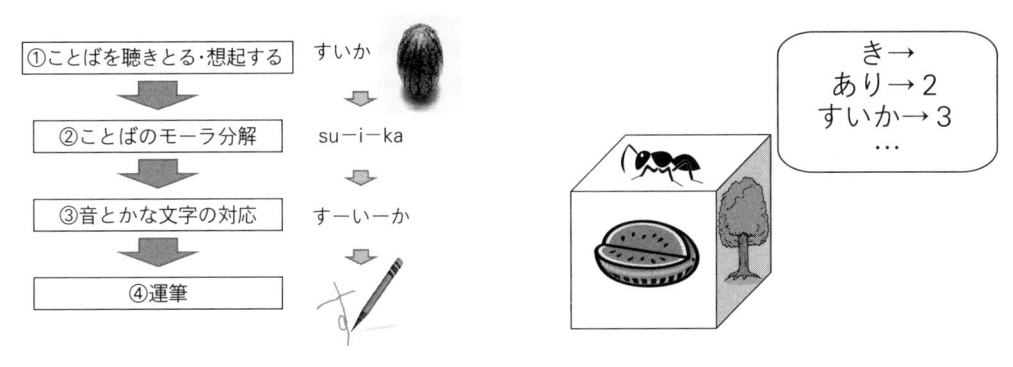

図Ⅲ-11　単語を書くプロセス

図Ⅲ-12　モーラ数さいころの例

す。次に、それぞれのモーラに対応する文字の形が分かり、書き方の通りに手指が筆記具をコントロールして「書く」ことになります。

　単語を書けるようになるには、作業記憶がかかわる音韻意識が欠かせません。殊に、促音、長音、拗音のような特殊拍の入った単語では特殊拍の位置を同定しながら筆記するために作業記憶が関与します。ここでは、音韻意識を鍛える課題に焦点を当てて紹介します。

　①**分解──モーラ数数え**：単語がいくつのモーラで成り立っているかを意識させる課題です。指導者が言った単語が何モーラか、子どもに復唱させながら指を折らせたり、タッピングをさせたりします。後述する特殊拍の課題でもタッピングをさせますが、モーラ数を数える課題として練習をはじめるときには、子どもが悩まないでよいように、特殊拍を含まない単語を選んで行ないます。また、すごろくなどのゲームをする際に用いるサイコロの代わりに、立方体にモーラ数の異なる単語の絵（図Ⅲ-12）を貼りつけ、出た面の単語のモーラ数だけ進む、という遊びを取り入れると楽しんで取り組むことができます。

　②**混成課題──並び変え**：文字を並び変えて単語を作る課題です。文字カードや文字積み木を使って並びかえてもよいのですが、文字をつなげると知っている単語ができる、ということを意識づけるために、白紙とテープを用いて文字を並び変えた紙をくっつける作業をさせます（図Ⅲ-13）。できた単語に該当する絵を選んだり、その絵の下に単語をつなげたりすることで、意味の確認もできます。この課題では、2モーラからはじめ5モーラまでの単語を用います。最初は清音ばかりでできていて子どもにとって身近な単語を使いますが、撥音、促音、長音、拗音を含む単語にまで広げながら、特殊拍の理解にもつなげます。

D 読み書きへの支援

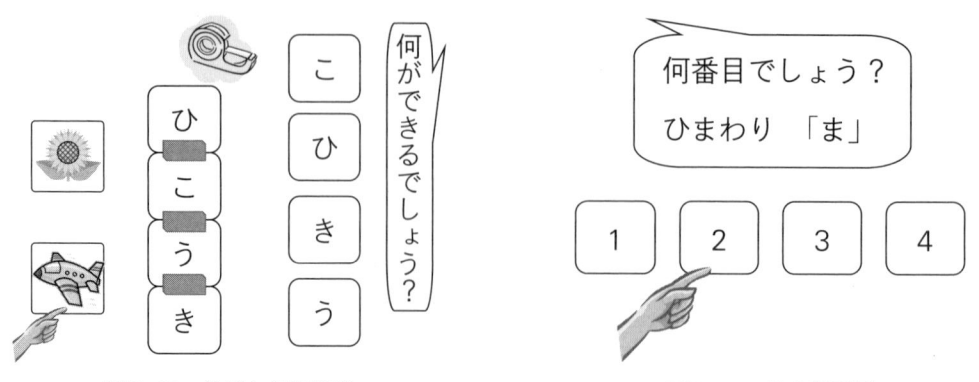

図Ⅲ-13 並びかえ課題例

図Ⅲ-14 抽出課題例

　③**抽出課題——単語内でのモーラの位置**：音韻を抽出する課題として、単語のなかの音韻の位置を問う課題をさせます。たとえば、「ひまわりの3番目の音は？」と子どもに聞き、／わ／と答えられれば正解です。一方、「／ひまわり／の"ま"は何番目？」と聞いて口頭で「2番目」と答えさせたり、**図Ⅲ-14**のように段ボールなどで作成した数字板を小グループ指導の子どもの人数分用意し、該当するボタンを押す動作で反応を求めたりします。数字板があると聞きながら目で順を追うことができ、答えの手がかりとなります。

　④**逆唱課題**：数字や単語の逆唱には作業記憶を使います。作業記憶が弱いと、連絡帳を書くときのように聞きながら書くことや、文章を読みながら内容を理解していくことが難しくなります。

　先の音韻抽出課題を口頭で行なうときには、単語を頭に置いておき、指定された文字が何番目かを考えるので、抽出課題でも作業記憶の働きが必要です。この逆唱課題では、逆さに言ったことばの元のことばを答えるクイズとして行ないます。問題を出すのがいつも大人ばかりになるより、子どもも問題を出す人になり正解はカードで確認すると、変化をもたせて練習を続けることができます。**図Ⅲ-15**では単語を逆に書いたカードを裏向けて積んでおき、発問者がカードに書かれているように読み上げます。

　⑤**特殊拍の練習**：特殊拍の練習は、先に紹介した分解、混成、抽出、逆唱課題の中に、特殊拍の入った単語を使って練習することができますが、各課題に混ぜて練習するのではなく、特殊拍の入った単語だけを取り出し十分に練習しておくことが必要です。

　**促音の練習**：まず**図Ⅲ-16**のようにどこに音のない拍があったのかを意識させる取り組みを行ないます。モーラ数分の四角を示しておき、指導者が発音する単語を復唱しながら、手の形を変えたり、タッピングをすることで音のない拍の位置の確認を

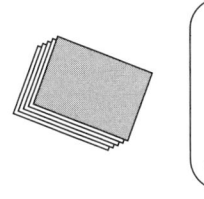

図Ⅲ-15　逆唱課題例

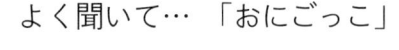

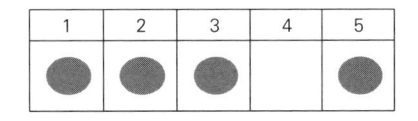

図Ⅲ-16　促音の位置の確認

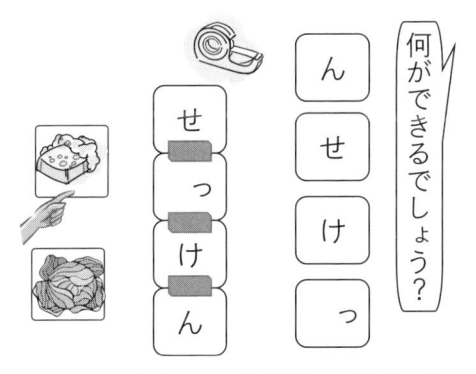

図Ⅲ-17　促音の入った単語での並びかえ

図Ⅲ-18　聞きとりクイズ例

します。

　促音では、促音を抜かしてしまう誤り（例：おにごっこ→おにごご）と、促音の位置の誤りがよく見られます（例：おにごっこ→おにっごこ）。書く作業より先に、促音の位置への意識を高めることが誤りを修正することに役立ちます。**図Ⅲ-17**は並び変え課題に促音を入れた例です。また、**図Ⅲ-18**のように、促音（拗音、長音も同様）を誤って表記しているカードを並べて、発音の通りのカードを聞き取ってカードを取るゲームも、子どもには楽しみながら促音を意識できる課題です。カードを取るだけでなく、カードの表記通りに読むとどんなことばになるのか、表記と音との関係を一致させる課題にもなります。文字を書かせる場合には、**図Ⅲ-19**のように1文字だけを書かせる→部分的に書かせる→モーラ数を示したマスに書かせる→モーラ数の手がかりのない状態で書かせる、というように段階を踏んで練習をさせます。

**拗音の練習**：拗音の学習は、まずは単語に拗音が含まれるのか否かを判断させます。

D　読み書きへの支援

図Ⅲ-19　課題の段階づけ

図Ⅲ-20　特殊拍の有無の確認課題

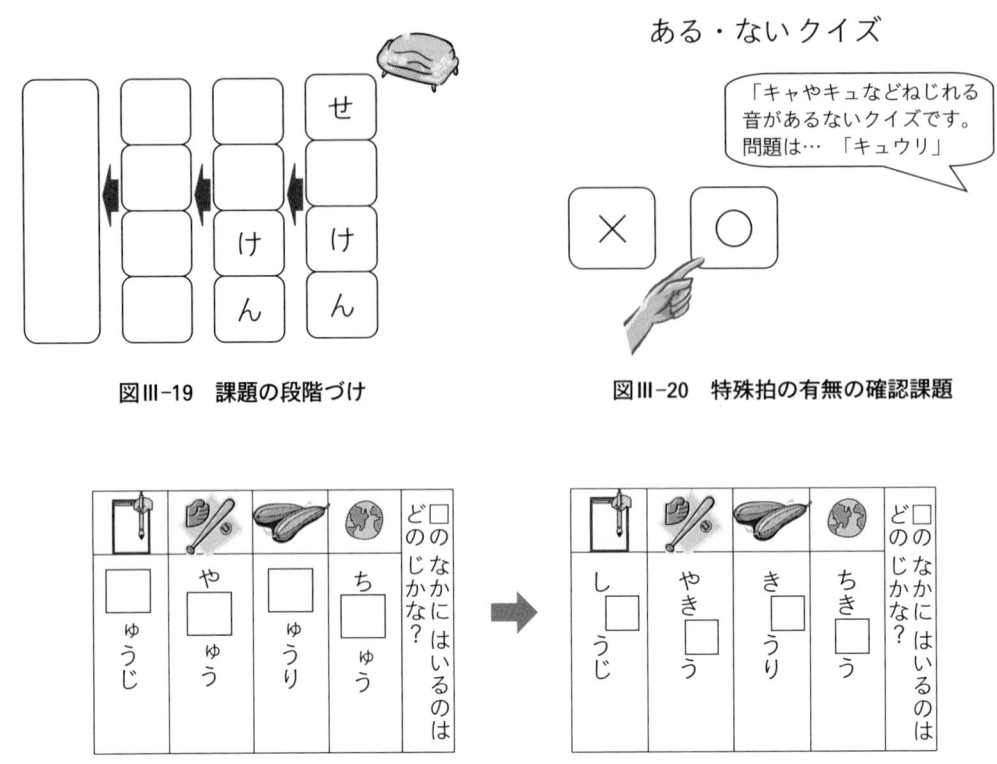

「キャやキュなどねじれる音があるないクイズです。問題は…「キュウリ」

図Ⅲ-21　拗音の練習課題

　図Ⅲ-20でも紹介した「ある・ないクイズ」の特殊拍版（例：「きゅうり─ねじれの音*があったら○」）に取り組んだのち、「きゃ」は⑤と⑥からできていることを、カードを使って視覚的にも示し確認をさせます。拗音を学習する場合、「きゃ・きゅ・きょ」と子音でまとめて練習させるより、「きゃ・しゃ・ちゃ…」と同じ母音でまとめて練習させる方が、「ゃ」なのか「ゅ」「ょ」なのかの混乱が少なく学習できます。課題を進めるときには、最初から「きゃ」と書かせるより、図Ⅲ-21のように簡単なものから複雑なものへ、という原則を崩さずにステップを組んでいきます。

**長音の練習**：長音は基本的には前の音の母音を重ねて書きます。しかし、エ段は「い」（例：せんべい、とけい）、オ段は「う」（例：おとうさん、てつぼう）と表記するという決まりがある上、エ段では「お姉さん」は「おねえさん」と「え」を使い、オ段では「お」を使う単語（例：おおきい、おおい）があるという例外ルールがあ

---

\* 子どもには拗音はねじれた音と説明されます。

るので、子どもが混乱します。繰り返し練習だけでは覚えにくいときには、覚え方として村井（2010）が紹介している「遠く（とおく）の大きな（おおきな）氷（こおり）の上を多く（おおく）の狼（おおかみ）十（とお）ずつ通る（とおる）」というような記憶術を教えることが助けとなります。

⑥**高学年の子どもへの教材**：発達性読み書き障害がある子どもでは、高学年になっても平仮名想起の際に「な、な、な……どんな字だったかな」と思い出せずに困っていることがあります。子ども自身のプライドを考えると、1年生用のワークブックを使って練習させるのは好ましくありません。平仮名の表記が定着していないからという理由で、平仮名ばかり練習をさせるよりも、高学年の児童には漢字にふり仮名を振る、という課題で平仮名書字の学習が可能です。特に熟語になると、特殊拍が多用されるので（例：北海道、学習など）、漢字の読みの学習と合わせて行なうことができます。

また、苦手だと分かっていることには取り組まないという子どもには、ゲーム的な課題を使うことが拒否感を和らげます。図Ⅲ-22のように誤りを探させる課題は、時間制限を設ける、友達と競い合うということでゲームらしくなります。誤りを探す作業は、自分が書いたものを見直すときの練習にもなるので、定規をあてながら注意深く見直す、といった見直し方の方略も同時に教えることができます。

> **まちがいを探そう**
> あなたは何個、まちがいをさがせるかな？
>
> ・むかし、あるところにおじいさんとおばあさんがいました。おばあさんは川えせんたくに、おじさんわ山へしばかりに行きました。おばあさんが川でせんたくをしていると、おうきなモモが流れてきました。おばあさんはモモをもてかえることにしました。
>
> ・まちがいは、何個見つかった？ ＿＿＿個

**図Ⅲ-22　誤り探しによる表記確認**

市販のかな2パズルゲーム（山田, 2007）は、文字カードを並べて単語を作って遊ぶゲームです。特殊拍の学習が一通り終わったら、特殊拍を使って単語を作ると得点が増えるルールを用いることにより、楽しみながら学習したことを汎化させることができます。

(2)　**視覚認知の弱い子どもへの支援──形の弁別・空間位置関係の理解**

視覚認知の弱さがある子どもでは、仮名文字よりもカタカナ、カタカナよりも漢字の学習に、より困難を示します。文字の書きの基礎を作る練習方法は、漢字の学習の基礎とも共通しています。

文字を正しく書くには、上から下、右から左など線の方向、長さ、交わりの位置が分からなければなりません。平仮名では、向きが違うと別の文字になる「く─へ」「し─つ」、線の交差や曲線が多い文字「あ、ぬ、ま、む、れ、ね、わ」、線の向きの混乱のた

D　読み書きへの支援

玉井浩監修　奥村智人・若宮英司編著（2010）
『学習につまずく子どもの見る力―視力がよいのに見る力が弱い原因とその支援―』明治図書より
図Ⅲ-23　ジオボード（視知覚訓練教材）

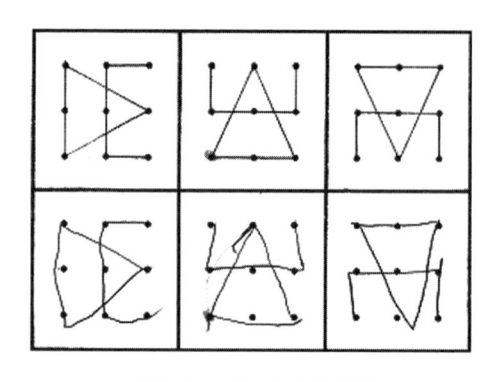

図Ⅲ-24　点つなぎ課題例

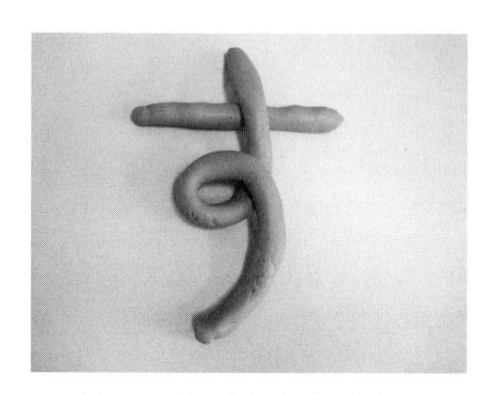

図Ⅲ-25　棒粘土を用いた文字作り

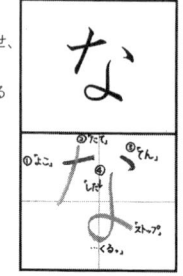

玉井浩監修　奥村智人・若宮英司編著（2010）『学習につまずく子どもの見る力―視力がよいのに見る力が弱い原因とその支援―』明治図書より
図Ⅲ-26　運筆の手がかり(1)

めバランスが崩れやすい文字「き、な、ふ」が正確に書くには難しい文字と言えます。

　形の弁別や空間位置関係の理解の弱い子どもには、文字の形をまねて書く練習が苦痛でしょうし、練習しても上達しないことから文字への関心をそいでしまうことになりやすいものです。そこで、ペグボードやジオボード（図Ⅲ-23）を使って見本と同じものを作る練習からはじめるか、もしくは間違い探し、点つなぎなどの市販のプリント教材を利用するとよいでしょう。点つなぎ課題はパソコンを使って元になる点だけのプリントを作成しておけば、線に色をつける、交差の箇所を増やすなど、手本となる図形の段階を変えて作成することが可能です（図Ⅲ-24）。

　線の交差が分かりにくい場合には、粘土を長く伸ばした棒粘土で文字を作る（図Ⅲ-25）、または色の異なる紐を使って文字を作る活動を行ないます。図Ⅲ-26のように手本の文字の運筆順に合わせて色分けをし、形をことばで説明することも、線の重なりでの混乱を防ぐ手がかりとなります。

　学校でよく行なう空書も、大きく腕を動かすことが、より空間における位置をとらえ

『書きかたカード ひらがな』くもん出版　『ゆびなぞりカード ひらがな』くもん出版

スリットに沿ってなぞると文字になる

玉井浩監修　奥村智人・若宮英司編著(2010)『学習につまずく子どもの見る力—視力がよいのに見る力が弱い原因とその支援—』明治図書より

図Ⅲ-27　運筆の手がかり(2)　　　図Ⅲ-28　スリット入りの文字カード

やすくする工夫の1つです。一斉指導で空書を行なうときに、いつも左手で文字を書いている子どもが他児と同じ右手で空書をしていることのないよう、左利きの子どもの指導には特に気をつけます。黒板に大きく文字を書かせることや、習字も役立ちます。

　図Ⅲ-27の左はくもん出版から出ている文字カードです。筆順が色分けされており、その上をマーカーでなぞって練習することができます。また、図Ⅲ-27の右のゆびなぞりカードは、段差があるので指でなぞるときに触覚からのフィードバックが得られます。視覚情報だけでは文字の形がとらえにくい子どもには、多感覚の刺激が役立ちます。

## (3) 目と手の協応が苦手、不器用な子どもへの支援

### 1) しっかり見て作業をする力を育てる

　眼球運動のコントロールの弱さのために、「見る力」の育っていない子どもには直接的に文字に取り組む前に、まず「見る力」のトレーニングを行なうことが必要です。手元を見て作業をしなければできないようなひもとおしや、ビーズつなぎ、ブロック組み立てのような遊びを通して見る力を育てます。生活年齢に応じ書字練習と並行するか、手元を見て作業ができるようになってから鉛筆をもたせるか、対象児の状態に合わせます。

### 2) 指先を操作する力、運筆

　正確に形のバランスのよい文字を書くには、姿勢の保持、鉛筆の持ち方も影響します。まず子どもの着席姿勢がどうなっているかを観察し、可能であれば作業療法士に評価してもらい、姿勢を安定させるために必要な補助具などを使います。鉛筆の持ち方が定まらない子どもにはペンシルグリップ（図Ⅲ-28の左）を使うことも、正しい持ち方を意識させることにつながります。

D　読み書きへの支援

図Ⅲ-28は、パウチを使いスリットを入れて作成した文字カードです。先に紹介したゆびなぞりカードに続いて、実際に鉛筆をもったときの手の動きを学習することができます。市販の教材では、迷路も運筆の練習に役立ちます。

⑷　長期目標・短期目標の立て方の指針

　音韻意識の課題や書き取りは、通級指導教室や特別支援学級などの特別な場で1対1もしくは小グループでないと指導しにくい課題なので、音韻意識の確立を長期目標とする場合には、通級指導教室もしくは特別支援学級での目標とします。また、通級指導の場合、その子どもが通常学級で学んでいることに反映されるよう、通常学級との連携も考えた課題の設定を含めます。子どもの年齢によっては、209ページの⑥に書いたように漢字の仮名振りを使うなど、子どものプライドに配慮し学習意欲が持続する目標を考えます。

⑸　通級指導教室における指導事例

> 　小学校1年生のpさんは、通常学級に在籍しています。2学期になっても逐字読みが続き、平仮名清音の書字はできるようになりましたが、想起するのに時間がかかり、ときに「なすびのな」と手がかりになる単語を使わないと書けないこともありました。特殊拍では、書字で拗音の誤りと促音の脱落が目立ちました。しりとりをすると、単語を口頭で言われただけでは語尾の文字を同定することが難しく、文字にして見せると理解できました。保護者の希望により専門機関を受診した結果、発達性読み書き障害と診断され、通級指導教室での指導を開始することになりました。

　pさんには、同学年で同様に平仮名書字の想起に時間がかかり特殊拍が定着していないqさんと、2人でのグループ指導を開始しました。目標と手立ては次の表Ⅲ-8の通りです。

　pさんには、音韻課題で紹介した課題を繰り返し行ないました。また指導は週1回なので、宿題として特殊拍を含む単語を含む文の誤り探しや、語想起課題（仲間のことばをたくさん思い出して書く）を行ないました。1年後、pさんは正しく書くことや正しく読むことはできるようになりましたが、速度が遅いので高学年からはDAISY教科書（215ページ参照）の導入を考えています。

表Ⅲ-8　pさんの個別の指導計画の目標例

| 長期目標 | ①作文で特殊拍を含む平仮名表記を正確に書くことができる。<br>②国語の学習で教科書をつまらないで読める。 | | |
|---|---|---|---|
| | 通常学級 | 通級指導教室 | 家庭 |
| 短期目標<br>（3学期） | ②単語のまとまりを意識して読むことができる。 | ①4モーラの単語の書き取りが正しくできる。②促音を含む単語を正しく読むことができる。 | ①しりとりやことば集めをして遊ぶことができる。②本の読み聞かせを通して語彙を増やす。 |
| 手立て | ②読んでいるところを指で追うように促す。そのため、音読時は着席させる。 | ①3・4モーラ単語の文字の並び換えなど音韻操作の課題の実施。<br>②促音・拗音を含む単語の促音・拗音にマーカーでハイライトさせる。<br>②通常学級で学習する箇所から選んだ単語で読みを練習する。 | ①口頭だけでなく、紙に書いて記録しながら、ことばを集める楽しさを知らせる。<br>②1週間に2回は読み聞かせをすることを続ける。 |
| 短期目標<br>（2年生<br>1学期） | ②漢字を含む文を、つまらずに読むことができる。 | ①特殊拍を複数含む単語の読み書きが正しくできる。<br>②1年生の学習漢字を正しく読める。 | ②宿題ではない日も、教科書の音読練習を続ける。 |

＊長期目標の①には短期目標の①が対応しています。また①の短期目標に対して、①の手立てが対応しています。

## 3　漢字の読み書きの支援

### (1)　支援の方法

　漢字は平仮名・カタカナに比べると、画数も構成要素も多く、その学習にはより視覚認知、目と手の協応動作の力が要求されます。仮名書字の支援のところで紹介した形の弁別や空間位置関係、運筆の練習課題は、漢字学習と共通した課題です。一方、漢字には複数の読みがあるため、読みを覚えることも小学2年生以降の大きなハードルとなります。また、学習した漢字が増えてくると、同じ読みでも文脈内の意味の違いに合わせた文字を正しく使えることが要求されるので、意味理解も重要となってきます。漢字は読めて意味が分かることを優先課題とします。

#### 1) 読みの困難がある子どもへの支援

　通常学級、通級指導教室、支援学級、特別支援学校のいずれにも、漢字学習が苦手な子どもがいます。文字が書けるように、きれいに文字が書けるように、漢字が書けるようにと、保護者は目に見えて達成が分かりやすい書く力を伸ばしたい、と願うのですが、漢字についてはまず、読めて意味が分かることを最優先課題とします。

　読めない漢字が多いと国語だけではなく、教科書を使うすべての教科で読めない→理解ができないという事態になります。読めるようになっても文として読む速度が遅く、理解につながるまでに多大な労力と時間がかかることが少なくありません。社会生活で

D 読み書きへの支援

は、交通機関の利用、公共施設の利用、説明書の理解など、読めないと情報が得られないことも多く、困ることがたくさんあります。「読んで意味が分かる力」がなぜ大切なのかということを保護者に理解してもらいながら、高学年の子どもには学びの保証とライフスキルとしての読む力という視点をもつことも大切です。

**①漢字の読みへの直接的な練習方法**

**例文で覚える**：新出漢字を学習させるときには、漢字の成り立ち、部首、意味、読み方を学習させますが、単一の漢字だけで読みを覚えさせるより、できるだけ子どもにとって親しみのある例文や句を使って読みを学習させます。「今」という文字であれば、「今何時ですか／今週のランキング」、「売」であれば「駅の売店／大売り出し」といった具合です。熟語になると読みが変わるものが多いですが、読みの確認だけではなく、同時に語彙としての意味の確認も行ないます。

新出漢字は教科書の文章に沿って学習するので、教科書会社が違うと学習する順序も違います。学年の終わりには、学習した漢字をまとめて部首ごとのグループを作り、それぞれの漢字の複数の読みの確認を例文で行なう、という復習を繰り返す必要があります。

**意味のまとまりで覚える**：学習した漢字が増えてきたら、体の漢字（目、口、頭、首…）、色の漢字（青、赤、白、黄…）、曜日の漢字、動物の漢字、都道府県の漢字…などカテゴリーでまとめ、ふり仮名を振る練習をします。絵の上における漢字（例：体の漢字、都道府県）では、絵―語彙―読みがつながるように、絵も活用します。

**②補助手段の活用**

**読む場所を明らかにする**：同じ漢字が文章のなかにいくつか使われていると、読んでいる場所を見失ったときに漢字を手がかりにしてしまうため、行飛ばしが起こることがあります。読むこと自体に労力が必要なので、内容がずれてしまったことに気づかずにそのまま続けてしまいます。このような場合には、読んでいる場所を指で追うか、定規をあてて読む、スリットの入った厚紙をずらしながら読むことを勧めます。文字を目で追いながら黙読するより、音読をした方が意味理解しやすいことを子どもに教え、音読してもよいことを伝えます。

大人の配慮としては、教科書やテスト問題にはふり仮名を振っておく、意味のまとまりが見つかりやすいようにスラッシュ（／）を入れておく、プリント教材の行間を詰めすぎないようにするなどの配慮を行ないます。

**多感覚刺激を使う**：読みが苦手な子どもに情報を与えるときには、文字ばかりの情報ではなく、写真や図で意味を補うようにします。たとえば社会の学習では、事前に関連

するDVDなどで予備知識を入れておくことが、内容の理解に役立ちます。

　DAISY（デイジー）図書は、無料ダウンロードで使用することができるソフト（AMIS：アミ）を使うと、画面に文章と絵が表示され、音声で読みを聞くことができるものです。**図Ⅲ-29**は、デイジー図書をiPadを使って読んでいるところです。子どもたちが使っている教科書も、(財)障害者リハビリテーション協会内にあるDAISY研究センターを介して手に入れることが可能です。DAISY教科書を使うと、音読箇所がハイライトされるため、音声と文字との一致も分かりやすく、何度も見て聞いていることによって読める漢字が増えてくる効果もあります。高学年の児童では、保護者に読んでもらうことが面倒なために教科書を読まなくなることもありますが、DAISY教科書であれば自分の都合に合わせてパソコンを操作して読むことができます。

　パソコンソフトWord2007以降、ソフトをダウンロードすることによって文書をDAISY保存することができる機能ができました（save as DAISY）。これによってパソコン文書も音声情報として手軽に聞くことが可能になっています。電子黒板が使われ、e‐教科書の導入も検討されています。読めないためにできなかったことがパソコンを使うことでできるようになるのですから、教材提供の方法、テストの仕方も方向転換の時代です。

画面の文章：フィッシャー，G・カミングス，L．竹田契一監訳　西岡有香訳(2008)『LD・学び方の違う子どものためのサバイバルガイド キッズ編』明石書店.

**図Ⅲ-29　iPadで読むマルチメディアデイジー図書**

2）視覚認知の弱い子どもへの書きの支援——漢字の形への注目とその覚え方の工夫

　**部首を覚える**：空間認知の弱さや形の構成がうまくできない子どもの文字は、鏡文字になったり、文字の線が1本多かったり、線の交差を誤っていたり、また部首間の空間が広すぎて別の文字のように見えることがあります。このようなタイプの子どもは、書き順に沿って1画ずつ覚えるより、まず部首のまとまりを覚える方が記憶の効率があがります。部首には「くさかんむり・きへん」などの名前があり、意味や読みの手がかりがあることも記憶と想起の助けとなります。部首についての学習の後、**図Ⅲ-30**の左のように部首を書いたカードを作成して、カードを組み合わせて漢字を作るゲーム課題ができます。プリント教材としては、**図Ⅲ-30**の右のように、部首やパーツの足し算をするとどの文字になるかを考える課題を作成するとよいでしょう。平仮名学習でも紹介した村井（2010）の教材にも、漢字足し算課題がある他、学年配当漢字にある漢字パーツ表（部首表）2年生用も掲載されています。村井はこの漢字パーツ表から新出漢字の部

## D 読み書きへの支援

首を見つけさせることや、同じ部首が含まれる既習漢字を思い出すことを提案しています。

部首を組み合わせて漢字を作る

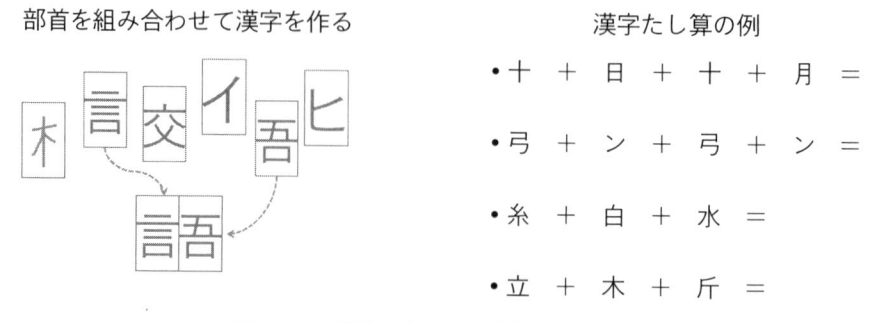

木　言　交　イ　吾　ヒ
　　　言吾

漢字たし算の例
- 十 ＋ 日 ＋ 十 ＋ 月 ＝
- 弓 ＋ ン ＋ 弓 ＋ ン ＝
- 糸 ＋ 白 ＋ 水 ＝
- 立 ＋ 木 ＋ 斤 ＝

**図Ⅲ-30　部首に注目した漢字の学習方法**

市販されている『十の画べえ』（宮下ら，1992）という教材には、漢字の構成要素が色分けされたパーツとしてそろっているので、それらを用いて漢字を組み立て、線の交差の確認や線の長さの比較をさせることが可能です。部首を確認する際にも、線の交差が分かりにくい子どもには、色の異なる線で交差が明確になるようにします。

**記憶術を使う**：漢字の書き方を唱える形式の記憶術と、漢字の意味を表す絵とセットにして覚える方法があります。聴覚法（春原，2004）と言われる漢字の成り立ちを言語化して唱える形式では、たとえば「親」であれば「立って木を見る」というように覚えます。市販の教材としては、漢字九九カード（2003）がこの方法を用いており、学年別なので学年配当漢字に考慮しながら利用できます。

### 3）注意の問題がある子どもへの書きの支援

不注意さがあるために漢字を学習し記憶するときに漠然と覚えてしまうと、正確な文字がどうだったかを覚えていません。最初に漢字を学習するときに形をしっかりと教えることが重要ですが、学習した漢字が増え、似ている形の文字が多くなってくると混乱が生じます。よく似ている文字（通る―角、馬―鳥―島、顔―頭、教える―数える）を比較させ、どこが違っているのかマーカーを使ってハイライトしたり、色を変えて示すなど、確認する作業が繰り返し必要です。

衝動性や多動性があると、漢字学習でよく指摘される止め、ハネを正確に書くことができないことが観察されます。これらの子どもたちの文字は、マスや行からはみだすため読みにくく、子どもはそのことでも叱られてしまいます。不器用さをあわせもっていることも多いので、同じ漢字を何度も練習させることは、効果をあげるよりむしろ学習への意欲を低下させることになります。止めやハネについては大目に見て漢字を書いた

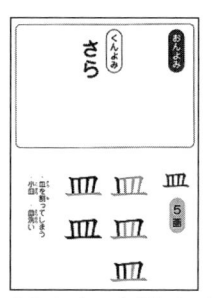

山田充（2007）『意味からおぼえる漢字イラストカード3年生』かもがわ出版より

図III-31　カードタイプの漢字学習方法

図III-32　同音意義漢字の学習

ことを評価する、といった大人の側の柔軟さも必要です。

図III-31は漢字の意味を絵に表してカードにした『漢字イラストカード3年生』（山田, 2009）の中の1枚です。言語化して覚えるのも、コツコツと書いて覚えるのも苦手であっても、漢字の意味と絵のイメージを結びつけて記憶することが有効な子どももいます。注意の維持や集中がむずかしいタイプの子どもでは、瞬間呈示する、全部を見せないで隠しておく、などが注意集中を助けます。カード式は、子どもの注意の問題に対応が可能です。

4）意味理解の弱い子どもへの支援

意味理解の弱い子どもは、文脈のなかで同じ読みの異なる漢字を当てはめる誤りをすることがあります。漢字を書けるようになっても意味を考えずに書くので、熟語で「病気→病木、会社→会車」のように書いても平気だったりします。このような子どもの場合には、漢字の学習で1文字を何度も繰り返し書かせるより、3回書いたら短文を2つ作るというように、文脈のなかでどう漢字を使うかの具体例を確認させます。読みの支援のところでも例文で読み方を覚えることを紹介しましたが、例文を作ることが意味の学習になります。また、先に紹介した漢字イラストカードを使って意味を確かめることもできます。図III-32は同じ読みの漢字を集めて、それぞれの使い分けを練習させ、意味の違いを確認する教材例です。この課題は、将来ワープロを使うようになったときに、文脈にあった正しい変換をするためにも役立ちます。さらに進めて、すべての文字が平仮名で書かれた文章をワープロで漢字交じり文にする課題は、意味を考えて変換する力を養います。

5）長期目標・短期目標の立て方の指針

漢字学習についての目標も、子どもの年齢、認知特性に基づきますが、より生活年齢を考えトップダウンを導入すること、補助具の活用を柔軟に取り入れること、先述した

D　読み書きへの支援

ように読んで意味が分かることを重視した目標を考えます。

### (2) 通級指導教室における典型事例

> 小学4年生のときに相談があったr君は、通常学級に在籍する男子で、漢字は読めるが形がとれず、画数が多い漢字は覚えられないということが主訴でした。普段は穏やかで優しい子どもですが、分からないことがあると興奮しやすく、広い場所や人ごみのなかではとても疲れるので遠足ではトラブルになることがありました。WISC-Ⅲの結果から、知的水準は平均であるものの、下位検査の積木、組合せが落ち込み、その他の検査結果を総合すると、視覚認知と視覚記憶が弱く、漢字や算数の図形問題だけではなく、状況を読み取ることの苦手さもあることが分かりました。

r君には、状況の読み取りという課題もありましたが、通級指導教室への参加が月3回だったので、読み書きに関しての目標は**表Ⅲ-9**のように1つに絞りました。

r君は高学年ということもあり、5年生からは文章を書くときにパソコンを使うことを導入しました。r君は意味を考え正しく変換することができるようになり、作文はワープロを使って考えています。

**表Ⅲ-9　r君の個別の指導計画の目標例**

| | 長期目標　1学年下の漢字を文脈に合わせてほぼ正しく書くことができる。 | |
|---|---|---|
| | 通常学級 | 通級指導教室 |
| 短期目標（2学期） | 漢字テストで30％以上の得点ができる。 | 3年生の漢字にでてくる部首を正しく書くことができる。部首の位置が分かる。示された漢字で短文を作ることができる。 |
| 手立て | 漢字テストには、必ず読みの問題を入れる。 | 3年生の漢字のパーツ表を使って、部首の形と言い方を覚える。漢字部首あわせゲームをする。点つなぎ、誤り探しなど、視覚認知課題を宿題にする。 |
| 短期目標（3学期） | 通級で学んだ漢字を使って文章を書くことができる。 | 3年生の漢字の部首の名前が言え、3年生の漢字70％を書くことができる。 |

## 4　家庭での配慮

### (1) 宿題への対応

1年生のときに出される宿題の代表は国語の本読みです。この毎日の本読みや漢字ドリル、計算ドリルの宿題のおかげで子どもの学習の土台ができます。しかし、発達性読

み書き障害がある子どもにとっては、本読み以前の音韻意識の確立や解読—符号化の練習を優先させたい子どももいます。他の子どもが30分でできる宿題を2時間以上かかってしまうと、夜寝る時間が遅くなって翌日の授業に集中できない、といった悪循環を起こすこともあります。

　保護者としては、宿題はしなければならないもの、という原則は守りながら、子どもの負担や学習の効果を考え、本読みの回数を減らす代わりに宿題の範囲内のことばの説明や短文作りに変える、といった柔軟性をもちたいものです。担任教師や通級指導教師は、保護者との連携のなかで、宿題に対する柔軟な対応が可能であることを伝える必要があります。**表Ⅲ-10**に宿題の代替案をあげます。

表Ⅲ-10　宿題への対策

| 宿題 | 同じ宿題をする場合の対応例 | 代替案例 |
|---|---|---|
| 本読み | ・読む回数を減らす。<br>・読む範囲を減らす。<br>・保護者と交替で1文ずつ読む（〇読み）。 | ・DAISY教科書で、音声と一緒に朗読する。<br>・保護者と一緒に次に学習する範囲の漢字にふり仮名をつける。 |
| 漢字ドリルまたは漢字の練習 | ・練習回数を減らす。<br>・手本に色がない場合には、色マジックなどで書き順に沿って色分けをする。<br>・ノートの線は保護者が引く。使用するノートはグラフノートなど子どもの書きの状態にあったものを使う。 | ・漢字練習の代わりに、その漢字を使った短文を作る。<br>・保護者または教師が子どもの状態に合わせて作成した漢字の書きまたは読み教材をする。<br>・ワープロを使って短文を作る。 |
| 算数 | ・問題は保護者が写し、答えを子どもに考えさせる。<br>・文章題は保護者が音読をする。<br>・1問おきにするなど、分量を減らす。 | ・計算器を使って計算する。<br>・計算器を使って検算する。<br>・保護者または教師が子どもの状態に合わせて作成した教材をする。 |
| 読書感想文 | ・保護者が読み聞かせをした後、作文させる。作文ではワープロを使う。<br>・同じタイトルで絵入りの本、映画など多感覚で理解できるものを探す。 | ・本人が興味ももっている分野の本を選ぶ。<br>・DAISY図書になっているものを使う。<br>・映画を見て感想文を書く。 |

### (2) 生活のなかでの練習

　読み書きができると役立つことがある、と実感することが学習意欲につながります。お菓子を作る、模型を作るなど子どもがして楽しい活動で手順や説明を読む体験や、年賀状やカードなどを書くといった生活場面を活用します。電子辞書も子どもの使いやすい物を選び、食卓の近くなどすぐに手にしやすい場所において活用します。電話の横には項目（年月日、だれが、など）がすでに書いてあるメモ帳を置いておき、書くことへの抵抗を減らしながら、メモの有効性を体験させます。

　読みに苦手さがあると、読書からも遠ざかり結果的に語彙も増えにくくなります。日

D 読み書きへの支援

本史やことわざなど、さまざまな分野が漫画として出版されているので活用しましょう。

**文　献**

Carter, N. J., Prater, M. A., & Dyches, T. T. (2008) What Every Teacher Should Know About: Adaptations and Accommodations for Students with Mild to Moderate Disabilities. Allyn & Bacon.
コームリー, M. (2005) 熊谷恵子監訳　LD児の英語指導：ヒッキーの多感覚学習法．北大路書房．
フィッシャー, G・カミングス, L.　竹田契一監訳　西岡有香訳（2008）LD・学び方の違う子どものためのサバイバルガイド　キッズ編．明石書店．
Gillingham, A. & Stillman, B. E. (1969) Remedial training for children with and without specific learning disability in reading, spelling, and penmanship. Educators Publishing Service, Cambridge, MA.
大石敬子（2001）発達性読み書き障害のリハビリテーション．失語症研究, vol21-3, 185-193.
春原則子・宇野彰・金子真人（2005）発達性読み書き障害児における実験的漢字書字訓練―認知機能特性に基づいた訓練方法の効果―．音声言語医学, 46, 10-15.
書きかたカード　ひらがな（2007）くもん出版．
漢字九九カード（2003）学研教育出版（白石範孝指導）．
Lyon, R. (2003) Dyslexia Association's Quarterly Periodical, Perspectives, Spring, Volume 29, No. 2.
宮下久夫・伊東信夫・篠崎五六・浅川満（1992）十の画べえ．太郎次郎社．
村井敏宏（2010）読み書きが苦手な子どもへの＜基礎＞トレーニングワーク．明治図書．
玉井浩監修　奥村智人・若宮英司編著（2010）学習につまずく子どもの見る力―視力がよいのに見る力が弱い原因とその支援―．明治図書．
山田充（2007）かなかなパズルゲーム．かもがわ出版．
山田充（2009）意味からおぼえる漢字イラストカード３年生．かもがわ出版．
ゆびなぞりカード　ひらがな（2008）くもん出版．

---

謝辞：本章の教材については、大阪医科大学LDセンターの水田めぐみ氏、栗本奈緒子氏、奥村智人氏に、また、図Ⅲ-29の写真はNPO法人奈良デイジーの会にご協力いただきました。

# 索　引

〈アルファベット〉
AAC　24, 45, 71
decoding　172
IEP　100-102, 156
SST　133, 134
SLI　44, 45
VOCA　74-76, 87

〈ア行〉
あいさつ　97
愛着関係　11, 12
アコモデーション　101, 201
足場　28, 34
アセスメント　57
アルファベット　168
育児語　13, 15, 66
位置を表す語彙　32
イマージェント・リテラシー　185, 186
インリアル分析　153, 154
エコラリア　45
延滞模倣　18, 19
エントレインメント　8
音韻意識　162, 163, 167, 172, 195, 196, 203
音韻表象　24
音声知覚　14
音読　172, 188

〈カ行〉
会話の協力　116
会話分析　111
鏡文字　163
書きことば　42
書くことの評価　194
格助詞　34, 35, 44, 88
拡大・代替コミュニケーション　24, 45, 71
拡張模倣　70
課題優先型の指導　84
語り　37
語りかけの調整　66
家庭での配慮　96, 153, 218
カテゴリー化　47
感覚過敏　107
喚語困難　53, 54

漢字の誤り　166
疑問詞　31, 79
教育漢字　164
行事への参加　149
共同注意　10, 11, 23, 29, 46
空間認知　181
形容詞　31
言語行為　115
言語的マッピング　67
検査　61-63
語彙獲得　15, 28-30, 41, 49, 76
構音　25
構音障害　27
好奇心の喚起　68
交渉　147
交渉優先型の指導　84
個人差　33
語想起　81
コーディネーター　101
語用障害　114, 115
語用論　118
語連鎖　32, 33

〈サ行〉
サイン　86, 87
三項関係　11
視覚認知　196, 209, 215
質問紙　60
指導目標　200
自発話分析　60
自閉症スペクトラム　45, 49, 104
社会的参照　11
社会的相互作用　17
重度重複障害　45
小グループ　142
小集団活動　91, 95, 135
象徴機能　18
情動的反応　9
初語　28
叙述　47
新生児期の微笑　9
新生児模倣　8
シンプルテクノロジー　72

シンボル　73-75
シンボル機能の発達　161
睡眠　97
制約　16, 17
接続詞　37, 39
接続助詞　36, 37
促音　206
ソーシャルサポート　142
育ちのカルテ　126, 127

〈タ行〉
ダウン症　47, 48
ダウン症児　20
多感覚刺激　214
多感覚的な活動　69
短期目標　64, 76, 78, 80, 85, 86, 88, 93, 138, 148, 213, 218
男女比　107
談話　36, 89
遅延反響言　109
知的障害　45, 49
知能検査　197
長音　208
聴覚的短期記憶　36, 45, 48
聴覚の発達　13
長期目標　64, 76, 78, 85, 86, 88, 91, 148, 212, 213, 218
手先の運動発達　185, 187
手指喃語　21
動詞　30
特異的言語発達障害　44
特殊音節　163, 174
読解　192

〈ナ行〉
ナラティブ　37
喃語　19-21, 24

〈ハ行〉
発達性dyslexia　172, 176

発話行為　50, 51
発話産出モデル　51, 52
母親語　13, 66
反響言語　113
ビデオ分析　63, 64
評価　57, 58, 63
表出性言語障害　44
平仮名　40
フィードバック　69
復唱　35, 36
文章産出　178, 179, 181
文の理解　34, 35
文法　32
文脈の支え　67, 79
平均発話長　60
補助・代替コミュニケーション　24, 45, 71

〈マ行〉
見たて遊び　18
身ぶり　21, 33
メタ言語　70, 80, 82, 83
目と手の協応　211
モディフィケーション　101
モーラ　162, 169, 174, 205, 206

〈ヤ行〉
指さし　21-23
拗音　207
要求行動　47
要求伝達　136, 138
要求表現　141
読みきかせ　98
読み間違い　190

〈ラ行〉
ルーティン　67, 68, 78, 79
ローマ字　168-170
喚語困難　53, 54

著者紹介

大伴　潔（おおとも　きよし）【編集・Ⅰ章A4、B1〜3、C1,2、D、E1,3】
東京学芸大学教育実践研究支援センター教授
専門は、言語・コミュニケーション発達の評価と支援、言語障害学、特別支援教育
主な著書：『言語・コミュニケーション発達スケール　LCスケール』（共著、学苑社）『言語・コミュニケーション発達の理解と支援プログラム―LCスケールによる評価から支援へ―』（共編著、学苑社）『よくわかる言語発達』（分担執筆、ミネルヴァ書房）

大井　学（おおい　まなぶ）【編集・Ⅱ章A、C1、コラム2】
大阪大学・金沢大学・浜松医科大学連合小児発達学研究科教授／金沢大学子どものこころの発達研究センター教授／同学校教育系教授
専門は、語用論の障害の基底機構（認知・脳機能・文化）の解明とその臨床応用
主な著書：『子どもと話す―心が出会うINREALの会話支援―』（共著、ナカニシヤ出版）生きたことばの力とコミュニケーションの回復（共著、金子書房）、アスペルガー症候群の子どもの発達理解と発達援助（共著、ミネルヴァ書房）

江尻　桂子（えじり　けいこ）【Ⅰ章A1〜3】
茨城キリスト教大学文学部児童教育学科准教授

髙橋　登（たかはし　のぼる）【Ⅰ章B4、Ⅲ章A】
大阪教育大学教育学部教授

川合　紀宗（かわい　のりむね）【Ⅰ章C3、コラム1、Ⅲ章B3】
広島大学大学院教育学研究科附属特別支援教育実践センター准教授

金森　克浩（かなもり　かつひろ）【Ⅰ章E2】
独立行政法人国立特別支援教育総合研究所

上野　直子（うえの　なおこ）【Ⅰ章E4】
聖学院大学非常勤講師

宇賀神　るり子（うがじん　るりこ）【Ⅰ章E5】
調布市子ども発達センター

畦上　恭彦（あぜがみ　やすひこ）【Ⅰ章E6】
国際医療福祉大学言語聴覚学科准教授

大井　佳子（おおい　よしこ）【Ⅱ章B、C2】
北陸学院大学人間総合学部幼児児童教育学科教授

藤野　博（ふじの　ひろし）【Ⅱ章C3】
東京学芸大学教育学部教授

田中　早苗（たなか　さなえ）【Ⅱ章C4】
金沢大学子どものこころの発達研究センター

橋爪　ゆかり（はしづめ　ゆかり）【Ⅱ章C5】
AACで話そう　け・せら・せら　代表

石坂　郁代（いしざか　いくよ）【Ⅲ章B1、2】
北里大学医療衛生学部リハビリテーション学科言語聴覚療法学専攻准教授

小林　マヤ（こばやし　まや）【Ⅲ章C、D1】
上智大学国際言語情報研究所

西岡　有香（にしおか　ゆか）【Ⅲ章D2〜4】
大阪医科大学LDセンター

特別支援教育における
言語・コミュニケーション・読み書きに
困難がある子どもの理解と支援　　　　　　©2011

2011年8月10日　初版発行

編著者　大伴潔・大井学
発行者　佐野　正
発行所　株式会社　学苑社
　　　　東京都千代田区富士見2-14-36
電話(代)　03（3263）3817
fax.　　 03（3263）2410
振替　　 00100-7-177379
印刷　　 藤原印刷株式会社
製本　　 有限会社清水製本所

検印省略　　　　乱丁落丁はお取り替えいたします。
　　　　　　　　定価はカバーに表示してあります。

ISBN978-4-7614-0739-1

# 言語・コミュニケーション発達スケール LCスケール

大伴潔・林安紀子・橋本創一・池田一成・菅野敦著
●B5判変型「解説と絵図版のセット」／定価5040円

乳幼児の言語コミュニケーション発達を基盤にしてつくられた検査法。言語コミュニケーション発達の立案に役立てる。

## 言語・コミュニケーション発達の理解と支援プログラム
▼LCスケールによる評価から支援へ

大伴潔・林安紀子・橋本創一・菅野敦編著●A5判／定価2940円

ことばの遅れが目立つ子どもなどについて、評価から支援の目標の定め方までを具体的に説明。活動のアイデアも多数紹介。

## 学齢期吃音の指導・支援
▼ICFに基づいた評価プログラム

小林宏明著●B5判／定価3675円

単に「どもる」ことだけでなく、多様な問題を抱える吃音がある子どもたちに対する指導・支援方法を具体的に解説。

## 難聴児・生徒理解ハンドブック
▼通常の学級で教える先生へ

白井一夫・小網輝夫・佐藤弥生編著●B5判／定価1575円

「見えにくい」と言われる難聴の子どもが抱える様々な問題を、30の項目と10のトピックなどでわかりやすく簡潔に説明する。

## ことばの発達を促す手作り教材
▼サインを逃さず、タイミングよく話しかける技術

ことばの発達に遅れのある子のための言語指導プログラム111

長澤正樹著●A5判／定価2100円

発達段階に合わせた111の具体的な日常場面から、無理なくできる話しかけ方・働きかけの仕方・環境の工夫を紹介。

こどもとことばの発達問題研究会著●A5判／定価1937円

楽しい教材があれば、ことばも覚えやすい。発達の段階にあわせた使い分けが可能な教材、約80種類を収録。

## 障害の重い子とともにことばを育む
▼通じ合う喜びの中でコミュニケーションが生まれる

小川原芳枝編著●四六判／定価1890円

先生や保護者が、発語困難な状態の子どものことばを生み出すために何をするべきか、「あ」の会の取り組みから模索する。

## 言語発達ってみんな同じ？
▼言語獲得の多様性を考える

谷俊治監修「あ」の会共著●四六判／定価2100円
岩田光児・岩田まな訳

これまで考えられてきた、幼児が一律の方法で言語を獲得していく、という常識を覆す日本初の書。

## 吃音の基礎と臨床
▼統合的アプローチ

C・M・ショアー著 佃一郎監訳●B5判／定価7980円
長澤泰子監訳

症状を緩和していく吃音緩和法と、流暢性形成法の両方を活かした「統合的アプローチ」を解説。

## 場面緘黙Q&A
▼幼稚園や学校でおしゃべりできない子どもに

かんもくネット著 角田圭子編●B5判／定価1995円

72のQ&Aをベースに、緘黙経験者や保護者らの生の声など載せた110のコラム、そして17の具体的な実践で構成。

## なっちゃんの声
▼学校で話せない子どもたちの理解のために

はやしみこぶんとえ 金原洋治医学解説 かんもくネット監修
●B5判／定価1680円

「どうしていつもしゃべらないの？」子どもたちの疑問にやさしく答える絵本。場面緘黙を理解するための医学解説も収録。

## 構音障害の指導技法
▼音の出し方とそのプログラム

湧井豊著●A5判／定価3568円

具体的な指導ステップ・プログラムとその効果的な遊びをセットにし、イラストを満載して平易に解説。

〒102-0071 東京都千代田区富士見2-14-36 **学苑社** TEL 03-3263-3817（代） FAX 03-3263-2410
http://www.gakuensha.co.jp/ 税5％込みの価格です